创造你的成长空间

CREATE SPACE

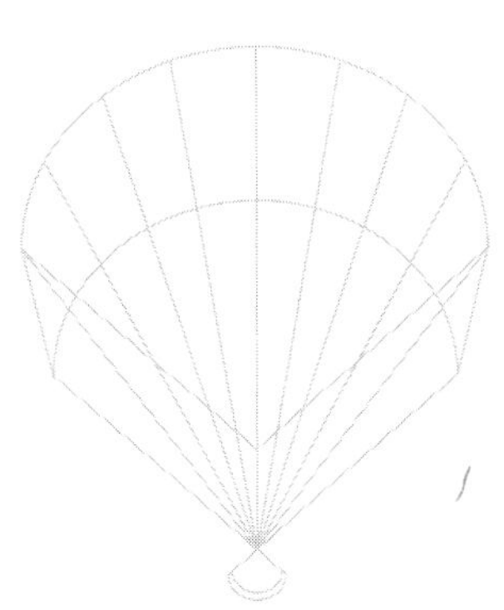

Derek Draper

［英］德里克·德雷珀　著

杜真　译

中国友谊出版公司

本书献给我亲爱的妻子凯特，有她在我身边，我才能一直创造属于自己的生活空间，感受生活的温暖和美好；这本书也送给我的孩子们，达西和比尔，这两个活泼的孩子让我充分体会到了生活的充实和欢乐。

推荐语

《创造你的成长空间》是一本非常实用的个人发展“指导手册”，能够激发很多思考和灵感。这本书包含了各类研究和深刻的见解、真实生动的故事，从各个角度阐述了“创造空间”的意义，同时兼顾大量行之有效的实践方法，指导读者创造自己的思考、学习、人际交往和存在的空间，对生活和工作的方方面面都有巨大的指导价值。

——巴克莱集团、英国航空公司、电通安吉斯集团前人力资源总监

瓦莱丽·斯库拉（Valerie Scoular）

《创造你的成长空间》里有12个引人入胜的真实故事。每个故事都阐述了一个观点，但又生动有趣。无论职场新人、刚刚走上管理岗位的新锐，还是经验颇丰的管理者，都能从本书的阅读中获益。我必须要向你推荐这本书。

——Rank 游戏娱乐公司 CEO

亨利·伯奇（Henry Birch）

很多人都会需要《创造你的成长空间》这本书。忙碌和压力在这个快速变化的时代里已经成为公司管理者的常态。这正说明了创造空间去思考、学习、决策和成长的重要价值。

——家庭智能安全顾问 CEO

奥斯汀·拉利（Austin Lally）

这本书既有科学的研究例证，又有实际、翔实的方法说明，帮助你创造更多的外界和内心的空间，去更明智地决策，在工作中建立更深厚的人际关系，完成最有意义的事。此书是一本非常棒的领导力培养指导手册，其中的见解和方法可以说在任何行业领域中都适用。

——Fulcrum 公司董事长及资产管理总监、BBC 前董事长

加文·戴维斯（Gavyn Davies）

我建议你无论多忙都要读读《创造你的成长空间》这本书。这本书眼光长远，方法简单有效，一定能够助你重获生活和职业发展的主导权。读过这本书后，相信你也会对领导力培养和团队发展获得新的认识。

——美国新闻集团下 Unruly.com 创始人及非执行董事

萨拉·伍德（Sarah Wood）

作为政府前智库骨干，德里克·德雷珀在《创造你的成长空间》这本书中充分阐述了重获人生主导权的力量。

——ITV 时政评论员（英国广播公司前商业评论员）

罗伯特·佩斯顿（Robert Peston）

在事业上我小有所成，但总是忙碌不堪。事事都感觉“落后”。要做的事太多，杂乱无章，有时感觉连停下来喘口气的时间都没有。能停下来给自己一点空闲读《创造你的成长空间》这本书，我感到很幸运。这本书让我大受启发。我始才明白思考的空间正是我个人生活的基础需要，而创造思考的空间其实有法可循。

——BDA 亚洲商务发展咨询公司高级联合创始人、市场总监

尤安·雷利（Euan Relli）

我读过很多商业方面的书，很多通篇都只有一个观点，论述有余，而实际意义不足。《创造你的成长空间》这本书和那些书都不同。每个章节都通过一个真实故事关注一个观点和核心能力，深入浅出，引发读者共鸣，读之不乏趣味。其中的建议方法非常实际，实操性很强。这是一部关于个人成长和职业发展的好书，希望你有时间也能读一读。

——英国天空新闻商业新闻编辑

伊恩·金（Ian King）

鸣　谢

我曾与英国和世界各地的企业以及数百名精英人士合作，本书即根据我的实际咨询经历所创作。在此，我要向我的客户们表示感谢。我还要感谢相关企业领导和人力资源部门同事的鼎力支持和协助，每次合作都让我感到非常荣幸和愉快。

我要感谢葛内克·贝恩斯（Gurnek Bains），他不仅是我的领导、良师，还是我的益友，是他带我进入了领导力咨询这个行业，让我很幸运地找到了这样一份充满乐趣又充满意义的终生事业。我还要感谢葛内克彼时的合伙人肯·罗（Ken Rowe）给了我进入 YSC 工作的宝贵机会。

在 YSC 咨询公司我遇到了很多优秀的工作伙伴。感谢本书最早的一批读者：凯莉·贝恩斯（Kylie Bains）、弗朗西斯卡·埃尔斯顿（Francesca Elston）、安妮塔·基帕尔（Anita Kirpal）、乔治娅·萨摩拉达（Georgia Samolada）、简·安德森（Jane Anderson）、乔纳森·布卢姆（Jonathan Bloom）、尼克·金利（Nik Kinley）、乔治娜·卡瓦列雷（Georgina Cavaliere）、凯文·布赖特（Kevin Bright）、埃米特·格雷西（Emmett Gracie）、克里斯·罗林森（Chris Rawlinson）和斯图尔特·斯科菲尔德（Stuart Schofield）。感谢我的朋友们：苏珊娜·尤尔

（Susannah Yule）、戴维·朗莫尔（David Longmore）和拉拉·门克（Lara Menke）。他们是本书的第一批支持者，给了我很多宝贵的建议和启发。

我离开YSC后建立了CDP咨询公司。我要感谢CDP公司的合伙人萨拉-简·拉斯特（Sarah-Jane Last）和保罗·杰弗里（Paul Jeffrey）、我的同事们以及公司的其他合作伙伴：乔安娜·弗洛伊德（Joanna Floyd）、罗布·戴维斯（Rob Davies）、杰勒德·加德（Gerard de la Garde）、苏茜·奥巴赫（Susie Orbach）、朱丽叶·罗森菲尔德（Juliet Rosenfeld）、苏珊·卡恩（Susan Kahn）。感谢他们在一年中公司最忙碌的时候依然支持我的写作。另外，我还要感谢伦敦大学学院（UCL）的两位学者，亚历克斯·法尔卡（Alex Farcas）和费利克斯·施米勒（Felix Schmirler），他们为本书的研究提供了很多帮助。我还要感谢CDP公司的设计师迈克·休斯（Mike Hughes）、财务经理克里斯·古迪（Chriss Goodey）、会计马克·贾森（Marc Jason）和西姆金斯（Simkins）、公司法律顾问詹姆斯·哈曼（James Harman）以及我的行政助理克莱尔·阿克菲尔德（Claire Acfield）。

我在领导力咨询领域从业的专业基础来自于我在加利福尼亚伯克利大学莱特学院（Wright Institute in Berkeley, California），以及伦敦的塔维斯托克诊所（Tavistock Clinic）的治学和实践经验。这里，我要感谢我的美国导师杰茜卡·布罗伊特曼（Jessica Broitman）、劳里·凯斯（Laurie Case）、彼得·西伦（Peter Silen）、迈克·鲁比诺（Mike Rubino），和我的英国导师布雷特·卡赫（Brett Kahr）以及苏茜·奥巴赫。我还要感谢我的咨询者们。大量的咨询案例不仅丰富了我的心理治疗经验，还帮助我不断加深对这个领域的思考和理解。另外，我还要感谢我最好的朋友卡罗琳·戴特（Caroline Date）对我的支持和启发。

CDP 公司的同事埃罗阿·阿特金森（Elloa Atkinson）在本书写作的最后阶段给了我非常大的帮助。我们的交流非常愉快。多亏了她，本书才能够顺利完成。可以说，本书中的部分内容是我们共同努力的成果。

我还要特别感谢埃德·多克斯（Ed Docx）。他是一位优秀的作者、老师，也是一位难得的朋友。他帮我在创作的最初阶段找到了一个清晰明确、切中肯綮的主题。我还要感谢亨利·伯奇、罗威娜·戴维斯（Rowenna Davis）、理查德·霍克斯（Richard Hawkes）、达伦·沃特莫（Darren Watmough）、尼克·怀特（Nick White）、安东·菲什曼（Anton Fishman）以及我的家人玛丽琳·加拉韦（Marylyn Garraway）和戈登·加拉韦（Gordon Garraway）的宝贵建议，还有本·韦格–普罗瑟（Ben Wegg-Prosser）在整个写作过程中给予我的支持和帮助。

戴维·海厄姆联合经纪公司（David Higham Associates）的安德鲁·戈登（Andrew Gordon）先生是本书的代理人。我非常感谢他热情、负责的态度。感谢他宝贵的建议，本书的谋篇布局才得以不断改进。

Profile 图书出版公司的路易莎·邓尼根（Louisa Dunnigan）是本书的责任编辑。路易莎非常亲切耐心，又非常坚持，不把事情做到最好决不罢休。她眼光独到、知识丰富，而且总能给我很好的建议，我真的非常感谢她。还有本书的文字编辑乔·斯坦斯（Joe Staines）也提出了非常宝贵的建议，本书均已采纳，十分感谢。

最后我要感谢我的父母肯（Ken）和克里娜（Chrina）以及我所有的家人们。这本书献给你们。

目　录

前　言

本书想传达的两个主要观点分别是我在两个下午想到的，这两个下午我的经历可谓迥然不同。

第一个下午我正在肯尼亚爬山，第二个下午我则来到了伦敦郊区，坐在吵闹的公司食堂里面。巧的是，这两个下午我正好都在为同一家公司做咨询服务，这家公司是富时指数百榜（FTSE 100）上的一家巨头公司，在世界各地的大型超市里我想你都能看到它的产品。

第一个下午。

几年前我被派到非洲，有机会与当地的企业共事。一天下午，我得空休息，就雇了一位司机载我去塞伦盖蒂平原和东非大裂谷附近的国家公园游玩。在隆戈诺特山的山路上，我和导游遇到了一群悠闲横穿山路的野生长颈鹿。我得庆幸那天我们没遇到狮子。爬到了半山腰，我们便驻足欣赏周围的美景。灰蒙蒙的山谷望不到尽头。大片大片绿色、棕色、黄色的灌木丛遍及旷野之上，漫向远方。天的尽头是深沉的、巍峨错落的群山。能看到人迹的只有隐隐约约的一团团小村和小镇。这庄重、祥和的景象在我眼前铺展开来，我不由得屏息凝神，心中特别感动。那时我突然发现自己已经好久没有来这种空旷的地方，体会这种自由自在的感觉了，我平时真的太忙了。

这里就是人类祖先最初行走的大地吧！据说大约早在 20 万年前，人类最初就生活在这片土地上。现代人类的基因中可以找到这批最早人类基因的蛛丝马迹，也许就像一些科学家所说的，人类共同的祖先或许真的就是同一个男人或女人呢。大约 75,000 年前，人类已进化为修长、文明、更为智慧的智人，开始向非洲大陆以外更远的空间探索。数万年后，智人已成功地在地球的各个地方安定下来，并且替代了其他原始人种（比如穴居人）。就在 3 万年前，“人类”正式出现了。从此之后，世界便逐渐掌控在了我们的手中。

这之后的数千年里，人类虽然发展出了更为复杂的语言、工具、宗教、艺术，但生活状态并没有发生质的改变。日复一日，我们的先辈们仰起头才渐渐发现，原来自己生活在如此无垠的土地上，头顶着浩瀚的天空。祖先们每天可能会交谈、争斗、打猎、聚会，但是肯定不会像现代人一样有那么多的事情可做。数千年来，我们人类的愿望一直是生存下去，而不是纠结自己每天要做什么。那时的人类生存在广袤的天地间，从来没想过有一天会将自己的生存空间渐渐填满。然而，直到某一天，不得了的事情出现了。就像一台老旧的放映机突然坏了，讲述人类发展的电影胶片开始飞速旋转起来，荧幕上一帧一帧的画面疾速掠过，胶片最终烧了起来。

如果将整个人类进化史浓缩成一个人的一生来看，那么在“80年”的生命历程中，人类在“25 岁”时才刚刚建立了小型的群居部落，学会了打猎和集体生活。这时的人类已经与生活在草原上的猿类完全不同了。在“75 岁”的时候，人类群居部落的规模逐渐变大，除了小部分游牧部落以外，大部分人类都建立了农耕部落；就在“80岁生命的最后一年”里，人类才初步建立了城市和现代文明，发明了交通工具和文字。就在“生命的最后几个月”，人类终于发明出了印刷技术，大众才开始有机会阅读各种书籍和文字。工业革命出现在“80 岁生命的最后一个月”；电视则出现在生命的“最后一个星期”；手机出现在“最后几天”；谷歌、脸书（Facebook）、苹果手机、VR 虚拟现实技术、人工智能等等高科技则出现在“最后的几小时”，甚至可能是“最后几分钟”。

虽然曾经生活在广阔无垠的空间里，但就在这“最后的几分钟”，人类的生存空间几乎一下子就被填满了。越来越多的人住进了高楼林立的城市森林中，每天通勤上班，辛勤工作，忙碌不堪，却又无力改变这样的生活状态。人们每天还被成千上万种信息和图像轮番轰炸着，每天需要连续数小时盯着“一块屏幕”一动不动。只要稍一分神，无论工作也好、思考也罢，都可能被打断。更不要说艺术创作了，哪怕艺术本身已经存在了 20 多万年，灵感在分神的时候早就溜得无影无踪了。

我记得小时候，自己如果想读书，就必须走很远到图书馆去借。一家人最爱的假期活动就是开车到 50 英里外的湖区郊游。一年到头，小孩在当地电影院最多能看两次电影，每天晚上只能看一个小时的儿童节目，因为电视上只有两三个频道。那个时候根本就没有那么多事情能把人们的时间和生活空间都占满。有的时候，我还要自己动脑筋想想一会儿要做什么。找到自己想做的事后，我就会花时间专心去做。

但现在呢？我自己的孩子天天都用手机和平板电脑，轻轻松松就能获得各种各样的视频、电子书和游戏资源。在虚拟网络里，他们能和世界各地的人聊天，能看到大千世界的景象，想做的事情大多都能很快实现，也根本不用花心思琢磨一会儿要做什么——他们心里总装着各种各样想做的事情。看到一件自己喜欢又不那么贵的东西，不管需不需要，先买下来再说。点几下鼠标，买买东西，他们的房间一下子就被占得满满当当。

再想想我父母那一辈人，他们都是朝九晚五的上班族。下班后，他们晚上不用查邮件、关注社交动态，也不会接到同事和领导的电话。我记得我父亲下班后唯一一次接到工作电话是他的领班通知他工厂断电，第二天放假。但现在无论做什么行业，大部分人都越来越难以将生活和工作分开了。无论早晚，人们总需要处理大量的短信、邮件和各类信息。大人们总教育孩子少玩会儿手机和电脑，但自己转头又会看一眼手机上的消息。

我想正因为人类在过去漫长的进化和发展过程中从未经历过现代生活中的这些巨变，所以现在我们才会感到如此手足无措。我们在数百万年的进化岁月里养成的自然习性是在广阔的土地上漫游和探索，而不是在互联网上消磨时间。现代世界拥挤、匆忙、咄咄逼人，这种客观状态已然难以改变，更糟的是很多人身处其中，甚至连自己的生活都无法掌控了。

虽然如此，但我想除了极度崇尚绿色有机生产方式的勒德派（Luddite），大部分人都不会完全否定现代生活的种种便利和享之不尽的各种资源。反正不同的人对科技发展的理解和追求总是不同的，谷歌的一些科技精英还期待到2030年的时候把人类的大脑同计算机云端连接起来呢。

爬山回来的那天夜晚，我躺在内罗毕宾馆温暖的床上，安静地思考了很久。我思考的不是人类的未来，也不是什么哲学问题，而是一些更实际的问题：如果没有自己的空间，我的时间和精力最终会被各种复杂的信息、无休止的外界需求和自我追求所耗尽，而自己只能束手无策。在匆匆忙碌中，要怎样才能重拾隆戈诺特旷野的那种久违的“空旷感”呢？怎样才能在忙碌中稍稍停一停，重新找回自己生活的掌控感呢？

当天夜晚，我带着这些思考入睡了。第二天一起床我就打开笔记本，翻开新的一页，写下了本书的第一个主要观点：

> 世世代代以来，人类的发展都伴随着对空间的攫取。在当下这个时代，到了我们这一代人，我们最应该学习的不再是如何占有空间，而是如何创造空间。

*

第二个下午。

离开非洲的几周后，我回到伦敦，继续为那家公司提供咨询服务。那天我赶到伦敦郊区，到这家公司的总部拜访一位新客户。在别具设计感的公司大厅里，我见到了我的咨询者、公司供应链部门的高级负责人卡佳。这家公司那时开办了一个高管培训项目，150 名参与者中我负责一对一培训六七个人，卡佳正好就在我的小组里。卡佳特地从莫斯科分公司赶来本部和我会面。那天是我和卡佳的第一次见面。不巧的是，公司那天下午正好要发布一个新产品，总部整个忙得不可开交，所有会议室都被占用了，连公司食堂都挤满了人。最后我们好不容易在食堂找到了两个座位。当时正好是午休时间，食堂里挤了不下 200 人，有聊天的、打电话的、打招呼的，杯盘碰撞的声音不绝于耳。

谈话刚开始的时候，卡佳一直没能进入状态。她本想利用这次机会和我进行一次恳谈，但是她的大部分心思还在工作上面。她的电话一直响个不停。她抱了一堆厚厚的文件，还有一张密密麻麻的任务清单（to-do list），她总是时不时焦急地瞅上几眼。不过随着聊天的深入，卡佳开始渐渐进入状态，她开始详细地道出自己工作中的难题和困惑。

我发现卡佳身上有优秀领导者应有的特质：聪慧、有才华、充满干劲。卡佳的问题是她现在迫切地想提高部门运营的效率，但问题是她总觉得自己太忙，根本没有时间梳理、重新规划自己的工作。而且她还觉得自己和同事的相处不够深入，有点浮于表面。她曾试图加强与同事的关系，却总是不得要领。她还说她知道自己有时候在开会时有点咄咄逼人，也知道这样下属可能会不满，但却不知道要怎么改进自己的这种表达方式。

周围太吵了，我必须竖起耳朵才能听清卡佳讲话，我们的对话也经常被打断。卡佳的同事不时会过来打招呼。每当她正想深入展开问题时，总有其他人坐到她旁边开始大声打电话。卡佳不得不坐得离旁边的人再远一点，最后她都坐到长凳边上了。

我叹了口气，抬头看向天棚，灯光非常刺眼。不知为何，我突然回想起了非洲山谷平原的广阔景象。环顾身边喧闹、拥挤的环境，我脑中突然蹦出了两个想法。我首先想到的是，也许“空间”正是卡佳工作问题的症结所在。接着我又思考，人们怎样才能在狭窄的环境中为自己创造出一点点“空间感”呢？我这里说的空间并不是真实的物理空间，而是一种心理和精神上的内心空间。

过去 10 年间，我作为企业心理咨询师和领导力培训顾问，一直在协助企业改进人才、团队、企业文化的建设方式。其间，我处理过各种类型的问题，针对每种不同的情况，我都会具体问题具体分析。但那天我突然发现，之前那几百个咨询案例的问题虽然表面上各不相同，但本质上也许是相通的。

那天之后又过了几周，我前往莫斯科与卡佳面对面完成了第二次咨询。在回英国的那天夜里，我在笔记上匆匆写下了一些思考：

- 无论从事什么职业，现代人的生活空间很容易被忙碌填满。
- 失去掌控感渐渐成了一种普遍现象。放到企业工作的情境中，不论职位、级别的高低，高层管理者也会忙得不可开交。
- 从职业发展的角度来讲，我们必须学会停下来、退一步为自己创造更多空间，企业的领导者和管理者也应如此。

“空间”对个人来说非常重要，它能够：

- 帮助你看清并找到个人目标
- 帮助你提高战略思维和创造思维能力
- 帮助你建立更良好的人际关系
- 帮助你分清个人发展的优先使命并采取有效行动

因此对职场人士来说：

- 无论是开发自身能力，还是期望未来成长为一位优秀的领导者，我们要做的第一件事就是为自己创造空间。

经过之后几个月的观察，我发现空间缺失的问题几乎无处不在。在咨询中我越来越发现，空间的缺失也许正是种种问题的症结所在。

英国维珍（Virgin）公司委托舆观（YouGov）调查网进行的一项职业调查显示，工作中时常感到焦虑或疲惫的人高达 51%，在非工作时间里随时待命的员工占 65%。医护人员也并不像人们想象得那么健康。2015 年对英国医疗从业者的一项调查显示，有情绪焦虑问题的医疗人员占 75%。还有一项调查显示，长期或频繁地处于工作压力中的职场群体竟高达 92%。种种调查显示，繁重的工作和不良工作习惯大大限制了个体的发展空间。为了解决这些问题，我们必须学会重塑自己的工作和生活方式。

我认为创造空间是一种帮助人们获得成功的方法，也是个人进步和发展的基础。有了个人空间，我们才能发展出新的思考、感受和行动方法，才能不断进步。仅仅在表面上改进原来的目标或行动方法并不能从本质上有效解决问题。所以本书的第二个观点是：

> 如果你想追求卓越或者成为一名优秀的领导者，你首先需要创造属于自己的空间。创造空间能够帮助你发掘潜力、不断成长，应该被视为每个人的优先任务。

*

哲学对空间的探讨早已有之，柏拉图和苏格拉底都有过思考和论述。随着相关学说的不断发展，空间的内涵变得越来越丰富和重要。包括康德和爱因斯坦在内的众多学者都曾为空间概念著书立说。康德在 1781 年的著作中写道：“空间并不是客观而且真实存在的……相反，它是非常主观的，是精神的产物。”虽然有些晦涩，但康德的理论在那个时代阐述了一个全新的空间观念：空间不是恒定不变的。个人心态是可以影响自身对空间的感知和掌握力的（相关内容请见本书的第五部分）。爱因斯坦的相对论则对时间和空间做了更深入的分解，革新了人类对时空概念和时空关系的理解。爱因斯坦认为，时间和空间是相对的，这种相对性取决于个体的运动状态和对时空的观察角度。因此，个体与空间的关系是可以重塑个体对空间的认知的。与康德的观点相似，爱因斯坦也认为空间既不是固定不变的，也不是静止不动的。两位学者的观点启发了“精神空间”这一概念的产生，这一概念也将在本书中多次出现。

在实际生活中，对空间的多种解读从侧面反映了人们对所处空间环境的不同态度。有的人面对一些小事都会感觉“压力山大”，而有的人面对巨大的困难依然能够“举重若轻”。对于第二类人，他们能有如此的表现，当然与他们处理问题的方法和技巧、自身的情商、性格、精力与抗压能力都有关。但是除去这些因素，还有更重要的原因。第二类人对自身与外部世界关系的理解、对自身在其中所处的位置和扮演角色的认知、因此产生的特别感受，与第一类人都是不同的。

一些心理学经典著作对空间这一概念也有所阐述。战后著名的精神分析学家 D. W. 温尼科特（D. W. Winnicott）曾探讨“潜在空间”（potential space）这一概念。加利福尼亚当代精神分析学家托马斯·奥格登（Thomas Ogden）则基于这个概念提出了“分析性空间”这一理论。这些概念和理论在本书之后的内容中还会出现。

法国哲学家亨利·勒菲弗（Henri Lefebvre）在其开创性著作《空间的生产》中阐述了空间的三种类型：表征空间（自然、宇宙）、精神空间（包括逻辑和抽象思维）、社会空间。

非洲开阔空间和卡佳办公室的幽闭空间这两种表征空间的对比是本书创作灵感的来源。但本书所讨论的不仅仅是表征空间的问题。根据勒菲弗所提出的精神空间的含义，不同个体对于相同的现实客观环境所产生的主观感受是不同的，会形成自己独特的“内心世界”，因此精神空间是本书讨论的第二类空间。勒菲弗所指的社会空间，即个体与他人人际交往中创造的空间，是本书要讨论的第三类空间。这几种空间之间以复杂的方式相互作用和影响着，最终投射在个体身处的环境、相处的人、对环境的理解和感受上。对空间的这三重定义说明空间具有丰富的内涵，与时间的概念息息相关，又不仅仅是时间的另一种表达形式。这三类空间的内涵深化了“创造空间”的实际意义。创造空间不仅仅是为了去适应环境，更是为了创造每个人的专属空间：美好、快乐的生活。

特别补充一点：现代人的生活空间还被各类物品所填满——想一想满满当当的房间。这里有两个关于储物空间的有趣数字：在英国，物品存储占地面积已达到350万平方米，相当于近27万辆搬家卡车的容量。

*

在琐碎的日常生活中，我们需要为自己创造更多空间去感受生活的美好；在诸如夫妻、朋友、家人、自我等不同的人际关系中，我们也可以创造空间去关爱他人并与自己好好相处；在忙碌的工作中，我们更需要学会为自身的发展创造空间。在领导力咨询这项工作中，各种实际咨询案例大大激发了我对个人空间研究的兴趣。让我感到欣喜的是，我的研究成果也实实在在地为客户们的生活和工作带来了一些积极的帮助和改变。

本书会重点关注空间之于工作的重要价值，尤其是在领导力培养方面的重要意义。本书的方法内容注重可操作性，理论基础基于勒菲弗的空间理论，将从四个维度解析“创造空间”这一模型：

1. 创造思考的空间；

2. 创造人际交往的空间；

3. 创造行动的空间；

4. 创造自我存在的空间。

创造思考的空间讲述了如何创造思想和精神的自由空间去深入理解自我和世界。**创造人际交往的空间**将教你如何储备情感能量，培养与他人真诚沟通、主动与他人交往的心态。**创造行动的空间**讨论了如何分清任务优先级，制定最有效的行动方法，获得最佳成果。**创造自我存在的空间**则告诉读者如何停下来梳理自我，追求真正想要的生活。

一家国际领导力咨询公司为我的研究提供了很多数据支持。这家公司在过去 25 年间评估了大约 5 万名企业人才，并将评估结果做成数据库，形成了一套综合人才评估指标。他们研究了数个与领导力相关的基本能力要素，比如战略性思维和个人影响力，但是并没有单独研究“空间”这个因素，所以我又重新提取研究了受试者的原始评估数据。我随机抽查了由全世界 50 位咨询师完成的 1,000 份最近 5 年的研究报告，受试者来自世界各地。[1] 每份研究报告除了包括匿名受试者的职业心理评估结果外，还包括了约六点个人优势和六点待提高的能力领域。我用了数天时间阅读这些报告，标出待提高的能力领域这一部分中出现的所有与空间有关的表达。目标词除了最直接的“空间”一词之外，还包括与空间相关的表述，比如“后退一步”“有更多余地”等。

---

1 感谢 YSC 公司彼时董事长葛内克·贝恩斯先生让我参考他在创作《文化 DNA：全球化的心理学》(*Cultural DNA: The Psychology of Globalization*) 一书时用到的研究数据。——原注

全部报告一共包括超过 4,500 个待提高能力领域。在分析完所有数据后，我发现无论哪种文化，各行各业都与“空间”有着密切的关系。93% 受试者的发展需求一定程度上都和空间的创造有关。对应创造空间模型——思考、人际交往、行动、自我存在这四个维度，受试者的空间能力发展需求如下：

创造空间模型的维度	研究者所占比例
思考的空间	46%
人际交往的空间	75%
行动的空间	32%
自我存在的空间	11%
四种维度均不涉及	7%
至少涉及一种维度	93%

由上表可知，需要创造人际交往空间的受试者占 75%；需要创造思考空间的受试者占近乎一半；需要创造行动空间的受试者占 32%；需要创造自我存在空间的受试者占 11%。上表数据可以大概推测出全世界企业领袖们的普遍能力发展需求。

*

下图是创造空间的完整模型。模型可以细分为 12 个领域，代表着人们最需要通过创造空间提高的 12 种能力。这 12 个领域之上是创造空间的四个关键维度：思考、人际交往、行动、自我存在。

缺乏个人空间只会让人疲于应对眼前的现实问题。在这种状态下，你可能会发现，自己虽然很努力，但却总是被外界环境所左右。失去空间感同时也意味着失去了对自己生活的掌控感。

想要重获工作和生活的主导权，我们就必须持续、有意识地创

模型——创造空间

造个人空间。创造并管理空间能够帮助你更高效地思考和决策，优先完成最重要的任务，重获生活的主导权。充分利用个人空间追求自己的目标，你的空间就不会被外界轻易占用。创造和管理个人空间不仅与时间管理和精力管理有关，更是一种衷心的诉求。可以说，如果一个人能够掌控自己的空间，那么他就可以掌控自己的命运。

我曾把这个模型带到商业心理学协会的年会上探讨。我请所有参会者填写了一份能够详细反映测试者对空间问题认识的“空间清单”。如我所料，测试结果再一次证明了空间的重要性，几乎所有人都表示希望能在生活和工作中拥有更多的个人空间，但平均每位测试者实际只拥有不到70%的个人所期望的空间。如果你感兴趣，可以在www.derekdraper.net找到这个测试的最初版本。

*

这次实地调研证实了我之前在笔记中记下的两个思考。这两个想法也是本书的两个主要观点：

世世代代以来，人类的发展都伴随着对空间的攫取。在当下这个时代，到了我们这一代人，我们最应该学习的不再是如何占有空间，而是如何创造空间。

如果你想追求卓越或者成为一名优秀的领导者，你首先需要创造属于自己的空间。创造空间能够帮助你发掘潜力、不断成长，应该被视为每个人的优先任务。

停下向前奔忙的脚步，创造个人发展的空间，你获得的不仅有事业上的成功，还有生活和工作中的愉悦感和满足感。作为个人工作和生活中的指导思想和行动准则，创造空间可以帮助你发掘更多潜力，不断向成功迈进。记住，在决定、计划或行动之前，先去创造空间。

你也许不是企业高管，但每个人其实都能成为自己的CEO。不要小看自我管理的力量。罗马哲学家小塞内加（Seneca the Younger）曾说："控制自我的能力是世界上最强大的力量。"

在现代工作场景中，个人权利已经变得更加多元化和共享化。领导的概念变得更加模糊和丰富，更讲求影响力而非权威性。要做成一件事或达成一个目标需要很多人的共同努力。在群体合作中，无论是领导者、跟随者，还是独立工作者，创造空间都是成功的关键。

创造空间的理念可以应用在各种各样的工作和生活场景中。无论你是企业高层领导、自由职业者、刚毕业的职场新人，还是未来的商业精英，你一定能从创造空间这一模型中得到启发和帮助。我曾研究过50余种领导力评估框架，相关机构包括富时100公司、福布斯500公司、英国行政机构和美国陆军机构等多家大型公共和社会机构。结果证明，创造空间模型囊括了全球顶尖领导力咨询公司和大型国际公司所采用的领导力评估框架中的要素。下表右侧是领导力评估框架中提取的关键要素（企业间的标准非常相似），左侧为这些要素所对应创造空间模型中的四大维度。

创造空间	覆盖的领导力要素
思考的空间	决策、解决问题、战略性思维、创新、创造
人际交往的空间	协作、启发、鼓励、发展、影响力、情感联系、自我认知、自我肯定、情商、团队合作
行动的空间	执行、能动性、高绩效、应对变化、自我转变、获得成果
自我存在的空间	生活与工作的平衡、个人意义和目标、可持续发展、灵活调整

由表格可见，创造空间对个体领导力的发展也起着非常重要的作用。企业都希望自己的员工具备表格右侧所述的能力和素养。据统计，全世界企业每年在人才培养上的支出达到近500亿美元。憧憬是美好的，但我认为表格左侧四类空间的缺失将会大大影响个人的成长和发展。因此，创造空间是个人成长、解锁其他关键能力的第一步。

本书的12个章节将分别讨论创造空间模型下的12类空间，每一章将主要分析一个实际咨询案例（真实私人信息均已隐藏）。每章可大致分为三部分内容：第一部分内容是案例概述，第二部分内容是对本章主题的深入讨论和相关问题的延伸拓展，第三部分内容是具体实践和方法。举例来说，《创造收获成果的空间》这一章的第一部分内容是案例故事，讲述某位咨询客户在工作中劳而无获的困惑；第二部分则阐述了在实际工作中取得业绩的重要性；第三部分是解决此类问题的实践建议和行动方法。

全书 12 章既相对独立，又有所关联，每一个大部分下三个章节间的联系更为紧密。书中最后一部分梳理了四类空间维度的主要内容，总结了创造空间的三种基本方法——制定个人战略规划、提高个人生产力和工作效率、培养空间心态。

你可以选择与自己目前的需求最为相关的部分进行阅读。希望你在阅读中能够保持专注，不断挑战自己并积极实践。由衷地希望通过本书你能发掘自己的空间需求，掌握创造空间的方法，为自己创造更多空间。

第一部分

创造思考的空间

反思、决策、计划是采取有效行动前的必要准备。正确的决策需要专注和清晰的头脑。焦急、压力、无法专心这类心理状态都会大大影响人的判断力，无益于思考和决策。

那些需要承担大量责任、异常复杂的工作往往都是需要深度思考的，但在实际工作中很多人都觉得自己没有深度思考的时间。想要在日常忙碌的状态中依然能够进行高质量的深度思考，必须先做到以下三点：

第一，为反思创造空间。反思在心理学中被称为“元认知”或“对思维本身的思考”，也可以理解为钻研问题或思考结果。不要急于决策、忙于行动，深入地思考和复盘才能让你的行动事半功倍，否则只会事倍功半。反思还有助于个人思考能力的提升。本书第一个案例中的乐子（Raku）做事容易着急，她总是急于前进，在行动前很少深入思考或计划。

第二，为学习创造空间。这个时代飞速变化，充满着不确定性，创新创意也不断涌现。一味依赖固有的知识或认知无异于故步自封，因此我们需要不断学习、更新自我认知、接触新的才智资源。本章故事中的雷切尔（Rachel）特别自尊要强，但她也因此在新职务中抗拒学习，遭遇了一次严重的职业危机。

第三，为决策创造空间。反思和学习可以帮助我们找到清晰的前进目标，而制定目标的前提是深入理解自己的目标需求和已有的资源。通过决策，你才能将思考和想法付诸行动，产生实际影响。本章案例中的汉斯（Hans）由于缺乏自我决断能力，做事总是顾虑重重，因此迟迟没能在工作中展现出自己的优秀能力。

这三个案例想说明的是，思考空间的缺失将大大抑制个人能力的发展和成功的可能性。像乐子、雷切尔和汉斯一样，创造思考的空间可以帮助人们重新认识自身和世界，更自信地决策和行动，找到前进的力量和方向。即使你已经在挫折中早早关上了心门，如果你能为自己创造思考的空间，你依然可以再次打开思路，发现更多可能性，案例中咨询者们思考的深度、广度和质量的显著提升就是最有力的证明。

第一章

创造反思的空间

——受姐姐影响的乐子

本章观点：在决策前先思考，在行动前审度原因、权衡利弊，你将施展出自身的最大能力。

乐子是一家制药公司的总经理。她来自日本，大学学习工科专业，成绩优异。她就职的第一家公司是她目前所在公司的竞争对手。不过她不满足于只做一名科研工作者，她一直想做管理方面的工作。在不懈地努力后，她拿到了斯坦福大学的工商管理硕士，并如愿成了现在公司的高管。

乐子从小到大基本事事都是第一名（在工商管理硕士班上也是班级前三名）。但是在上司格雷格对她的工作评估中，满分为 5 分的测试她只得到了 3 分。她对这个成绩非常失望，第二天又找了格雷格，列出了自己做的所有事情，希望上司能够重新评分。但是格雷格依然坚持这个分数，理由是他认为乐子做决定总是太快、太草率，而且总按照自己的想法行事，很少听取团队的意见。她负责的一个项目表现一团糟，甚至格雷格不得不出面善后。最后乐子虽然承认了这些问题，但是她的态度依然很消极。格雷格建议她寻求专业的职业咨询，找一找问题的原因。由于多年前我就为格雷格咨询过，格雷格希望我也能帮助乐子。他私下和我说，3 分确实可能过低了，但是他真心希望乐子能有更多进步。咨询当天，乐子早早就到了。我们碰面的时候，她一下子从椅子上跳起来和我打招呼，看上去有些紧张。

正式谈话前，她看上去心情很好，跃跃欲试。我解释了一下自己的工作，然后让她讲一讲自己的故事。她从自己实验室的第一份工作讲起。我打断了她，希望她从更早的经历讲起。

我总会像这样“逼一逼”我的客户。作为一名商业心理学家，我必须了解客户的内心。心理学中有一类观点认为，成年人的行为往往都带着童年的影子，因此我在企业招聘和内部升迁的评估中会全面考虑被评估者的生活和成长经历。我常说的一句话是：“想要更好地了解员工乔，就要先了解乔这位女士；想要了解乔这位女士，就必须先了解乔这个女孩。”在工作中我常说的另一句话是：“第一份工作并不是你故事的开端，请从你刚出生时讲起。”大部分客户都愿意讲讲自己小时候的故事，一些客户虽然有些吃惊，但也可以接受，只有少数客户对此特别抵触。客户们来自不同国家，一些文化对这种咨询方式的接受程度相对较低，所以出于文化背景的原因，一些咨询者一开始会有些抵触这种咨询方式，但如果咨询师与咨询者之间建立起了信任感，那么咨询者最后是愿意打开心扉分享自己的故事的——连那些最开始不愿意多聊的人到了最后都会滔滔不绝。

乐子也是如此，她开始并不愿意多讲自己的私事。她不明白自己的童年经历对咨询有什么帮助。我告诉她，虽然不是绝对的，但人们自身存在的很多重大能力“短板”并不是近期经历所导致的，与早年的工作经历也无关，追根究底，它们来自年幼经历，而且很可能与家庭相关，人们对世界的理解和认识最早都是由家人和家庭环境所塑造的，经典的精神分析著作《育婴室的幽灵》(*Ghosts in the Nursery*)对这个观点进行了详细解读。我猜测乐子目前的工作风格可能多少正受到童年里的某些经历的影响。我怀疑她不愿意讲自己儿时的故事也许正是因为她还在遭受“童年幽灵”的困扰。

不过乐子很快表现出了科学家的严谨态度，表示愿意一试。

“好吧，”她说，“可以试一试。”

她的故事开头是一个很普通的童年。她从小在京都长大，父母是典型的日本人，低调而谦卑。她的母亲在花店做兼职，父亲是一家大公司的普通职员。父母都对她有所期待，但从不过分要求她努力。之后，她讲了一句特别的话：

“表现好有什么用？姐姐总是比我聪明。”

我经常在咨询中发现客户给出这样突然的反馈，他们会随口说出一些看似无关痛痒、明显不切题的话。在谈话中间难以从中发现什么，但我会把这些话都记下来。

乐子接着讲了自己读书、读大学、读博、参加第一份工作的经历。当我觉得她开始放松下来愿意敞开心扉的时候，她突然话锋一转，问道：

“现在能正式开始咨询了吗？”

这是她第一次表现出固执和不耐烦。每当这种情况发生时，我一般会进一步尝试把咨询者可能掩藏的内心感受和困惑挖掘出来。

“这就开始，”我回答得非常简单，“不要急。”

当我继续追问同事们对她的看法时，她已经有些心不在焉了，时不时看看表。

“怎么了？”我问。

“还剩 20 分钟，”她说，“今天的咨询能有结果吗？”

我问她现在是不是感觉很着急。

“对啊，我总感觉着急。”她直白地回答。

旁人很难将她现在着急的样子和刚见面时礼貌、温和的态度联系起来。她有一点像天鹅——水面上非常优雅，水下的脚蹼却激烈地摆动。

“你想过为什么吗？”我问。

“什么？”

“为什么你总是感觉很着急？”

她马上就笑着答道：“不知道。现在大家都很忙呀。”

“好的。这个问题我要再问一遍，这一次，不要马上回答。仔细想想，看能想到什么，”我顿了顿，“你为什么总觉得很着急？”

她坐在那皱起眉头看着我。我等待她回复。她的眉头更紧了。

“想到什么都可以说出来。”

“可能，我一直都想赶超别人吧。不过这好像和容易着急也没什么关系是不是？”

“你想赶上谁呢？”

“不知道。”她马上又把问题丢了回来。

“再试一次，不要马上回答，试着在心里找找这个问题的答案。”

她静静坐了一会，看上去有些不开心。我等待她的答案。最后，她的回答依然是：“不知道。”

“没关系，我们一起分析下这个问题。”我建议。

我开始梳理我已经得到的各类信息，我想其中有的信息会与咨询者的问题直接相关。我也一直在问自己：乐子的困惑到底是什么？她的核心致病认知是什么？

核心致病认知（CPB）

“核心致病认知”这个表述是我在加利福尼亚旧金山心理治疗研究所短期任职期间想到的。这个词听起来可能有点拗口，意为偏误、对自身有害的自我认知。其实这个概念普遍存在于多类心理学研究中。在认知行为治疗中，咨询者需要将自己的思想活动记录下来，包括他们产生的全部想法、感受和相关行为。一些认知行为治疗师认为通过这些记录就可以理解咨询者的“心理模式”。我的同事保罗所在的克里曼德（Clearmind）国际心理学协会则将核心致病认知称为“自我怀疑”（SOS）。CPB 还有一些非正式的表达，比如“糟糕的自我认知”（SMB）等。

名称只是一种表述方式，重要的是理解它的内涵。我专攻的心理动力学咨询领域认为，过去的经历影响着人们当前以及未来的行为状态。幼年经历影响着人们的自我认知和世界观等核心认知的形成。由于核心认知已经内化到了人们的内心和思维中，所以人们很难认识到它们的存在。即使你知道自己的核心认知是什么，也未必能明白这些认知对自身行为方式的影响。这些认知代表了“个人看待世界的方式”。核心致病认知对人的影响就好比色盲症。如果生活中诸事顺利，不需要分辨颜色，能否辨别红色和绿色对色盲患者来说并不重要，但比如遇到开车到路口需要看红绿灯这种情况时，色盲症的影响就突显出来了。

面对种种心理问题，我们先要找到其背后的核心致病认知，然后尝试描述它，并勇敢地面对它。就像幻想作家特里·普莱契（Terry Pratchett）所说的：“魔法师都知道，想要驯服魔兽，就要先叫出它的名字。”

当核心认知与现实发生冲突时，这些核心认知就成了潜在的“致病”认知，比如过激的想法、僵化刻板的思维、过时的思想，等等。精神分析学家和作家斯蒂芬·格罗斯（Stephen Grosz）将核心致病认知具体解释为：“每个人都有自己的童年故事，但因为没人教过我们如何讲述这些故事，大部分人都不知道如何把这些故事讲出来。然而，如果人们不能通过合适的方式把过去的某些经历讲出来，这些经历就会反过来‘重述’人们现在的生活——你可能会梦到这些故事，行为方式也会受其影响，以至于最后自己都不能理解自己的某些行为。”

比如小时候常常对父母失望、没能与父母建立起足够信任感的人，长大之后就不容易信任他人。在这种情况下，平常的误会或小失误都可能被过分解读。在核心致病认知的影响下，固有偏见会影响个人的理智判断，让人过分关注事情消极、错误的一面，而这样又再次固化了核心致病认知。这种思想症结更容易出现在交友、恋爱、与人合作、管理团队等人际交往的方方面面中。我的一个客户曾跟我说：“我不是不相信别人，而是我信任的门槛非常高，而且通常不会给他人第二次机会。”可以想象这位客户自己的人际交往应该也不会很愉快。

个人发展进步的前提是发现并纠正自己的核心致病认知。精神分析学家卡尔·荣格（Carl Jung）认为：“除非认识到过去未曾认识到的问题（无意识的意识化），否则这些问题就会产生持续的影响，人们会将问题的后果误认为命运使然。”

*

我大概知道乐子的核心致病认知是什么了，不过我还需要更多证据。我们第二次见面时，我让她做了两份简短的自我评估测试：第一份是劳伦斯-威尔克斯（Lawrence-Wilkes）设计的个人反思能力线上评估测试。乐子拿到了中等分数。这个分数对于拥有她这样教育水平和科研背景的人来说并不高。

乐子还做了科尔布（Kolb）的学习风格（Learning Styles）测试。这项测试可以根据个人经历、反思能力和实际测试内容对受试者的学习风格进行综合评估。该模型由一个圆和两条评估轴线组成：纵轴两端分别代表了“直觉倾向”和“分析倾向”，用于评估个人的决策方式；横轴两端分别代表了“行动力”和“反思能力”，用于评估个人的行为方式。

正像我预想的那样，乐子的结果出现在了圆圈左侧偏底部的位置，说明她是一个分析能力强、直觉能力弱、重行动但缺少反思的人。值得欣喜的是，这个结果让她开始正视自己的问题了。

“你在想什么？”

“没想到是这个结果。只用9道题就把我的问题分析出来了。太

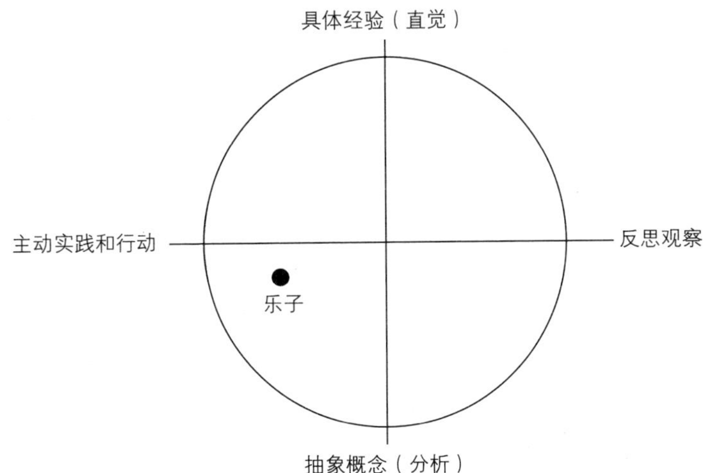

厉害了。除非——”她眼中闪过一丝狡黠，“这只是凑巧。”

“这些都不重要，如果你觉得结果很准确，我们就一起分析一下。这个结果与你目前的工作有什么关系吗？这个结果让你想到什么？”

乐子回答：“这个结果真的挺有趣的。我想到的不是我目前的工作，而是我在实验室时的第一份工作。那时我的老板就总说‘乐子，别总像头斗牛一样那么急’。他建议我不要再做新实验了，应该停下来回顾一下我之前的实验结果。”

“那现在你怎么想？”我继续引导她。

这一次她没有马上回答，我等待她答复。

“现在的我还是这样，我想起了格雷格对我的评价。”

“好的，现在可以分析了。”听我这么说，她的眼睛一下子亮了起来。

“我现在去买咖啡，离开10分钟，希望你能坐下来安静思考一个问题：困扰我的问题到底是什么？不要急着写答案，先试着深入想一想，试着更深入地挖掘一下自己的感受。总之，不要——”

“着急！”她抢答道。

我们给了彼此一个微笑。这是我们谈话以来她第一次注视我的眼睛。

“给你笔和表格。”

回来后，我看到她安静地坐着，注视着自己的表格。上面写了几句话：

> 我总是急着做事，
>
> 不能停下来好好思考；

我总想做新的事情，
想远远超过别人：
这让我很累！

我把咖啡递给她。

“还有，我找到我一直想追赶的人了。”她看向我说道。

“你其实知道是谁对吧？”她问。

“我知道。”我回答，但是没继续说下去。

她之后的话证实了我的猜测。

“我姐姐，”她停顿了一下，陷入了沉思，“这么多年还是这样。”

“在和同事相处时，你觉得所有人都比你有经验，都是非常优秀的经理人，所以你觉得自己也不能被他们落下。”

她点点头：“但是我越着急，就越做不好。”

这就是核心致病认知，它潜藏在行为表象之下，我们通常很难意识到它的存在，即使发现了也不会太重视。乐子的核心致病认知给她的心理暗示是：“如果我不赶超别人，不快一点，我会永远落后于人。”

虽然乐子很聪明，但是无论怎样努力都比不上自己的姐姐，这就是乐子幼年的心理阴影，直到现在还在影响她。虽然这种错误的认知看似不合逻辑，但是却实实在在地影响着她成年后的行为方式，阻碍着她的个人发展。

在之后的咨询中，我帮乐子分析了适合自己的、全新的思考方式，具体将在本章之后详细介绍。咨询结束后，乐子用了一些时间去反思和消化咨询的内容。她不再那么爱着急了，她开始真正明白“欲速则不达”这个道理。格雷格和同事们对她的改变刮目相看。其中一位同事说："之前大家只看到了乐子表面的样子，现在大家对乐子有了更全新的认识，看到了她身上更多的优点。"

*

不要急：为反思创造空间

为了能够更好地理解这个世界，你需要偶尔离开它一会儿。

——阿尔贝·加缪（Albert Camus）《西西弗斯的神话散文集》（*The Myth of Sisyphus and Other Essays*）

乐子的故事是"容易心急"的典型案例。咨询前的乐子总会不由自主地产生紧迫感，想要超过她认为比自己优秀的人，这种心态也投射到了她与同事的合作方式中。早在儿时，乐子就有了要追赶比自己更优秀的姐姐的急迫愿望。这种愿望对她的心理认知产生了深刻的影响。只要乐子觉得自己落于人后，这种赶超他人的急迫感就会被激发出来，让她每一次都会不自觉地以类似的行为方式应对。

乐子心急的表现之一就是她很少深入回顾和反思。她在行动前后很少停下来花一点时间去思考或总结回顾，这就是她在工作中不断犯错并与团队日渐疏远的原因。她身上的另外一个矛盾点是，她虽然有很强的逻辑分析能力，但却没有好好利用这个优势去深入、全面地思考个人和团队的发展需求。根据我多年的领导力咨询经验，很多人都有相似的问题。

反思的核心目的是为了找到潜在问题。有效反思可以帮助我们在迷茫中静下心来，在繁乱中理清思绪，帮助我们多角度、全面地分析问题。就像哲学家和心理学家约翰·杜威（John Dewey）所说的：

“让人有所收获的并不是经历本身，而是对经历的思考。”

“反思训练”是一个比较新的词，但反思的益处早已被先人大师们所肯定。公元前 5 世纪，中国哲学家孔子曾提出：“获得智慧有三种途径：第一种是‘模仿’，这是最简单的；第二种是‘经历’，这是最难的；第三种是‘反思’，这是最有效的。”[1] 百年之后在地球另一端的希腊，苏格拉底也提出了自我剖析和自我批判的观点。

反思训练的内容一直在丰富，相关的词汇有“深度思考”“冥想”“跳出思维圈”“挑战固有认知”（尤其是个人固有认知），等等。反思训练要求训练者拥有不断探究的精神和强烈的好奇心，尽可能客观地看待问题，分析自身所处境遇，挑战自己的固有认知，努力发现疏漏或尚未挖掘出的新观点。

美国国防部前秘书长唐纳德·拉姆斯菲尔德（Donald Rumsfeld）“不知无知”这一言论曾一度被调侃，但他的话其实是有一定道理的：

“……所谓对已知有知，就是知道自己知道什么；对无知有知，就是知道自己不知道什么；而对无知未知，就是自己不知道，也不知道自己其实不知道。”

简言之，反思思考的是思想和认知本身，因而被称为元认知。它在精神分析中还有其他的表述方式，比如“跳出自我去认识自己，进入他人内心去理解他人”和“思考情绪、感受思想”。它的前提是思考者必须对自己诚实、勇敢面对自己的不足，卸下防备，对自己负责。这个过程其实就是一个持续且深入的内心对话的过程。

反思训练不仅仅是一种智能训练，它还能为思考者带来很多的现实益处。首先，反思有助于个人决策能力的提高。这也是乐子受益

1　孔子曰：“生而知之者，上也。学而知之者，次也。困而学之，又其次也。困而不学，民斯为下矣。”（《论语·季氏第十六》）——编者注

的地方。反思训练能在如下方面帮助你：在工作中避免出错，在错误中迅速进步；以更客观的态度评价自己，更快找到自己的不足或优势；更灵活地进行自我调整，及时把握机遇；提高自我认知能力，情商、人际交往能力、协作能力和个人影响力也会相应提高；深入理解自身行为机制——重新认识那些与个人工作和生活密切相关，但由于缺少思考的空间而被压制或忽视的重要问题。总之，创造思考的空间将帮助你快速成长（第十二章中的“No.1 会议”就是一项系统性的反思训练）。

更重要的一点是，反思还可以帮助提高个人生产力。安静地反思不仅不会影响正常的工作进度，还会让你的努力事半功倍。哈佛商学院 2014 年的一项研究将自我反思定义为“对个人经验教训主动归纳、分析和表述的过程”。这项研究中，实验一组在下班后会多工作 15 分钟，实验二组在下班后则花 15 分钟总结和反思当天的工作情况。10 天之后，相比一组，二组实验者的个人工作绩效提高了 25%。而坚持 1 个月后，二组的工作绩效提高得则更为明显。研究者认为：“当人们在一件事上积累了一定经验后，与其继续重复操作这件任务，不如刻意分析和总结已得经验（即反思），后者更有价值。”

很多研究都支持这个观点。一项对英国通勤上班人士的研究显示，能在上班途中思考并计划一天安排的人，比那些在工作开始前毫无计划的人更开心、工作效率更高，疲惫感也相对较低。

在过去数十年间，反思能力早已成为现代人必不可少的能力。在 VUCA 的时代（VUCA 代表了易变、不确定、复杂、模糊这四个时代特性），我们更需要学会反思。现代人常常忽视“慢思考”的重要性。“慢思考”是行为经济学家和诺贝尔奖得主丹尼尔·卡尼曼（Daniel Kahneman）提出的概念。通过“慢思考”，人们才能够深入挖掘思想和价值观，检视主观推断，并找到零散信息间的内在联系。“慢思考”与“快思考”相对。“快思考”不需要动太多脑筋，是一种倾向于自发性的、欠缺深度的思考。想象自己一早来到办公室后先快速浏览了一遍收件箱，之后再切换到一项需要专注力和深度思考的工作，你就能体会到“快思考”和“慢思考”的区别了。然而在日常工作中，哪怕是代表了企业智慧层级的高管们都未必能免于“快思考”的思考习惯，除非他们有意识地专门抽时间进行深度思考，否则这种“快思考”的思考习惯最终可能会让个人反思能力和战略性思维能力退化。缺少反思，再多努力都只是苦于应对现实任务，难以获得实质性的进展和突破。

无奈的是，即使明白反思的重要性，人们在繁忙或压力大的时候，第一个从计划表中画掉的还是“自我反思”这一项。这种现代社会的工作习惯短时间内很难改变。哈佛大学 2015 年发布的一项研究报告显示，公司 CEO 每周独立工作的时间不超过整周工作时间的 15%。而就在这宝贵的独立工作时间里，他们还将大部分时间用于审核文件、处理紧急事务而不去进行深度的梳理和思考。公司下级各层员工的紧迫感更是有过之而无不及。

有一种认知的谬误是：越忙越好，努力与成果总能成正比。但其实总结和反思才是前进的推进力，这一点也已获得哈佛大学的证实。在知识经济中，人们最宝贵的资产就是个人专注力，然而专注力就像手机的电量一样容易快速流失。在工作中，人们大部分的专注力都被工作邮件、外界需求和繁杂的信息占据了。因此适当减少邮件和社交网络所占据的精力就可以为你屏蔽很多噪音，帮助你创造更多思考的空间去聆听内心的声音。

养成良好的反思习惯离不开坚持练习和实践。记得乐子刚刚来咨询时的表现吗？我问她："你为什么总这么着急？"她脱口便答："现在大家都很忙呀。"如果你的思考习惯和那时的乐子一样，那么你的思考可能很难有所收获。反思的节奏与日常的工作节奏是不一样的。也正是由于它有别于日常工作，人们在反思中才能从不同的角度发现新的可能性。慢下来去思考，其实是一个让人享受甚至是期待的过程。我的很多咨询者，包括那些工作忙得不可开交的人，都认同这一点。

最后需要注意的是，由于反思会让人认识到自身的不足，人们对反思会有天然的抗拒和逃避心理。反思可能会让人发现自己的各种问题，比如目光短浅、不够明智、不够努力等。不要怯于面对自身的不足，勇敢地走出优越感和舒适区，坚定信心，积极、灵活地去解决问题。一次深刻的反思就好像脱掉了防御盔甲，必须孑然一身面对外在表象下自己真实的脆弱。能做到这一点才真的了不起。

在繁忙的工作中你可能觉得根本没空反思。但其实只要养成了反思的习惯，你就能渐渐理解反思之于个人发展的重要价值。就好比乐子的同事对乐子的改观："之前大家只看到了表面的乐子，现在大家对乐子有了更全面的了解，看到了她身上更多的才华。"如果不能抽时间专门进行深度总结和反思，你很可能就会原地踏步，很难挖掘出自己的真正潜力。如果你能为反思创造更多空间，那么最终你一定能看到一个更丰富、深刻的自己。

训练：反思圈、平衡呼吸法，帮助你创造反思的空间

如何在生活中进行反思训练呢？这包括三个步骤：回顾过去（已发生的事）；思考当前（正在做的事）；联系未来（希望之后发生的事）。

我在咨询中常常用到一个超级简单的反思训练模型——反思圈：

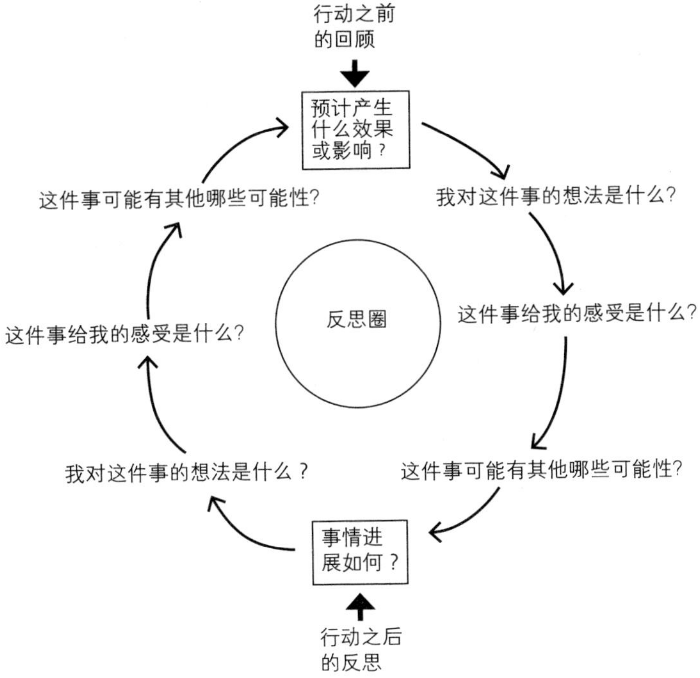

反思圈训练要求练习者在每一次决策和行动的之前和之后问自己三个关键问题：

1. 我对这件事的想法是什么？
2. 这件事给我的感受是什么？
3. 这件事可能有其他哪些可能性？

反思圈模型借鉴了科尔布的学习圈模型。基于反思圈模型，我设计了乐子做的第二项测试，内容如下：

1. 我曾有过某种经历。
2. 我反思了这次经历，并总结了自己做得好和不好的地方。
3. 我思考了改进的方法。
4. 我为之后类似情况制订了针对性的行动计划。

如何在实际工作或生活中使用上述这些训练方法呢？比如，你可以特地抽出一段安静的时间，静下心来深入思考一直烦扰你的问题；与他人的沟通出现问题时，可以先从自己身上找找原因（比如自己的误解、主观判断或个人预期等）；在任务完成后重新回顾，分析任务完成中做得好和不好的地方，并梳理自己的思考过程，找出个人判断或决策中可能存在的问题和失误，总结心得收获；在任务开始之前，你也可以按照这个思路预判任务可能出现的问题和风险，提前设计好备选方案，等等。

问问自己：我充分理解了反思训练的要求吗？我能够灵活掌握反思模型的操作方法吗？我是否决心提高自己的反思能力？

从以下四类空间分析，相信会对你创造反思的空间有所帮助：

1. **时间空间**——如何创造反思时间？
2. **环境空间**——在哪里反思？
3. **人际空间**——谁可以提供帮助？
4. **精神空间**——需要哪些内心力量？

反思日记

很多研究证明，文字记录不仅可以强化理解和记忆，还能方便我们常顾常新。阅读记录文字本身就是反思回顾的一种方式。承载着个人丰富思想的笔记本像一个珍贵的思想宝库，你可以随时挖掘其中的宝藏。如果你没有记日记的习惯，或者还没有发现日记的妙用，我建议你可以先从“观点日记”开始尝试：坚持每天记录一个想法。几周过后再重新读一读自己在笔记上的积累，你一定会有新的启发。养成记录的习惯就能越写越多。我给我的客户每人一本 A5 笔记本，鼓励他们坚持记日记。日记本里还有一些重要的训练模型和指导方法。大部分客户能够使用这个笔记本坚持记录，少部分人则用手机或电脑记录——按照你的习惯实践就好。

反思的时间空间——什么时候反思？

即使明白了反思的重要性，掌握了反思的训练方法，但是如果不去实践，那还有什么意义呢？——时间是反思的必要条件。反思需要时间，所以不要忘记在繁忙中为反思预留时间。如何为反思预留时间呢？不要急，请你先思考下面两个问题。

先把各种时间管理技巧放到一边（将会在后续内容中讲到），我的第一个问题是：你是否尽量充分、合理地利用个人时间？问问自己：任务优先级是否合理？在工作中足够专注吗？是否合理、充分地外包了任务？是把工作做到“足够好”即可，还是过分追求完美？有充分利用时间吗（比如早晨和通勤的时间）？有习惯性地浪费时间吗（比如把过多时间浪费在社交软件或网上的一些“不太有营养”的搞笑小视频上)?

第二个问题和改变认知有关:你主动反思过吗?是否总以太忙为借口逃避反思?我希望你能将反思视为每天的优先和关键任务。反思不是“锦上添花”的活动,而是每天必须要完成的重要任务。有了重视的心态,你自然就愿意为反思付出更多的时间和心思了。

在咨询中我发现,实际工作和生活中的三个互有重叠的层次都需要反思:

1. 日常中完成一件具体任务的具体方法(比如,今天下午我要约见同事聊一聊之前电话里说的问题,我应该说什么?);
2. 宏观、战略性的思考(比如,现在的工作是否真的适合我?);
3. 介于1、2之间的思考(比如,谁适合负责这个项目?)。

也许你觉得上面的三种思考方式都需要花不少时间——很多人会觉得反思会花很长时间,而且需要一整块时间才能完成。其实不然,你随时随地都可以进行反思。

我常和客户解释,反思其实分为两类:深度反思和即时反思。是的,反思也可以分为不同深度。深度反思要求抽出一整块时间,用来专心、深入地解决关键问题;而即时反思解决的大多是重要性次之的“小事”,所用时间不会很长,因此不必抽出整块时间。

当然,我们在思考重要问题时是需要保持专注的。深度反思要求人们尝试以超越已有的思维深度来思考,尽可能地拓展自己思维和情感能力的边界。深度反思对思考者有两点要求:专注、坚持。几次深度反思后,哪怕感觉自己无所收获,也请继续坚持下去——思考时,不要分心玩手机,也不要退缩和放弃。坚持下去,在几次失败后很可能会收获灵光一现的时刻。

忙于应付外界需求，自己的思考时间就会被挤占。你可以在个人日程表上划出几个特定的时间段用来进行深度反思，像约见重要客户或领导一样重视并且坚定地执行，全力保护这些时间段不受其他因素干扰。另外，要充分肯定反思的意义，即使有时候可能不得不牺牲一些反思的时间，我们也应不断努力尝试。

我的一些客户认为在工作计划里划出时间专门用来思考有些不切实际，如果自己的工作日程对外公开就更不可行了，但我总鼓励他们先试一试。如果你的工作确实需要大量专注的思考，你可以向同事们坦诚解释一下自己安排思考时段的原因，最后很可能获得出乎意料的反馈。我的一位客户的上司是不允许员工的工作计划里出现空白时段的，但这位客户还是勇敢试了一下，之后他这样和我说："我在工作计划中把一些时段标绿，在上面写上'思考时间'，一开始我感觉挺没底气的。和我想的一样，我的上司发邮件质问我这些时段是什么意思。我诚恳地跟她解释这是我希望的工作方式，深度思考能够帮助我提高工作效率。你猜上司的回复是什么？'可以，不错。'我当时都惊呆了。"

优秀的职场人无一例外都非常重视为自己创造反思的空间，他们会通过很多方法（比如转换环境或划分时间段）为自己创造反思的空间。领英的 CEO 杰夫·韦纳（Jeff Weiner）每天都会抽出 90 分钟到 2 小时对工作进行梳理回顾，他将这项活动称为提高工作效果"最重要的、唯一的诀窍"。达尔贝格（Dalberg）公司的全球管理合伙人雅娜·加格尔（Yana Kakar）每周都会反思三次，每次两个小时。她说："领导者绝不能将思考外包。不管当天有多少电话、邮件、会议，我都会守住这神圣的两小时。"还有一些人在一周中会专门抽出一天时间用来反思。曾作为连续创业者的 O2E 品牌创始人布赖恩・斯丘达莫尔（Brian Scudamore）会把周一的全部时间用来思考和制订一周的工作计划。在这一天里，他还会离开自己的办公室专门寻找一个合适的环境进行深度思考。AOL 的领导人蒂姆・阿姆斯特朗（Tim Armstrong）则要求员工每周抽出半天工作日进行深度反思和思考。这些人的亲身经历说明为反思创造空间一定会让人获益良多。

人们总是忙着做“不得不做的事”，却似乎怠于思考自己真正应该做的事情是什么。写到这里的时候，我恰好在和一家大型科技公司的全球人力资源总监合作。这位总监管理着数万名员工，她感觉自己快被外界的各种需求淹没了。她跟我抱怨：“我停不下来，根本没有时间思考。”我和她一起梳理了她一天的时间安排。经过严格的分析和规划，我们终于在她满当当的日程中挤出了两个小时。她将其中一个小时浪费在了不必要的任务上，她其实可以将这些任务委派给其他人，自己可以完全放手；而另外一小时则被浪费在了约见会面上。她一开始觉得这种约见是绝对不能减掉的，否则有伤人际感情。不过最后她还是给两位约见人分别发了邮件诚恳地说明了自己的情况：“我的工作时间已经完全被占满，我需要一点个人思考的时间。所以很抱歉我不得不取消明天的约见，希望几周后能和您再次约见。感谢您的理解。”结果是她收到了两封非常暖心的邮件回复。其中一封甚至写道：“我完全理解您。我自己其实也需要时间，那今天我也有半个小时的思考时间了。”

除了花整块时间进行深度反思外，你也可以试一试即时反思。面对重要的问题，哪怕时间紧迫，也不要急于应付、草率行动。就像写邮件一样，写完邮件后不要立刻就发出去，抽一点时间检查一下邮件内容。我认识一位高管，她每次写完重要邮件后都会先放到草稿箱，过一会儿重读，修改妥当后再发出去。她说每次重读草稿都能找到需要修正甚至大改的地方，不过她感觉自己在这个过程中并没有进行什么思考。其实不然，她只是没有意识到自己在做即时思考罢了。

在咨询中我有幸与很多优秀人士合作，客户向我咨询的同时也会给予我很多启发，让我受益匪浅。我会把咨询中的心得和思考记录下来，之后分享给其他咨询者。我合作过的另一位企业高管就非常擅长即时反思，我从他身上学到了很多。

我负责协助这位客户做商业规划。我记得一场非常艰难的会议结束后，我们一起大步、安静地走进电梯。其间我尝试和他交谈。他笑了一下，做了一个手势，示意请我暂时不要说话。电梯缓缓下降，他半闭双眼慢慢深呼吸。下了电梯他马上对我说："抱歉，我刚刚在想之前的会议有没有什么突破口，我觉得没问题。上车后我得赶快发一封邮件。"

我想在相似情况下，很多人可能会为了排遣失落情绪开始刷手机，也可能会有一些抱怨——有心理学家将这种行为描述为"无意义的咕哝"（chuntering）。这位客户没有如此。哪怕只有一分钟，他也能够在这一分钟里进行有效、专注的回顾和思考。多次接触后，我发现他每天都会有数十次这样的即时思考。甚至在车里，我坐在他身后，经常看到他打完电话后立刻进入思考的状态，嘴里默念着刚刚电话中的内容，之后迅速评估任务情况。如果有问题需要之后重新梳理，他就会从口袋里拿出一个小本子，将问题和自己的想法快速记下来，这样他就不用专门拿出额外的时间重新回顾了。一天之中他随时随地都能思考。

我们也可以借鉴他即时思考的方式。他总会问自己两个问题：

1. 这件事包含哪些关键信息或要素？

2. 下一步我要做什么？

问问自己：自己会花时间主动进行深度反思和即时反思吗？如果自己需要更多的时间去思考，该怎么安排时间？

反思的环境空间——在哪里反思？

英格兰西北部有句俗语："世上的人各种各样，行为也千奇百怪。"美国人也常说："对付不同的人有不同的招。"作为咨询师，我非常同意这些话。并没有所谓的标准或最佳，每个人都有自己的偏好，重要的是找到那个合适的。

什么样的环境有助于思考？我想不同的人也会有不同的选择。也许是睡前、沐浴时，或者锻炼中、通勤路上，等等。我知道还有一些人喜欢在骑车时思考问题，我有一位酷爱骑车的客户说自己在骑车时感觉头脑特别清晰。还有一些客户喜欢在散步时思考。所以你看，不一定非得跑到远方，户外散步也能够让人平心静气、转换头脑。我认识一位科技创业公司的高管，他每天在工作中都会离开办公室两次到公园转一会儿。一开始同事们都不明白他在做什么，但大家之后发现他每次散步回来总是精力充沛，而且又带回了几个好点子。我知道还有一类人能够迅速在不同场景间切换，能快速适应不同环境。他们从喧闹的开放交流区走进会议室，只需要深吸一口气，就能迅速调整到开会状态，把外面嘈杂的声音隔绝在会议室门外。相比之下，很多人可能需要较长的时间才能从一种状态中走出来。

不知道你有没有过"要是能在家办公就好了"这种想法。有人会觉得在家办公效率高，但也有人认为在家工作的效率是最低的。根斯勒（Gensler）公司于 2013 年的一项关于工作场所的调查显示，仅有 16% 的员工认为在家办公效率更高，对比之下，73% 的大部分员工还是认为在办公室工作更高效。

不过一种工作环境未必适合所有人。之前我的一位客户是一家意大利公司的 CEO，在上任不久前，她所在的米兰总部刚刚装修完。因为公司开始推行“民主氛围”，所以去掉了办公区的隔断，所有人开始在同一个开放空间里工作。她是一个比较内向的人，这种办公环境让她非常不适，也严重影响了她的工作状态，每天不得不躲到厕所才有半小时的独处时间。最后实在没有办法，公司不得不重新装修一遍。

也许你会想，CEO 当然能够“任性”，作为普通员工哪能说装修就装修呢？其实你依然有很多办法可以改进自己的工作空间。先想象一个自己期望的工作或思考的环境，然后想一想如何营造出这种环境，比如用一些方法让周围同事理解自己的需求。埃琳娜·克里根（Elena Kerrigan）是人力资源培训公司思想生产力（Think Productive）的总经理，每当她想安静思考时，就会在桌子上放一个瓷猫，大家都知道她的习惯，就不会去打扰她。不过，你要和同事沟通好。讲一件我的趣事。之前我在一家公司工作时，如果我想一个人专心工作一会儿，我就会戴一个头戴式耳机。但有一位很较真的同事查尔斯，每次他想找我聊天，就会径直走过来，为了引起我的注意，还会敲我的耳机。上帝保佑你，查尔斯。

抵抗外界环境干扰的方法有很多很多，你可以根据自己的情况头脑风暴想一想。比如，如果你不喜欢太过安静的环境，就可以放一些白噪音或有助专注力的音乐。声破天（Spotify）等一些软件就有很多专门针对提高注意力的音频资源。我在写作时都会听一点音乐。我现在写到这里时就正在听声破天中的巴洛克学习音乐合辑，创作者是博比·肯尼迪（Bobby Kennedy），谢谢博比。

问问自己：自己喜欢在什么样的环境里思考？怎样才能尽可能多地营造出或待在这样的环境里？

反思的人际空间——谁可以提供帮助？

你是哪种类型的思考者？我常问我的客户："你喜欢怎样分析问题？"我会举几个例子：是带着电脑或笔记本找一个安静的环境？找到一块白板和很多彩笔，把自己的想法都写出来、画出来，创造"思维导图"？还是和其他人一起讨论，一起头脑风暴？

我自己其实是一个内向思考者，但是我知道每个人都有适合自己的思考方式。虽然毕加索曾说"严肃的作品都是在孤独中完成的"，但这种方式对他（和我）是适用的，却并不适合所有人。协作的秘诀就是抛除主观的偏见，尊重彼此的不同。

对我来说，通常我会先自己思考，然后再把自己的想法和几个最相关的人分享，听听他们的意见。但我的一位同事和我就完全相反。她总希望我和她并肩坐下来，拿出一张白纸或打开电脑，之后开始进行一场复杂的、开放式的、没有最终结论的讨论。这种形式的讨论常常让我感到头脑迷糊，困惑不已。我们曾谈论过这个问题。她说，如果让她一个人坐着盯着空气她才感觉难受呢。由此可见，我是那种内向型思考者，而她则是那种外向型思考者。这两种方式并没有对错、好坏之分，重要的是能找到适合自己的思考方式，也能理解他人的思考方式，并且在需要时，能够找到一个大家都能够接受的合作方式。当然，双方在这个过程中需要沟通和做出一定的妥协。

能够认识并尊重成员之间不同的思考方式对团队大有裨益。如果成员之间不能理解彼此不同的思考方式，团队内就很容易出现龃龉。我之前就曾负责过这样的案例：有一个团队，大家总觉得其中一个成员工作很不用心，对她颇有微词，但其实是这个成员的思考习惯与大家不太相同。理解这一情况后，团队开始尊重这位成员在集体发言前需要先独自思考的需求，改进了团队合作方式（比如在会议前提前把讨论主题和草稿发给这位成员），最后这位成员取得了让人惊喜的进步。

另外一个团队的情况则恰好相反。团队大部分成员都习惯在讨论前做好充分准备，这样在讨论时就可以直入主题，言简意赅，缩短讨论时间。而团队中的小部分人则习惯把思考过程讲出来，所以这些人总会被批评打乱会议节奏，浪费时间。当这个团队在理解每个人都有自己的思考方式后，就在集体讨论开始前增加了一个 10 分钟的发散讨论环节。虽然这 10 分钟的发散讨论并不适合内向思考型的员工，但是这样坚持了几个月后，成员们普遍反映，相比之前的方式，现在的方式让团队会议更高效了。

鉴于此，一些公司积极建立人性化、思考型的企业文化。比如鼓励员工多多思考、发表观点。公司会每个月向全体员工提一个“问题”，或积极建立员工社群博客，鼓励员工自由交流。

内向型思考者也应该尝试与他人多多交流。下一跃（Next Jump）公司的每位员工都有一位自己的“沟通搭档”。搭档间每天都需要交流，可以聊一聊自己的烦心事，开诚布公讲一讲对方有待改进的地方，给彼此提一提改进的建议。在这种双向咨询中，搭档双方都能发现自身的盲点。有趣的是，连最初对此不感兴趣的员工最后都喜欢上了这个活动。

内向型和外向型的思考方式是可以并行不悖的。内向型思考者可以尝试多交流，通过交流去了解他人的想法；外向型思考者在与他人交流时，可以练习“三思之后”再表达观点，而不仅仅是对他人的观点做出反馈和回应。

问问自己：如何在独立思考的同时还能听取他人的想法或建议？

反思的精神空间——需要哪些内心力量？

反思可以帮助思考者保持良好的思考状态，获得新的认知。这里有一个非常简单的方法，能够帮助你轻松达到这种思考状态：开始思考前，先让自己的精神专注起来。美国海军海豹突击队借鉴瑜伽技巧，发明了“平衡呼吸法”或“4×4 呼吸法”以缓解战场上的焦虑情绪。希拉里也曾在总统竞选辩论中利用这个方法应对特朗普的挑衅。我们平时可以经常使用这个方法，平和内心，放松精神和身体，重新获得专注力。

1. 找一个舒服的姿势坐好，鼻子深吸气，感觉空气充盈肺部和胃部，吸气保持 4 秒左右。
2. 屏住呼吸，保持 4 秒左右。
3. 通过嘴缓慢向外吐气，收缩胃部，直至感觉吐出全部空气，保持 4 秒。
4. 屏住呼吸，再保持 4 秒。

上述过程反复完成几组，直到你感觉身心放松。

现在暂停阅读，试一试。是不是很有效果？

这种训练不需要花很多时间，也不需要特别的环境，随时随地都可以进行。

*

思考中你可能会有意识地专注于某些信息，也可能会无意识地联想到看似不相关的其他信息，这两种信息都很有用。无意识思考很可能蕴藏着解决办法和全新的认知角度。很多时候，正是这些无意识的思考给了人们顿悟的时刻。所以，尝试捕捉它们吧。

当然，思想的质量和深度离不开个人长久的积累。传奇广告人查尔斯·萨奇（Charles Saatchi）有这样一段传说。他在午饭时听一位客户滔滔不绝地倒苦水，从生意细节一直讲到营销问题和竞争难题，萨奇实在听不下去了，不得不打断这位客户，顺手就在餐巾纸上写出了给这个公司的营销语。这位客户目瞪口呆地看着萨奇给出的答案说道："对，这就是我要的，你想出来了！"萨奇回答："从今天算起每个月请支付 5 万美元。"客户很生气："你写这个才用了不到 10 分钟！"萨奇反驳："何止 10 分钟，我在过去 30 年里积累的阅读、沟通、学习和思考都在这里。"

强大的思考能力来自于内心丰富的储备。只有不断地学习和充实自我，思维能力才能不断精进（下一章将讨论如何创造学习的空间）。如果脑中都是日常琐事，那么在思索中能想到的也只是琐事。我建议你每天都抽一些时间阅读，或者有机会时就参加一些活动或交流会。这么做不仅仅是为了让自己不落后，更是为了充实内心，打开视野。只专心钻研专业知识是不够的，阅读历史、小说甚至诗歌，都能让你获益匪浅。多元的知识之间相互作用，终有一天会显现它们的价值，帮助你找到自己所追寻问题的答案。我认识的一位非常严格的领导曾对我说："所以下次我再看到一个员工在上班时间把脚搭在桌子上读《经济学人》，我不仅不应该批评他，还应该夸奖他一番喽？”虽然这位领导对此不以为然，但在某些情况下，确是如此。

问问自己：如何充实自己的内心？有什么好方法吗？我现在能专心做好一件事来累积我的见识和经验吗？

第二章

创造学习的空间

——总是单打独斗的雷切尔

本章观点：在快速变化的时代，我们需要秉持谦逊的态度，保持好奇心，敞开内心，为自己创造学习的空间。

雷切尔是一家国际食品公司的高管。她毕业后成了这家企业的管培生，在各个轮岗项目中都表现得非常出色。两年后她需要为自己选择职业方向，经过艰难的决定，雷切尔最后选择了营销和人力资源部门。之后的10年里，雷切尔的工作表现依然非常出色，成了一名极具商业头脑的人力资源业务合作伙伴。但是她的志向不止于此，像乐子一样，她也想向管理方向发展。

公司看到了雷切尔的潜力，为了鼓励人才，便给了她证明自己的机会，让她负责与商务相关的人力资源管理业务，直接向人力总监和财务总监汇报。这期间雷切尔展示出了优秀的商业思维和协调能力，业务依然非常出色。她因此获得了公司人人都趋之若鹜的一个机会——负责管理公司在英国的一个大型超级市场。这个职位非常重要，因为公司的一大部分产品都是通过这家超市进入市场的。不过由于雷切尔欠缺相关经验，这次任命在公司内部引发了激烈的讨论，不过雷切尔最后还是获得了这次宝贵的机会。

但是一切并非想象中那么顺利。上任 4 个月后，公司没有看到期望的结果。雷切尔优秀的职业生涯中第一次出现了失败的征兆。由于这个职位意义重大，而这次任命风险又实在太大，连公司 CEO 都参与讨论是否要终止雷切尔的职务。这项业务是严格按照季度经营的，所以雷切尔还剩下不到 6 周的时间来挽救危局。这家公司委托我为雷切尔提供咨询，希望能够帮她走出困境。

我们第一次见面时，雷切尔迟到了 10 分钟。也许你认为迟到本身也没什么大不了的（正如弗洛伊德所说："有时候雪茄不过就是雪茄罢了。"），但其实某种细节背后可能有更深的原因。雷切尔当天穿了一身职业套装，好像是刻意打扮了一番。她迟到了，看上去有些心不在焉。我很好奇她的态度，所以便直接问她是怎么看待这次咨询的。

"挺好的，"她随口回答，"很好，挺有帮助的。"

咨询顾问有时候需要展现出自己的底气和决心。我的直觉告诉我一定有问题，所以我立即追问：

"我不相信你的话。"

听到我这样说，雷切尔这才表现出了一点重视的样子，但还是沉默不语。我等她回答。

"不相信什么？"她问。

"其实你不想咨询。"

她扮了个鬼脸，笑了笑，继续沉默。

我继续说："或者说，其实你想咨询，但又不想咨询。"

"是的。确实，我很纠结。"

“为什么？”

“我知道自己需要帮助。但这次咨询就是一次‘死亡预告’，不是吗？”

“死亡预告？”

“是的。说明雷切尔彻底失败了，马上就要走人了。”

“但是据我所知，马克和夏洛特（人力总监和财务总监）请我来是真心希能帮助你解决问题，让你重拾成功的信心。”

“你说的‘成功’，应该是我之前的成功吧。”她轻声说道，声音中难掩沮丧之情。

“我理解，你现在真的很不容易。”

这次，她第一次看向了我的眼睛。

我继续说：“你现在一定很沮丧吧？”

她脸上闪过一丝讶异的表情。我想那是因为她发现原来有人能理解她的感受，还大声讲了出来。最后，她答道：“是的。确实。”

之后雷切尔放开了一点。她告诉我她现在非常焦虑，担心自己的职业生涯可能要结束了。从她的这些话中我看出，她现在已经深陷在各种灾难性的想法里不能自拔了。这种认知偏误其实很常见，是一种被夸大的或非理性的惯性思维方式。这种思维是个人核心致病认知的具体表征之一。在雷切尔的案例里，哪怕只是一件不顺利的小事，对她来说也可能是一场大灾难。

我们之后没有再聊工作的具体改进方法，而是围绕雷切尔对这次咨询的担忧，分析她为什么会觉得这次咨询就代表了她的失败。尽管我一再安慰她咨询是为了帮她解决问题，但她仍然不相信。我突然想到，也许可以用一点小手段解决这个问题，我把这个想法记在了心里。之后雷切尔开始和我讲她目前的处境。在咨询中，顾问需要尽可能精准、充分地挖掘出能帮助客户解决问题的最有效信息。而根据我的经验，我发现客户的困扰大部分都和专业技能无关，而与“软技能”有关，比如思维方式、人际关系，等等。雷切尔的问题就在于此。不仅仅是食品行业中的雷切尔，零售、数字传媒、私募基金、石油贸易等各行各业中的人都可能会遇到“软技能”的困扰。

这次咨询结束后，雷切尔看上去轻松了不少，对这次咨询的看法也积极多了。

“下次见。”我说。

在她关门时，我听到她轻声回答：“好，如果那时我还在这个公司。”

我希望帮助雷切尔重拾信心，让她相信这次咨询并不是对她的“最后通牒”。我开始着手安排在刚刚咨询中自己想到的那个“点子”。

一周后我又来到了雷切尔的公司。我站在公司的玻璃中厅里，看着四周大屏幕上静静地播放着公司的获奖广告。之后，我向一位同事挥挥手，一场精心策划的表演即将上演。

所有准备都已就绪。就在雷切尔刚从一部电梯中走出时，公司充满个人魅力的CEO恰好从另一部电梯中走出来。然后，雷切尔停下了，犹豫了一会儿。CEO穿过分开的人群，雷切尔紧随其后。CEO和我的同事打了声招呼，接着，他突然转身，正好看到雷切尔就在他身后，他假装表现得很吃惊：

“啊！这是雷切尔吧。你好吗？我来介绍一下，这是我的咨询顾问凯莉。”

雷切尔红着脸看向我。CEO等她回答。

“嗯……这是德里克，他是……我的咨询顾问。”

“不错！”CEO大声说，“我身边一直都有顾问在帮我，多听听顾问的建议，会对你很有帮助。”

CEO 说着，好像还对雷切尔眨了眨眼睛。

我们这两拨人互相握了手后分开了。之后我和雷切尔来到了洽谈室，她微笑地看着我。

“这一定是你安排的，对吧？”

“暴露了。”我回答。

“好吧，我明白你的意思了。”她笑起来，“说实话，CEO 他不常向顾问咨询的，不过刚刚真的挺有趣的。他要独自思考问题的时候，一般都会躲起来玩玩游戏。不过既然他愿意演这一出戏，我想公司一定希望通过这次咨询帮助我。”

之后，雷切尔开始欣然接受咨询，她开始相信这次咨询绝不是什么恐怖的威胁。这一次，我希望她能多分享一些自己的生活故事。

“我的故事？”

“是的，这能帮我更好地了解你。”

“好的，但是我的故事并不轻松，我讲讲吧。”她的脸一下子变得严肃起来。

原来雷切尔在一个单亲家庭长大。她的母亲没有生活目标，从不认真工作，最后失业了。母亲长期抑郁，却不治疗。雷切尔说自己在读大学的时候，母亲却流浪在外，睡在街上。说到这里时，雷切尔眼里满是泪水，充满了羞耻感。

某个念头很可能是人们内心深处的产物，让人觉得一些事情就藏在自己的“骨子里”。在咨询中我会关注客户这种“骨子里”的想法，这些想法不是我个人杜撰出来的，而是客户与咨询师互动中的共鸣所引发的——这种现象在一定程度上与卡尔·荣格的“集体无意识”有关，而我将这种现象称为“人际关系的第三空间”（后文有详述）。我不会忽视这种突然出现的想法，我会将它们记下来留待之后深究。如果这种想法非常强烈，当时我就会对客户直接抛出来，即使这么做可能引起对方不快甚至抵触，但客户最后基本都能接受这些事实。

我觉得雷切尔这番话的背后肯定有更多意思。

“你觉得如果不努力成功，自己最后就会像母亲一样？”

她直直看向我，一脸震惊。

“这是我的噩梦。我有时会做这样的梦，醒来后躺在床上，想象自己一无所有，没有我的未婚夫尼尔，没有房子，衣衫褴褛，一个人住在公园里。”

我终于找到了雷切尔的核心致病认知。雷切尔的灾难性思维与她的思想症结直接相关。雷切尔曾这样形容自己的心态：

> 我必须做好每件事，不能出任何差错，否则我的人生将开始走下坡路，最后我会失去一切。

雷切尔对自己太严苛了。人人都不愿意失败，这种想法很正常，但雷切尔对失败的畏惧有些极端了，这种心态也反映出了她的心理症结。人们多少都会有某种心理症结，如果能把它们控制在合理的程度内，就不会对人有影响。适度的自我怀疑和焦虑能够成为前进的动力，但过分消极却是非常有害的。为了晋升而努力工作和因为畏惧错误而不敢懈怠这两种心态对人的影响是完全不同的。

在雷切尔和我探讨自己的种种恐惧情绪时，我发现雷切尔总会将工作和个人生活混为一谈。哪怕平日里一切都顺利，她都会有轻微的焦虑感，更不要说最近的这几个月，她的焦虑感几乎“爆棚”了。

她说自己最近看了医生，一直在吃抗焦虑的药物。这些她都没有告诉自己的未婚夫尼尔。说到这里，她自嘲地笑了笑。

“天啊，”她说，“尼尔给我起的绰号就是‘想太多’，他就这么叫我！”

我引导她继续想下去。

“让自己的忧虑少一些会不会更好？”我问。

“是的，是的。最好少一点吧。”

在之后的咨询中，我俩一起想了很多更实际、健康的想法，我希望新的思考角度能帮助雷切尔重拾信心。最后，雷切尔自己想到了一句话：

> 失败其实没什么大不了的。世界并不会毁灭。我能克服困难，一切都会好起来。

也许这些话对大部分人来说都是再普通不过的了，但对于之前无法承受任何失败的雷切尔来说，这句话是一种莫大的鼓励。

根据我的咨询经验，问题的原因不会只有一个，这就是弗洛伊德所说的“多元决定”（over-determination）。如我所想，我从雷切尔同事的反馈中发现了雷切尔身上存在着另一个问题。在第一次或第二次咨询后，我一般都会让客户自己指定10位同事，之后我会私下电话联系这些人，进行半个小时左右的调研，让同事们讲一讲这位客户的优点和不足。我会将同事们的反馈总结成几点分享给客户。受调人的工作内容和职位层级需要各不相同，有企业领导、高层合伙人、同级、直属上司，等等。我还会尽可能地多接触初级员工。这次我联系到了雷切尔的项目助理和团队中最年轻的财务，他们是最了解雷切尔的人。这两位员工在对话中都说到了同一句话:“雷切尔从不承认自己工作中有问题。”

我认为雷切尔身上的第二个问题依然与她的童年经历有关。雷切尔的母亲没有尽好责任给予子女足够的照顾和关爱，所以雷切尔不得不承担起母亲的角色，努力照顾好自己的弟弟妹妹。心理学中，这种情况被称为“亲职化”。这种经历对个人有很多益处——比如这样的孩子更容易取得成就，责任感强，愿意付出，但同时也存在一些隐忧。

雷切尔一直都习惯性地焦虑，而且极度缺乏安全感，但她从来没有对母亲、家人，甚至是自己表露过这些情绪。她发展出了一种心理暗示，不断地告诉自己“我一个人也完全可以”——自己什么都知道，不需要其他人帮助。我们一起分析了这一点，发现这种绝对自信和绝对胜任的伪装实际对雷切尔的个人发展产生了很多不利影响。雷切尔的第二种核心致病认知就是:

找人帮忙，事情反而会更糟，而且别人其实也不会帮自己。

我们围绕“脆弱”这个话题聊了很久。从小到大，“脆弱”这个词从来都没有在雷切尔的字典里出现过。我们一起看了一个 TED 的演讲，名字叫作《脆弱的力量》(“The Power of Vulnerability”)。演讲者布林·布朗(Brené Brown)博士是休斯敦大学的一位研究教授。布朗博士认为学会承认和面对自身的脆弱是人生的一项必修课。人们内心都希望与他人建立情感联系，那如何实现呢？——勇敢地展现自身的真实和脆弱。布朗教授为此做了大量研究，她发现那些能够充分体会爱并且拥有很强归属感的人往往都有很高的自我价值感，因此即便感到羞怯或恐惧，他们仍然能够勇敢地承认和面对自身的脆弱。布朗认为拥有这样心态的人可以获得“全心生活”（wholehearted life），这样的人能够充分感受到感恩，容易与他人建立情感联结，拥有同理心和自我价值认同。

我意识到，面对并承认自身的不足并向他人求助才是雷切尔走出困境的关键。但是要做到这两点并不容易。雷切尔内心极度恐惧失败，又耻于向他人求助，这两点最终将成为导致她失败的根本原因。雷切尔现在就像一架完全失控的飞机，公司需要做的就是帮助雷切尔重新把控好操作杆，在她狠狠触地前及时把她拉起来。

在咨询中雷切尔越来越愿意敞开心扉。一天，问题终于出现了转机。我们正在聊她可以尝试哪些改变时，她突然说：

“德里克，说真的，我不太知道目前的工作应该如何开展下去，我做人力时从来没有这样的经历。”

她凝视了一会儿空气，似乎在心里思忖了一番。之后她转向我，非常认真地看着我的眼睛。

“向他人求教，我试试？”之后她低头嘟囔了一句，“我可能疯了。”

这正是她的项目助理和其他同事在几周前提出的意见，她有点吃惊，没想到最后自己竟然把这些话说出来了。

我不会代替客户去解读，或把道理全都解释清楚。我期待着咨询者们最后能够自己讲出答案。我觉得雷切尔马上就能发现自己的问题了。她很聪慧，她会理清头绪，找到解决方法。最后她确实做到了。

“我为什么不去问呢？”她先想了一会儿，然后抬头看向我，突然爽朗地笑了起来。

“我为什么不去问呢？！”她又说了一遍。

原因很简单，她内心一直有两个桎梏：一个是她面对失败容易惊慌失措、束手就擒，另一个是她在面对挫折时不愿意，甚至恐惧寻求帮助。而现在通过种种努力，她心中的桎梏终于渐渐打破，她为自己创造了更多的精神空间，拥有了全新的思考角度。

接下来的两周里，雷切尔迅速行动起来，她向很多人坦言自己的工作出现了问题，希望能获得帮助。她干脆利落地提问，认真倾听他人的建议，并将多方建议综合成自己的方法。她尤其重视一线员工的意见，尽可能地从这些员工那里请教更多信息。我想到了 easyJet 的 CEO 卡罗琳·麦考尔（Carolyn McCall）。她经常走出办公室，用一天的时间在机场信息台服务或协助机组人员工作。她认为只有深入业务一线，才能了解企业的真实状况——有一个源于日语的词，gemba，意思是“第一现场”。雷切尔甚至向她负责的那家超市求教。两周后，甚至雷切尔自己负责的那家大型超市的员工都成了她的“老师”。尽管雷切尔之前与这家超市的商业关系比较紧张，之前的沟通合作也不够顺畅，向他们求教可能不会很顺利，但她还是去尝试了。

挣脱了自己内心的束缚后，雷切尔找回了干劲。她的各种优点——才能、创造力、人际能力都回来了。这就是核心致病认知的危害，它是“心灵的敌人”。它就像顽固的杂草一样，慢慢扼杀着优秀的品质，让人渐渐忘记自己拥有的优点，失去改变现状的力量。

六个月后，雷切尔负责的业务重回正轨。非常难得的是，在这期间，她的公司一直支持着她。雷切尔现在展现出了一种全新的思维方式，这也给公司吃了一颗定心丸。

*

打开内心：创造学习的空间

> 活着，像生命的最后一天般活着。学习，如同会永远活着般学习。
>
> ——圣雄甘地（Mahatma Gandhi）

恐惧失败，羞于求助，是阻碍雷切尔在新事业中发展的两大原因。从小到大，雷切尔都有一种过度的责任感。这本来是一种很好的品质，但却导致她过分要强，不敢正视自身的不足，也不去主动寻求帮助。她把自己伪装起来，制造了一个“虚假自体”，以之对抗儿时的阴影。戴着这个面具，她对外总是展现出一种能力超强、独当一面的形象，但是这却让她失去了更多深入了解自己的机会。拥有这种核心致病认知的人在生活中其实并不少见。2015 年的一项调查显示，在美国，1/3 的人都畏惧失败，其中以千禧一代最为明显。另一项研究显示，人们面对失败可能会表现出四种态度：以成功为导向的人会把失败看作进步的机会，和自我价值无关；过于要强的人恐惧失败，他们会想方设法绝不失败；害怕失败的人拖延，他们总有借口，怠于努力和追求；惯于失败的人总是默许败局，不敢尝试。想激发最后这类人的干劲是最难的。

不要忘记，每个人在年幼时都经常经历失败。失败是学习和成长的必修课。拥有动态发展心态的人（本书后文有详述）不会将失败视为最终结局或是耻辱。他们也不会将失败和自我价值联系起来。相反，他们会将失败当作一次学习的经历。贝比·鲁思（Babe Ruth）是美国知名棒球运动员，在职业生涯中打破了棒球运动的历史纪录，留下了 714 只全垒打的非凡成绩，将棒球运动带到了一个新的高度——但鲜有人知的是，他也曾有过 1,330 次遭三振出局的败绩。可见，成功者也常常失败，但是他们从不退缩，总是不断努力和尝试，有意识地在失败中不断学习和进步，直到成功。

有一些研究显示，畏惧失败的心态可能与性别有关。研究发现，男性求职者在职位匹配度达到 60% 时就会尝试申请，而女性求职者则需要达到 100% 才敢尝试申请。一项全球大范围的女性领导力调查显示，女性通常认为自己的领导力不如男性——虽然这种想法从未被证实。

雷切尔总是下意识地联系起自己儿时的经历，认为挑战、改变、革新自己就代表着无知，因此她从不示弱。她之前没能将儿时经历与现在的生活区分开来，在咨询后，她才认识到自己身上存在着一些明显但完全可以克服的认知空白。巨大的挫折终于迫使她明白了同事们早已发现的问题——她要学的东西还有很多。

“学习”和“反思”虽然有很多相似之处，但本质上也有所差别。反思关注的是正在发生或已经发生的事情（详见本书第 17 页，参考反思圈模型提出的几个问题），要求人们深入挖掘自己的想法、感受、行为方式。学习并不是深度挖掘已发生的或将要发生的事情，而是一种持续性的探索未知的努力。安德烈·纪德（André Gide）认为学习即是远离现有知识领域，寻找认知新大陆的过程。而马塞尔·普鲁斯特（Marcel Proust）认为学习不仅是学习新的东西，更是获得新的认知，即从全新的角度思考已知事物。所以，学习既可以是知新，也可以是温故；既可以是学习新的知识和技能，也可以是获得新的认知和思维方式。雷切尔的例子说明，我们需要学习的不仅仅是外在的世界，还有我们自己。通过学习，重新理解自己、理解这个世界，让这两方面互相积极作用、相辅相成。

雷切尔在“理解自我”这个方面尚显不足。她恐惧失败、责任感过强，这两种核心致病认知导致她畏惧学习和求助，给她在新工作里带来了巨大的困难。然而，一些公司的企业文化却鼓励这种畏惧失败的心态。一些管理者认为压力可以激发员工的最佳表现。压力或任务截止日期确实能够在一段时间里促进员工的工作效率，但是事实上，压力过大会让人一直处于应激模式或焦虑状态，长此以往，会造成精神疲惫，最终阻碍个人能力的发展。另外，恐惧心理还会导致人思想僵化，阻碍个人“成长型心态”的发展。“成长型心态”这个词是斯坦福心理学教授卡罗尔·德威克（Carol Dweck）创造的，这种心态认为个人能力和天赋并不是一成不变或天生固有的，而是可以发展和进步的。相比之下，僵固的思维模式则认为天赋和才能是天生的，优点和不足都无法改变，这种心态让人失去了谦虚、好奇、勇敢向前的品质，非常不利于个人发展。

在新工作中，雷切尔完全被畏惧失败的僵固思维打败了。德威克认为这种思维模式的诱因并不鲜见，挑战、批评、糟糕的表现、自认为不如人的自卑心理等等都可能诱发这种思维的产生。当突然发现自身的不足，人们很可能感觉自己受到了“攻击”，就会开始努力维护自己，因此渐渐陷入僵固的思维模式中，失去了学习和改进的意愿。除此之外，僵固思维也很容易激发核心致病认知出来作祟，此时更要迎难而上，全力解决问题，否则你将陷入恐惧和过度自我保护的泥淖中。自我保护有很多外在表现行为，比如畏缩、控制欲、行为失控，等等。但可以确定的是：过度自我维护一定会扼制人们求真求知的欲望。

承认自己有不足不是一件容易的事，在激烈的竞争中更难做到。但人们都说思想是21世纪通行的财富，如果不能先挖掘自身不足，找出“坏思想”，我们就不能收获“好思想”，因此创造学习的空间需要人们首先能够承认自身的不足。

学习和探索是人类的天性——神经元是大脑智能的组成物质，人类的大脑中有 1,000 亿个神经元，每个神经元都与其他 1,000 至 10,000 个神经元相连接，这些连接被称为神经通路。据说一颗大脑每天所产生的脉冲比全世界所有手机产生的电脉冲还多。

大脑中部分神经通路已被充分开发，这也就是为什么我们不用刻意思考就可以顺利完成一些行为，比如刷牙、骑自行车。按习惯行事时，大脑电脉冲通过神经通路的阻力是最小的，因此也是最轻松的。情感反射和认知反射也是如此。对某件事情的感受、认知、反射行为已固化成为我们的“性格”，但其实我们并非生来如此，只是在日常中早已习惯这种反射方式了。

科学家曾认为大脑的神经结构是固化的，不能够自行改变、适应、重组。很多人曾认为，人在成年之后大脑就不会再产生新的神经元，神经元间也不能产生新的神经通路了。但现代研究显示，人在年老后，大脑虽然可能会有一定程度的萎缩，但仍能够在一生之中不断成长。事实上，著名神经科学家迈克尔·默策尼希（Michael Merzenich）博士认为大脑是“软连接”的，大脑的这种自适应能力被称为神经可塑性。

这个概念背后包含着很多深刻的含义——这意味着每个人都有能力修正自己的性格。无论你认为自身的某种特性是多么根深蒂固，但其实大脑不是不可改变的，思考和行为方式也不是绝对无法变化的，我们完全可以教会大脑一些“新花样”。

基马尼·马鲁格（Kimani Maruge）就是一个典型的例子。2004 年，已经 84 岁的马鲁格打破了吉尼斯世界纪录，成为世界上年纪最大的小学生。他之前从没有上过学。由于肯尼亚政府推行免费的小学教育，马鲁格赶上了这次机会，成为一名小学生，从头开始学习读书和写字。

但是学习对于一些人来说可能并不容易。学习让人进步，这本是一件励志的事，但如果是为了达到某些目的而不得不学习，那么学习就可能变成一件让人焦虑、难受的事了。不安全感、内心闭塞、傲慢、刻板的自我认知，这些心态都会侵蚀我们的学习空间。学着做一个“初学者”吧，不断革新自己的固有认知。固守一方土地就失去发现新大陆的机会。固有认知会阻碍你以新的视角看问题。虽然未知的事物可能让人感到惶恐（对于一些企业高层管理者可能更是如此），但就像禅学大师铃木俊隆所说的，初学者更容易发现机会。

*

向外学习，向内理解自己。“旁观者”能清楚地看到他人的问题，但“当局者”却很难看清自己的问题。有人认为只要强化和发挥自己的优势就够了，但事实上认知盲点会阻碍人们充分发挥自己的优势，不仅可能让努力事倍功半，甚至会让努力产生反效果。

我常常让客户完成名为 DEEP 的潜力评估模型（DEEP model of potential）测试。DEEP 四个字母分别代表了这个模型的四个主题：决策（Decision-making）、执行（Execution）、情感和动力（Emotions and Motivation）、人际交往能力（People Skills）。这四个主题一共细分成 12 个方面。将这 12 个方面进行组合评估，就能够准确地分析出测试者的优势和不足，并找出需要改进的地方，你也可以测试一下。

不愿意主动改变，习惯固守在舒适区、犯错失误，这些都是正常的。认清个人优势、找到并承认自己的不足，我们才能不断进步。

全球最大对冲基金桥水的创始人雷·戴利奥（Ray Dalio）曾说：“知己不足就能享受盛宴；故步自封最后只有饿死。”企业领导者应该有意识地挑战自己的权威，去切实创造价值，而非固守已有的成绩。我记得一句话曾说：“除非画家满意，否则一件作品可以永远创作下去。”

如今，最优秀的企业领导者都拥有开放的心态和谦逊的品质。他们重视团队合作的力量。他们认为在越来越复杂的世界和市场环境中，单靠个人的力量不可能找到所有问题的答案。谷歌的人力运营副总裁拉兹洛·博克（Lazlo Bock）在招聘时非常看重应聘者是否具有谦逊的品质。他说：“没有谦逊的品质，人就不会主动学习。”

回到雷切尔的故事。在我的建议和公司领导的支持下，雷切尔重新创造了学习的空间。她向内重新认识了自己，向外开始以更开放的心态不断学习，为下一次成功积蓄力量。创造学习的空间，未来可期。

训练：成长型心态、学习风格，帮助你创造学习的空间

创造学习的空间与创造反思的空间有相通之处。第一章中，创造反思的空间要求人们在应对外界需求的同时不要忘记思考。反思的空间受到相互关联的四种空间因素的影响，请重新回顾一下第一章提到的这四种空间因素，接下来我们将讨论这四种空间因素对创造学习的空间的作用。

学习的时间空间——如何创造学习的时间？

像上一章一样，请你思考如何在工作生活中安排时间去系统、规律性地学习。现在很多职业领域都希望甚至要求从业者具备职业

的可持续发展能力（continuing professional development，CPD）。比如，心理治疗行业就增加了这项能力指标，部分咨询行业也正在纳入这项指标。虽然大部分行业目前还没有对员工做硬性要求，但即使外界不要求，我们也应该培养主动学习的意识，每个月都应该抽出一定时间进行深度学习，不断锻造自己的职业可持续发展能力。

学习的环境空间——在哪里学习？

想一想，你的最佳学习地点在哪？在办公室戴着耳机？在家把脚搭在桌子上？在咖啡店？和我之前共事的一位企业高管是伦敦图书馆的会员。这家历史悠久的图书馆地处伦敦圣詹姆斯广场，建筑优美，内部和周围的环境都很好。这位客户只要一有时间，就会抽一个下午泡在这家图书馆里，与上万本蒙着灰尘的图书、学生和作家们坐在一起（很多人都会主动清理图书），专心致志地研究自己感兴趣的话题。上次我见到他时，他正在阅读人工智能的书，他想了解这个新技术对他行业的影响。如果他觉得半天下来很有收获，他就奖励自己一杯咖啡和一块蛋糕；如果他觉得这半天自己状态不好，那么就没有奖励了，他会直接回办公室，准备下次再回来攻克难题。

学习的人际空间——谁能帮助你学习？

如果你是一名内向学习者，你可以找一个安静的地方自己学习。如果你是一名外向学习者，你可以加入学习小组或参加研讨会，分享观点参与讨论。我曾服务过的一位全球人力资源总监要求他部门的全体 500 名员工每周都要完成一次线上学习。每次课前都会有一个小调查，搜集员工感兴趣的话题和希望邀请的嘉宾。培训者可以是部门员工、从公司外请来的专家，甚至是学者或作家。最近一次的讲座主题有“评估业绩的最新、最有效的方式是什么”和“什么是区块链”。

举起反馈的镜子：重视员工的反馈

员工的反馈意见是十分宝贵的。我的前任上司葛内克·贝恩斯将这个方法称为“举起反馈的镜子”，是领导力咨询中非常有效的一种咨询手段。葛内克会召集一批与公司高层领导不相识的初级优秀员工，鼓励他们对目前的管理方式给出自己的建议。沟通方式包括谈话、小组讨论、调查问卷、心理测评，甚至还有对公司内部和外部沟通内容的文本分析，整个过程会收集到大量的定量和定性数据。

之后公司会鼓励员工开一场“展览”，将反馈结果公开展示，员工采用图片、模型，甚至角色扮演都可以，CEO 和公司高管们都会到场参观。活动让所有参与者“大开眼界”。公司高层和一线员工对公司的管理方式或企业文化的理解难免不同，而通过这种积极的沟通方式，上下层获得了直接碰撞的机会，加深了彼此的理解，促进了相互学习。采用“反馈镜子法”的一位 CEO 将这项活动称为“最有价值的两小时”。不过，想举办这类活动，公司首先要提倡诚实、敢于表达的企业文化（诚实和勇气也是两种重要的学习者心态），如果能实现，这种企业文化一定会为企业的发展带来长久、积极的影响。

理想的情况下，人们不需要价格高昂的咨询来获得别人对他们的看法，只要直接问就可以了。建立良好的企业文化，让员工诚实、明确地对要求给予反馈，是一种最困难但也最有效的方式。

每次讲座都会吸引百余名员工积极参与。

寻求他人的反馈意见也是一种非常有效的学习方法。其实不用非得花钱咨询，只要主动去问就可以了。但我不明白为什么很多人不愿意“问”，也不重视“问”。比如，在会议或谈话结束后，你可以问问同事：“你觉得我做得怎么样？”寻求他人的意见和建议——你每周，甚至是每天都应该这么做。

有时他人的批评是一剂苦口良药，能够直指问题要害，帮助我们获得新的认知角度。我曾服务过一位非常成功的企业领导人，职位达到了汇丰银行、英国航空同等规模公司的最高级别。这位领导才智过人，非常有个人影响力，但他有一个缺点，就是说话很冲，喜欢强硬地命令别人。他自己把这种风格称为“硬肘子”。但他没有意识到，这种表达方式让风格内敛的员工感到很不适应。他的一些同事跟我反馈说大家私下里都怕他。同事们的评价让他非常吃惊。他由此开始学习思考他人的角度，改进了自己的说话方式。虽然他依然会质疑、会敦促员工，但是再也不那么咄咄逼人了，我佩服的是他能主动做出这些改变肯定需要很大勇气。我还发现，仅仅通过主动向员工咨询意见，领导就能大大改善自己在员工心中的形象。

你也许会觉得某些评价是不客观的。此时你需要先问问自己是否产生了“自我维护”的心理，然后耐心听听他人的想法。当然，误会也会发生，但在开放、坦诚的环境里，所有问题都可以直接沟通。彼此坦诚地交流，积极地聆听和反馈，最后一定能把问题解决。

学习的精神空间——需要哪些内心力量？

如果你决心提高自我学习能力，首先你需要看一看自己是否拥有成长型心态。根据多年的咨询经验，我总结出了下面这个表格：

固化型心态	成长型心态
认为自己所知所学已经足够	渴求新知识，总是积极、主动学习
极度怕犯错，总怕表现得不够好（这种心态通常与内心潜藏的不安全感有关）	将错误和失败视为学习和进步的机会，由于拥有健全的自我认知，因此能够很好地应对挫折感
逃避困难和挑战	寻找挑战，不怕困难
容易轻言放弃	在困难和失败中仍能继续坚持
希望走捷径，投机取巧	竭尽全力，从不投机取巧
听到不好的评价总想反驳	主动交流，接纳他人的批评并从中学习
凡事只靠自己，从不示弱	态度谦虚，不怕向人求助
对他人的成功感到嫉妒或害怕	从他人的成功经验中获得启发

培养成长型心态要求人们能够辨明自己的内心独白，即“我”与“自我”之间的对话。剖白自我、挑战固有认知这种训练刚开始可能会让你感觉不适，但就像锻炼惰性肌肉一样，如果你能坚持下去，就一定能不断进步和突破。

下面是有关自我认知、人生观、世界观的几种典型的固化思维：

- 尝试新鲜事物的意义不大，因为很可能失败。
- 为什么这种事总是发生在我身上？不公平！
- 我成功不了的。生活太难了。
- 那件事我永远做不到。
- 唉，我天生如此。
- 要是失败，一切都完了。

捕捉脑中出现的消极想法（可以将这些想法记录下来，方便之后反思），然后——

问问自己：有证据证明这些想法是正确的吗？实际情况真的是这样吗？我是否已经充分考虑了所有情况？能否换一个角度去更客观、全面地思考？

再问问自己：我的学习心态是什么——固化型、成长型，还是两者兼具？我需要改进上面表格中的哪些方面？可以用什么方法培养自己的成长型心态？

最后，这里还有一个帮你重新认识失败、打败失败感的窍门：当消极想法出现时，不要认为一切都完了，一定记得在心底鼓励自己："这些想法在现实中根本都还没有发生，我要相信好的一面。"

你的学习风格是什么？

学习风格一直是心理学研究的热门问题，已发展得相当成熟，相关模型和理论可以说五花八门。虽然这个领域的研究正渐渐失去热度，但它仍有很多内容值得我们借鉴。学习方法多种多样，但我认为每个人都有最适合自己的学习方法。比如我之前的一位客户保罗很不喜欢我布置阅读任务，他更喜欢我口头讲解（这与上一章讲到的内向/外向型思维方式有关）。找到适合自己的学习方法，你就能学得更快、更好。

我认为学习风格可以分为以下几类：

阅读型	通过阅读书籍、文章、文字来学习。
视觉型	通过看 PPT、视频、图表、表格来学习。
听觉型	通过对问题的口头表述和探讨来学习。
图像型	画出自己的想法，通过图像和图形等视觉手段学习（我发现这类学习者最不能忍受白板上有马克笔不盖盖子）。
行动型	相比学习抽象概念，更喜欢在实践中学习。

你可能会觉得这些学习风格各有千秋。然而 70 : 20 : 10 学习模型认为，70% 的有效学习来自行动和实践（如工作），20% 来自他人的指导和建议（如学习小组、导师、咨询师，等等。心理学家将其称为社会型学习），只有 10% 来自传统的学习方式（上课、讲座、培训班等）。

我和客户讨论学习风格时，他们都能大致说出自己喜欢的学习方法，但是对此只有一个模糊的感觉，从来没有深入探究过。很少有人去真的检视自己使用的学习方法是否有效，更少有人积极实践适合自己的学习风格。与其大量搜罗新奇的学习方法，不如根据个人的学习风格找到最适合自己的学习方法，深入理解它，思考如何有效行动起来。比如视觉型学习者就不要做一名“堆书匠”，可以到网上找到一些 TED 演讲或 PPT。在阅读这本书的同时，可以在网上找到本书的同名视频（Create Space）或 CDP 公司官网上推出的企业领袖访谈系列《领导力》（*Leadership Lessons*）。听觉型学习者可以充分利用 Podcast 这类音频资源。践行自己的学习风格，以最有效的方式利用自己的时间和精力，你将获得事半功倍的学习效果，为学习创造更多空间。

问问自己：我的学习风格是什么？我的学习方法与我的学习风格匹配吗？

关于学习资源的一点建议：社交网络上有丰富的学习资源，其中一定有适合你学习风格的资源。在推特、脸书、领英上关注、喜欢、加入感兴趣的个人、公司或讨论组，你轻而易举就能获得丰富的学习资源。我常用的一个手机应用叫口袋（Pocket），我把自己喜欢的资源都存在里面，在手机和电脑上随时都能查阅这些资源，非常方便，就像一个便携个人图书馆。口袋上还有很多优质的杂志和图书，我每个月都会阅读一本商业图书（以及一到两本小说）。此外，我还订阅了《金融时报》（*Financial Times*），每天早上都会送到我家门口。

需要注意的是：过剩的信息会让人烦乱无措。就算我们再怎么挤时间、严格地执行每日计划，过多信息也未必消化得了，因此只关注几个优质的信息资源就已经足够了。不要患得患失，每一点收获都是有价值的，比什么都不学强太多了。所以不用纠结那些被舍掉的信息。每天在咖啡厅花 10 分钟就可以阅读 5 篇优质文章，不要为没读到的那 50 篇心疼，不要贪多。虽然特易购（Tesco）超市的标语说"每一件商品都品质非凡"，但是我们也不必把超市里所有东西都买下来呀。

问问自己：我积极主动地学习新知识了吗？这些新知识来自哪里？

绘制个人潜力画像

前文提到的 DEEP 潜力评估模型可以帮助评估者找出自身需要

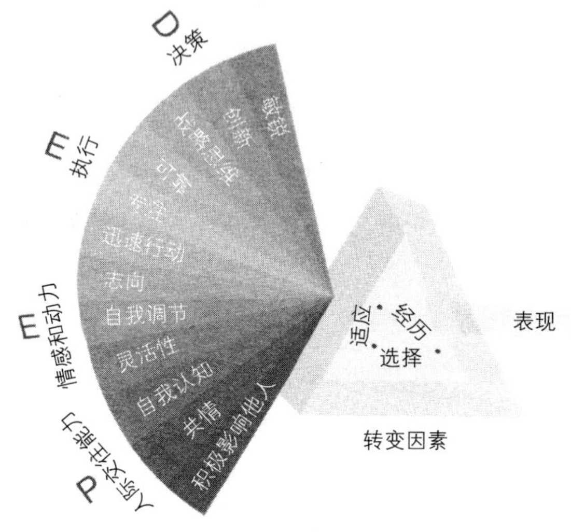

DEEP 潜力评估模型

强化的能力。这个模型也可以用于反思训练、团队交流和培训指导。DEEP 模型不仅能够评估出测试者某项能力的优秀程度，还能具体展现出相关细节。比如创造力，模型能够展现出的细节信息有：评估者的创造力体现在哪些方面？哪些因素能够帮助评估者提高创造力？哪些因素则会抑制这项能力的发展？如何提高评估者的创造力？

模型左侧部分多种因素的综合作用结果代表了个人的整体潜力。这 12 种因素能够全面地评估测评者的能力特性特质。行为即为“经历”；愿景代表“选择”；个人与周围环境的互动方式体现个体的环境适应能力。这 12 个因素通过影响个体的行为经历、愿景选择、环境适应能力，最终转变为个体的“外在表现”。

希望你也能抽一点时间绘制自己的潜力画像。可以针对 DEEP 模型中的每一个要点思考自己在这方面的优势或不足，也可以咨询同事、上司或咨询师，听听他人的建议。

问问自己：我身上的这 12 种能力孰强孰弱？哪些是我的强项？哪些是我的弱项？如何去综合、全面地发展 12 种能力？

有了目标后就要下决心完成。问问自己想学什么、怎么学、什么时候学？目标应切合实际，凡事不要急于求成，着眼每一处细小的进步和改变。一点一滴积累，你会离目标越来越近。

学会鼓励和奖励自己，可以像我之前提到的那位喜欢去图书馆的客户那样，进步时就给自己一些奖励。比如：只要我把“第四次工业革命”搞懂，就把一直想要的包包 / 期待的那场旅行 / 一顿大餐奖励给自己。这在心理学中称为“操作性条件反射”（operant conditioning），方式包括奖励，也包括惩罚，选择适合自己的方式即可。

问问自己：我有一个清晰、明确的目标吗？如何激励自己达成目标？

找一位好老师，虚心求教

最后还有一个方法，这个方法有点“老生常谈”，但很少有人身体力行：为自己找一位好老师。一位好老师有你所需要的知识、技能、经验，而且愿意指导你。所以无论你的学习风格是什么，一位好老师都是绝佳的助力。

大多数人都明白老师的作用，但很少有人愿意去主动求教。为什么不问呢？其实很多人都愿意给别人“当一次老师”。尤其是成功人士，他们较少在乎物质回报，更重视的是助人时所获得的尊敬和认同感。为什么不尝试主动向这些人求教呢？这是多么宝贵的成长机会啊！

这里我想分享一下我之前合作过的一位高管的励志故事。他是一家著名零售企业的财务总监。他早年生活很艰辛，让他最终成功的除了他的个人能力之外，最重要的还有他有坚定的决心。我问他是怎么坚持下来的，他的回答很简单：“我就是想成为英国富时 100 排名前 10 的大公司的财务总监。”几年前他做了一件事，为他的职业发展带来了极大的帮助，我之前从没见其他人这样做过。他给富时前 10 公司的所有财务总监全都发了邮件，说明自己想成为财务总监的梦想，直接向他们寻求帮助。10 家公司中有两人没有回复；有五个人回复了，给出了翔实的建议，但是没有表现出继续沟通的意愿；有三个人给了他见面沟通的机会。他在这些会面中结识了一些人，直到现在仍然保持着联系。另外，他还被引荐给了一位咨询师。这位咨询师一直鼓励和支持他，为他提供了数十个小时的专业指导。这位客户的经历实是少见。但其实真正决定他成功的还是他的决心和勇敢求教的精神。他曾说：“那些热心人向我传授的经验让我受益匪浅，这些经历是无价的。”

问问自己：我能找到一位好老师吗？是谁？怎么接触到这些人？如何珍惜求教的机会？作为回报，之后我将怎样帮助向我求助的人？

第三章

创造决策的空间

——在严苛的家庭环境里长大的汉斯

本章观点：具有远见、创新能力和战略思维的领导者一定也拥有清晰的头脑，敢于决策，善于沟通，而且充满自信。

汉斯是一家大型跨国公司的地区财务总监，负责亚太区域的一个主要市场。他很有志向，希望将来能够成为公司的首席财务官，再之后成为公司的CEO。但是他的事业却一直停滞不前。那时，很多人都觉得他不具备高级管理者应该具备的能力特质。他很想摆脱这种困境，因此主动咨询了公司的人力部门，希望能获得一些帮助。

我一般会把每次咨询时长控制在三小时左右，这样我才能充分地了解客户的背景和他们的个人需求。如果客户需要坐飞机来见我，或者像这次我需要飞过大半个地球去见客户，我就会在第一次深入面谈后紧接着的第二天安排第二次面谈，这一次我会和客户一起制定咨询目标。我和客户在咨询前所做的种种准备让我们格外重视彼此见面的机会，为之后的咨询开了一个好头。

我非常期待与汉斯见面。我坚持和他在第一次见面时就面对面交流。一般领导者的风格或内敛低调、朴实无华，或外向张扬、充满自信，不过大多数都介于这两者之间。

低调朴实 > > > > > > > > > > > > > > > > > > 外向自信

汉斯的性格明显偏向左侧，但这并不是缺点。有人可能会觉得领导者应该有一点“大男子主义”，但吉姆·柯林斯（Jim Collins）在他所著的经典商业图书《从优秀到卓越》（*Good to Great*）中却称赞了像汉斯这种更内敛、善于反思、风格低调的领导者，将这种领导者称为“第五级领导者”。

但是通过相处我发现，汉斯的个人风格其实有一点怪，他过于内敛、温和了，有时甚至显得有些没主见。他不会活跃气氛，有时还会让办公室冷场。但很奇怪，他在某些时候又会突然变得非常活跃、头脑清晰、做事果断又很自信。

我猜想如果能够找出汉斯这种矛盾表现的原因，就能够找到帮助他继续向上的方法。在听了他的故事后，我终于找到了问题的答案。

汉斯是家里最小的孩子，他的家人是虔诚的宗教信徒，谦虚是他的家训。从小如果汉斯的行为稍有张扬或说话的声音有一点大，他的父母甚至是兄弟姐妹们都会一起严厉地批评他。他的家人认为，成功不需要庆祝，为任何成绩感到骄傲都是不对的。随意表达也不对，只有上帝才有权“决定”。

汉斯的父母主持家庭晚餐，他们会精心准备一些话题，孩子们必须安静、认真地听，有特别好的想法才能说话，否则就会被父母使劲打手板。父母还会大声敲打桌子呵斥他。但更让人难受的是，每当这时，汉斯的哥哥姐姐们总站在父母的一边，对他的批评比父母还严厉。

故事讲罢，我让汉斯独处5分钟，希望他反思一下童年经历。回来后我发现他仍一脸茫然。我想我需要推他一把。

“汉斯，如果别人经常挖苦一个人一无是处，时间长了，这个人就变得畏首畏尾，再也不敢表达自己的真实想法了，也不敢按照自己的想法行事了。”

汉斯听完后什么也没说。他低着头一直摸自己的指甲。最后，他终于开口低声说：“我开会的时候就是这样的感觉，就好像在家庭会议上一样。只有讲我熟悉的专业我才敢说话。”

汉斯的最后一句话恰好反映出了他的核心致病认知。他认为自己只有是“专家”的时候说的话才有用，他才敢展现出自己的能力。只要他稍稍觉得不太有把握，就不敢再多说话了。汉斯虽然尚能胜任目前的工作，但想成为企业的财务总监恐怕还不及格。出色的财务总监不仅仅是业务专家，还需要是企业的财务战略家。CEO就更不必说了——全盘掌控的自信、好奇心、果断的决策力、高情商和战略视野，这些都是CEO必须具备的特质。汉斯在集体讨论中表现得不够积极，也没有展现出领导者应有的决策能力，这些都是他个人发展停滞不前的原因。但我认为，汉斯身上的问题不止这些。

我发现，汉斯的成长一直伴随着恐惧和羞耻感。这两种情绪就像一件笨重的大衣，40多年来一直紧紧裹住他，让他不敢突破自我。汉斯的决策能力也有很大不足。我让汉斯完成了一项简短的决策思维（SQ）评估测试。这个测试是我根据迈克尔·麦科比（Michael Maccoby）的著作《战略思维》（*Strategic Intelligence*）设计的。测试包含20个问题，用于评估测试者在愿景、远见和创新能力上的优势和不足，帮助测试者找到自己在战略性思维和行动力方面需要加强的地方。我还向汉斯推荐了马尔科姆·格拉德韦尔（Malcolm Gladwell）的《决断2秒间》（*Blink*），鼓励他挖掘主观直觉，果断决策。最后，我和汉斯讨论了什么是领导者的管理风格和个人魅力。我建议汉斯在工作中不必表现得特别自信，只要稍微再热情、积极一点，就能大大改善他的个人形象。

我决定帮汉斯一点一点改进他的工作风格。我建议他在下一次会议上针对自己专业以外的话题尝试自信地表达。先这样试一次，看看效果如何。他可以在会前充分准备，不过会后需要向我反馈情况。

会议如期而至，我自己都有点紧张了，不知道汉斯的表现如何。会议结束后，汉斯马上给我打了视频电话——这是我接到的最有成就感的一通视讯。在聊天时，我发现汉斯自信多了。他告诉我他在会上对一项营销战略畅谈了一番（他提前做了充分准备）。一开始他还有些害怕，但感觉到大家认真听他讲话后，他就完全放开了。在他讲完之后，首席营销官直接问他："汉斯，你会怎么做？"汉斯在会议上从始至终都表现得十分自信。会议结束后，CEO过来找他，感谢他分享的观点。汉斯在说这些话的时候，我明显感觉到他在克制自己的激动之情，我告诉他不必压抑自己的情绪，于是远隔3,000公里的我俩隔着屏幕击了下掌，小小地祝贺了一下这次成功。汉斯容光焕发，看上去年轻多了。这时的他有一点像超人，再也不像经书中的圣人了。

用精神分析中的一个概念形容，汉斯完成了一次"矫正性情感体验"（corrective emotional experience）。汉斯在严苛的家庭环境里长大，自小承受了很多责备。我衷心希望他之后可以顺利走出儿时的阴影，一直保有这样自信的笑容。

汉斯的故事看似和决策力无关，但却说明了决策第一步的重要性——拥有清晰的头脑并自信地表达自我。无论对错，敢于在众人面前表达并为自己的言行负责，这是决策力的一种重要体现。

承担风险：创造决策的空间

恐惧让人丧失决断力，这时的决定很可能是错的。

——米歇尔·奥巴马（Michelle Obama）

除了智慧与自信，“果断”也是决策力的一项重要特征。但想要做到决策果断并非易事。人们每天要考虑的事情太多了。再灵活的头脑在紧张和焦虑中也会变成一团乱麻。现代人每天都要做大量决定，据说成年人每天要做近 35,000 个决定。这个数字乍看可能有点夸张，但卡内基大学的一项研究显示，人们每天仅仅在吃上就要做超过 200 个决定——“半脂豆奶脱咖啡因有机巧克力双浓香草星冰乐”只是一杯咖啡的名字，可以想象每天面对那么多选择会让人多抓狂。尤其是知识型工作者，每天需要综合分析各类多变、复杂的信息，应对各种任务要求，大脑从早到晚转个不停，难免感觉身心疲惫。

个人的决策能力还可能受到心理状态的影响。陷入决策困境，问题也许并不在于外界的压力，而在于决策者的内心状态。个人在决策时的具体表现可以在一定程度上反映出决策者的某种心理状态或认知。比如，决策时最容易产生的一种情绪就是“害怕”：怕犯错、怕不够出色、怕冒险等。有这些心理状态作祟，人们就迟迟走不出安全的困境。

人类作为社会性动物，在成长中难免受到原生家庭的影响，权威意识基本都是在与家人的相处中形成的。我们身上所展现出的自信是因为享受着美好童年经历的滋润，而内心深处的恐惧也很可能来自成长中的痛苦经历。汉斯的职业发展受阻并不是由于能力不足，而是因为成长的心理阴影一直影响着他。童年的恐惧和羞耻感一直困扰着汉斯，塑造了他成人后的言行方式和性格。他不敢表达自己，其实是在保护自己免于他人的批评和否定。让更权威的人代替自己决定，虽然自己就不会出错、受批评了，但也因此失去了主动选择和锻炼决策能力的机会。

有些大人总是扼制孩子自由表达想法的欲望，严厉地批评甚至嘲笑孩子的言行，这些行为都很可能给孩子造成心理伤害。为了应对这些伤害，幼儿很可能发展出某种自我保护的行为机制，之后这种行为机制会被惯性带入成年后的生活中，就像汉斯那样。汉斯工作中的问题与他的权威观、权力意识和对领导力的理解颇为相关。他一遇到需要公开展现自己的场合就害怕，这种露怯、优柔寡断的表现肯定难以获得上级和同事的信任。汉斯需要为自己重新塑造一个成熟的心理空间，尝试勇敢地表达自我，找回主动权。他之后一定能明白，恐惧并不意味着软弱和失败，每个人都有消极的时候，这是人之常情。

汉斯目前的工作内容对战略规划能力的要求并不是很高，但如果他希望在事业上更进一步，就必须提高个人决策力。大胆设想、果断决策是一个领导者的必备素养。缺乏决策力的领导很容易失去同事的信任。《时尚》和《时尚芭莎》的编辑玛丽·贝农·蕾（Marie Beynon Ray）曾说："优柔寡断是最要不得的。错误的决定也比犹豫不决强。总是瞻前顾后、犹犹豫豫就无法行动。只有行动才可能带来成功。"

我曾在一场商业活动中结识了一位大型零售企业的销售经理。他和我分享了很多自己工作中的故事。他向我"诉苦"，说零售行业本来需要快速决定、快速行动，但他的公司大部分意见都要提给领导拿主意，中间总会耽误不少时间，整个推进过程都会中止。最后热度都过了，领导的意见才批下来，这时早已错过了最佳销售期。可见，犹豫不决很可能给企业造成巨大的经济损失，而果断决策对于一家企业来说可能无异于千万的收益。

在进入心理咨询前，我曾为英国政府服务，因此有机会看到很多政治领袖的实际工作情况。我发现杰出的政治领袖除了十分自信、拥有明确的目标和高超的人际能力外，通常还具有果断的决策能力。我认为其中的杰出代表是托尼·布莱尔（Tony Blair）首相。

上个世纪 90 年代，我作为彼得·曼德尔森（Peter Mandelson，英国前商务大臣和前欧洲贸易委员）的首席助理曾在工党任职。那时工党正在向新工党发展，因此我有幸与布莱尔首相共事。据我观察，布莱尔首相的工作风格是非常严谨果决的，同时又能兼顾好政治内外的各种关系。难得的是，首相在每天繁忙的工作后，晚上到家还能和孩子们一起喝会儿茶。1996 年，在布莱尔当选首相前，我开始着手建立“前进”（Progress）智库。在说服英国超级市场大亨戴维·塞恩斯伯里（David Sainsbury）为智库引入了大额资金支持后，我去布莱尔家里讨论这个想法。我记得，他先为我沏了杯茶，然后我们一起走到花园坐下。他用了几分钟大致听了我的构想之后便已经有了判断，甚至还没有看我制作的 PPT。他问了我几个问题，然后一口气喝完茶对我说：“这个想法可行，不过需要副首相加入。”说罢，他看向不远处的公园对他的孩子喊道：“一起去踢球吧！”布莱尔首相的决策力给我留下了深刻的印象。决策最怕的就是耗费大量时间去事无巨细地讨论和评估，但最终仍然拿不定主意。

彼得·曼德尔森爵士也是一位杰出的政治领导者。除了优秀的个人能力外，曼德尔森爵士还有极强的意志力和专注力。我仍记得之前和他一起驱车前往哈特尔普尔选区的那次经历。刚熬过了无比艰难的一周，我们都身心俱疲，上车后彼得就睡着了。但20分钟后，他马上又坐起来，打开电脑，开始聚精会神、有条不紊地工作了：发邮件、提建议、讨论问题、打电话、推进工作。布莱尔首相曾评论说曼德尔森爵士有“像激光一样的专注力”。

*

决策时，我们需要认识并处理好三个问题：决策让人紧张、你无法掌握全部有用信息、决策者必须敢于承担决策失误的风险。

第一，决策让人紧张。因为决策很可能促发改变，所以在做决定时人们通常会感到紧张，这种现象在心理学中被称为现状偏差（status quo bias）心理。不知道你发现没有，有时候你可能会无意识地逃避下决心、逃避改变，这样一切就会依然如旧，安全又舒适。这种心理其实是大脑进化的结果。大脑容易将“未知”误判为“危险”，因此总会驱使人逃避“危险”，比如找借口（信息不足或没时间），其实这些行为都只是人们保持现状、停留在舒适区的天性使然。

第二，你无法掌握全部有用信息。实际情况可能太过复杂，所以不要总迟迟等到自认为掌握了全部信息、“有把握了”后才做决定。合格的决策者会试图收集全部信息，而优秀的决策者能够认识到自身资源的局限并对有限的信息进行充分利用，一步一步把目标推进下去。

第三，决策者敢于承担决策失误的风险。多年前我曾与硅谷的一位科技公司高管讨论过这个问题。这位主管告诉我，硅谷很多大公司在决策时遵循着一条原则：不求完美，重视行动。一个重大问题的未知因素太多了，基本不可能只通过一次努力就获得最终答案，而且往往也没有最终答案。然而反复权衡、多方分析很可能是一个漫长的过程，因此必须学会牺牲预想中的那一点“完美”，来获得一个“足够好”的结果，并在前进的过程中勇敢面对失误。

有时决策失误比犹豫不决强太多。有太多优秀企业家都可以证明这一点。《成长》（*Thrive*）的作者、《赫芬顿邮报》的创始人阿里安娜·赫芬顿（Arianna Huffington）曾说：“无论多努力，人都会有决策失误的时候。但失败和成功不是对立的，失败是成功的一部分。”理查德·布兰森（Richard Branson）在他的创业之路上历经起起伏伏。在他 400 多项成功事业之外，他也曾多次遭遇人尽皆知的大挫败，比如维珍可乐和维珍汽车。他在其中一次失败中甚至与死神擦肩而过。1987 年，布兰森乘坐热气球横渡大西洋，在旅程中意外丢失了燃料，人们估计他只有 5% 的生存机会，但他在北爱尔兰硬着陆后最终幸存了下来。无论失败或成功，布兰森的所有经历都充分证明：即使决定不够完美，事情发展得不够好，但这个糟糕的决定一定能让你学到很多东西，这难道不比犹豫不决、迟迟不作为强太多了吗？失败才是生活最好的老师。勇敢地拥抱失败是一种重要的领导者心态。

不过在某些情况下，延迟决定是可取的。过剩的决定或选择会让人非常疲惫，这就是“决策疲劳”。这种状态下，越是不得不做决定，决策效果就越糟。美国国家科学院给出了决策疲劳的证据。关于法官司法判决的研究显示，对法官假释判决影响最大的不是犯罪者的罪行、性别、种族或与某些案件的相关因素，而是这件案件审理的时间。可以说，审理时间代表了法官当时的决策疲劳程度。研究组用了 10 个月对 1,112 项判决进行了研究。结果发现，法官在早晨和午休刚结束的工作时间里给出的假释判决是最多的，在这两个时间段里的假释申请是最容易通过的。研究还发现，法官越疲劳，给出假释判决的概率就越低。这项研究说明，在决策疲劳中人们很容易变成“思考的懒惰者”。疲劳状态下，大脑倾向于积累能量，寻求放松，避免进行复杂思考，所以这个时候人们更容易做出冲动的决定。因此，建议你在清晨或休息之后再处理那些重要的或需要深思的复杂任务。同时，要学会劳逸结合，建议你每工作 90 分钟后就休息一会儿，哪怕伸伸懒腰、深呼吸都可以。另外，不要忘记规律饮食。在工作繁忙、缺少自由时间时，更应保持这些健康的日常习惯。

为了尽量避免决策疲劳，优秀的领导者会尽量减少决策数量。乔布斯总穿着那套标志性的黑色 polo 衫和牛仔裤，不会在穿着上浪费时间。企业家、投资人、作家蒂姆·菲利斯（Tim Ferriss）每天都吃一样的早餐。美国前总统奥巴马在处理优先性较低的邮件时只用一个词回复：同意 / 不同意 / 再讨论。在穿着上，他和乔布斯一样简约。他曾说：“每天要处理很多事情，所以我尽可能避免无意义的决策。我不会在吃穿上浪费太多精力，所以每天只穿灰色或蓝色西装。”

我们不需要像总统那样日理万机，不过有时一些简单的改变似乎也不容易，比如汉斯之前就不敢在开会时讲话。我相信汉斯之后一定可以打破内心束缚，我想他已经明白了：面对未知，向前踏出一步，行动会给出答案。

训练：找到认知偏误、听一听身体的声音，帮助你创造属于自己的决策空间

决策圈可以帮助我们解析复杂信息，找到问题的关键因素。

决策圈和反思圈相似（见本书第 17 页），最主要的差别在于反思圈是没有终点的，决策圈有终点（如圆圈左上方的缺口所示）。反思可以一直进行下去，但决策在一段时间里一定要得出一个明确的结论。

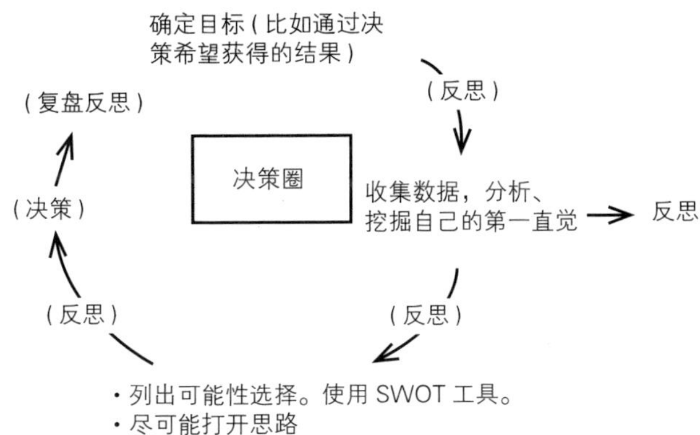

下表比较了本书第一部分所述的三种思考类型：

思考类型	侧重点	过程
反思	理解自身兼顾思考外部世界	在某一时刻得出结论，之后可以继续深入思考
学习	理解外部世界兼顾理解自己	持续进行、开放式
决策	关注一个具体的事件或问题	得出结论后即停止

面对重大决定，我们需要端正态度，不吝时间进行专注、深入的思考才可完成。之前我们提到过四类空间因素（时间、环境、人际、精神），你可以尝试从这四方面入手，锻炼自己的决策能力。

决策的时间空间——什么时候做决定？

做重要决定前，你可以安排出一块完整的时间进行深度思考，也可以分阶段进行递进式的思考。你可以先抽丝剥茧找出问题，然后把问题放几天后再回顾思考。你还可以挖掘一下自己的潜意识或主观直觉，相信它们对你的决策也会有所帮助。

决策的环境空间——找到一个合适的决策环境

环境对决策效果也有所影响。情绪不佳时不要通过打电话或做其他事情逃避，这样只会打断你的思绪。试着找一个让你放松的环境。我认识一位企业高管，他从来不在办公室里做重要决定。他一般都会去户外呼吸下新鲜空气，散散步，静下心来去思考问题。等再回到办公室时，他就已经有清晰的思路了。

你看，关于决策的一些形容词都和身体有关。比如，是用“头脑”做决定，还是听从“内心”、依靠“胆量”。这些用语表达都自有其道理。思考不只发生在理性头脑中，精神和身体也是相连的。心理学家唐纳德·温尼科特将这种现象称为精神与肉体的和谐统一。

这里有一个简单的游戏，我将这个游戏称为“跳圈决策”。这个游戏能够帮助你在烦乱的思绪中静下心来，创造空间去聆听身体的智慧。

首先，确定好你现在希望做出的某个决定。这个决定可大可小，但是需要有一定的实际意义（像“午饭吃什么？”这样的决定就最好不要包括在内了）。

针对这个决定，先想出两种选择。把这两种选择简称为A和B。

然后找到一个让你放松的环境，比如一个大房间。将选项A和B分别写在两张纸上。之后将选择A置于房间的一边，将选择B置于房间的另一边。尽可能让两种选择距离远一些。比如将选择A放在窗户上，将选择B放在门口，或直接将它们放在地板上。

请你先站在两个选项中间，然后最先跳到一个选项那里。

站定后闭上眼睛，体会你身旁的这个选项给你带来的感受。留心你此时产生的任何想法和感受，用心体会自己身体出现的反应。

之后再跳到另一个选项那里。

同样闭上眼睛，感受你此时产生的想法以及身体反应。

游戏结束后对比之前的选项，两次感受之间有什么不同吗？

之后再跳回第一个选项。再问问自己：这个选择给你带来的感受是什么？某些感受或反应在这一次变得更强烈了，还是变弱了？你的身体在做出怎样的选择？

我在咨询中多次用过这个游戏。可以说，每位参与者都能通过这个游戏找到更吸引自己、让自己更满意的那个选择。当靠近这个选择时，人们往往会感到一丝激动，或是获得一种安全感。这就是身体向我们传达的真实语言。

两种选择中，一定有一个是你更加中意的。你的身体在大脑做出判断之前就给出了最真实的回答。

决策的人际空间——谁可以帮助你？

你可以靠自己找到答案，也可以向他人求助咨询。不要盲目咨询，先确定一个合适的咨询对象。另外需要注意的是，不要让别人的意见过分干扰你，最终拿主意的应该是你自己。

如果是群体讨论活动，组织者要鼓励参与者自由表达，分享真实想法，积极交换不同意见。这样做不仅能够加深成员间的理解和默契，还能通过渐进式的深入讨论，最终收获一个更为客观、全面、优质的决定。

还有一个方法：让其他人分担你的决策压力（关于任务委派的方法请详见第九章）。据我了解，很多企业高管总是压着一堆决策，其中不乏很多意义不大的琐事，但我认为工作绩效并不是由决策的数量决定的。如果你有任务委派的权限，那么在委派任务时，你能委派的不仅仅只有具体的某项任务，还可以将任务的决策权委托给他人。除非是特别重要的事情，否则就学会相信他人的决策。我认识一位企业管理者，他在工作中总是事无巨细，连助手修改 PPT 他都要站在后面盯着。有一天他的客户一早就到了机场等他，而他在晚上 7 点的时候还没走出办公室。他那天一直在和助手争论 PPT 颜色的问题。很可惜，宝贵的时间就这样被琐事浪费了。他完全可以让助理全权负责这种优先性靠后的工作，自己去准时赴约。就像英国育儿网站妈妈网（Mumsnet）的创始人休·麦克米伦（Sue Macmillan）说的，不用事事都“小题大做”。用澳大利亚的竞选战略专家林顿·克罗斯比（Lynton Crosby）的话说就是“把粘在船上、阻碍航行的藤壶全都刮掉”。

问问自己：我是否可以将某些决策分配给他人完成？某个问题是否真的特别重要，只能由我一个人决定？

决策的精神空间——需要哪些内心力量？

决策前，我们应该尽力找到并消除自身的认知偏误。决策中，我们可以试着让自己的“两半大脑”都活跃起来：“右脑”负责直觉和创意，“左脑”负责理性分析（“两半大脑各自分工”只是传统上的比喻说法，这个观点目前还没有得到科学证实）。

找到认知偏误

你可能认为人类是理智、富有逻辑的，总会追求最有益的事情，不过心理学家和行为经济学家们却不这么认为。看看乐子、雷切尔和汉斯，人们往往会被自己的核心致病认知所“绑架”。致病认知的影响是隐性的，它时刻都在影响着我们的理性判断和决策，吞噬着我们的内心空间，让头脑和内心都变得混沌不清。根据咨询经验，我总结了以下 10 种主观认知偏误：

1. **过度自信**。无论一个人认为自己的眼界有多么开阔，都更倾向于接受那些符合自己既有观点（偏见）的事情，而相对不容易接受那些违背已有认知的事实。
2. **掌控感偏差**。人们总会觉得事情正在按照自己的意愿发展，一切尽在掌控之中，然而事实可能并非如此。
3. **过分乐观**。过分的自信和乐观会让人看不到坏事发生的危机。
4. **信任偏误**。相比那些与自身明显不同或者自己不喜欢的人，人们更容易信任那些与自身相似或者自己喜欢的人。
5. **印象偏误**。多次听说某件事情后就可能对这件事情产生更多关注。
6. **选择偏误**。在最小损失和最大收益之间，人们更倾向于选择最小损失。
7. **时序偏误**。人们更容易关注最近发生的事情，而非更早发生的事情。
8. **初次经历偏误**。这点与时序偏误相对，人们往往会受到初次经历的影响。
9. **集体思维**。人们总会不自主地跟随团体，主动寻求意见一致。

10. **沉没成本偏误。**如果已经在一件事上投入了大量时间和精力，那么即使之后知道这件事情是无用的，还是不愿意停止。

问问自己：我身上可能存在哪些认知偏误？如何改变？

“头脑”和“内心”

在决策中，我们会同时动用理性思维和直觉感受（参考乐子的故事）。彼得·森奇（Peter Senge）在著作《第五项修炼》（*The Fifth Discipline*）中写到，就好像健康人无法只用一条腿走路或只用一只眼睛看世界一样，理性和直觉是并行不悖的，人们不可能只运用理性思维或只诉诸直觉感受。

做重要决定前，我们可以先思考一些相对高效、合理的方法来进行深度的挖掘或规划，比如收集和梳理相关信息、有效分析、寻找问题规律、预测结果等。而在一系列逻辑思考后，我们可以试着“后退一步”，用“内心直觉”重新检视自己的决定。

我发现在一些被普遍认为最需要理性分析的领域（如金融），那些优秀的专业人士和企业高级管理者常常会根据自己的直觉做判断。我认识的一位财务总监就是这样的人。你可能很难想象，他在做重要决定前很少深入分析。他曾说：“我大部分时候都凭我的直觉做重要决定。我会去‘感受’那些数字。但只要一分析，我就会淹没在庞杂的数字里，反而会特别乱。所以我觉得感性直觉有时就好像一门科学一样准确，或者说像魔法一样神奇。”

前文提到过几个关于“直觉”和“身体”的一些有趣表达，比如“胆量”和“内心”这两个词。“胆量”不仅仅是一种非理性的直觉，它还有另外一层意思，即勇气——在自己所熟悉的领域之外，仍能够勇敢地相信自己（这是咨询前的汉斯所不具备的心理素质）。“内心”这个词也很有趣，它说明直觉不仅与我们的个人经历有关，还与个人的自我价值和认知有关。对某件事的直觉能够在很大程度上反映出一个人对这件事的重视程度，以及对世界的整体认知。即使两个人有相似的生活经历，他们对待同一件事的感受也会有所不同。

问问自己：决策时我是倾向于理性分析型还是直觉感受型？两者中我比较不擅长哪一个？怎样才能锻炼这方面的能力？如何更好地结合这两种方式？我的自我认知对我的决策有哪些影响？

SWOT 分析法

有时，一个不完美的决定比一个看似完美的决定更有价值。我想大部分职场人都听说过 SWOT 模型：S（Strengths）代表优势；W（Weaknesses）代表劣势；O（Opportunities）代表机会；T（Threats）代表风险。SWOT 模型尤其适合团体决策，它能帮助团队从四个不同的方面拆解、分析问题，并找到新的可能性，非常适合处理复杂、多变的 VUCA（V-volatility 易变性，U-uncertainty 不确定性，C-complexity 复杂性，A-ambiguity 模糊性）类问题。SWOT 的决策过程非常迅速且灵活。当决策有误或情况有变，团队成员可以继续利用这个模型及时检验、调整并在过程中吸取经验。

SWOT 模型是一个非常好用的问题分析工具，它能帮助你从多个角度去系统地分析问题。有一位富时 100 企业的总裁每次开会都会使用这个模型。他的下属开玩笑说这个模型虽然有用，但是有点老套，不过在这位总裁看来，无论一个方法多“老套”，只要有用就行。

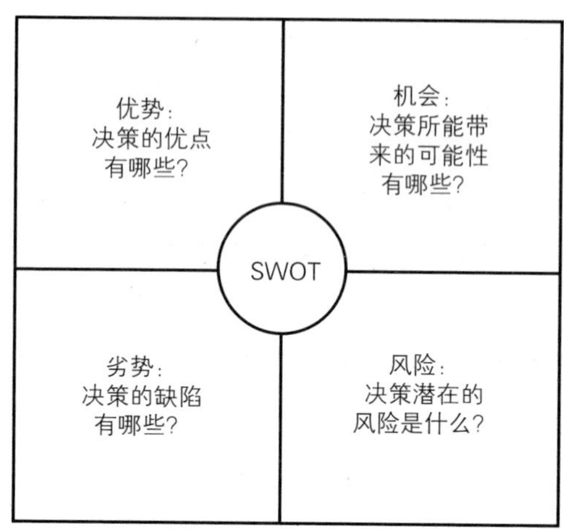

适用于决策分析的 SWOT 模型

问问自己：你知道有什么方法、工具、技巧能够提高自己的决策力吗？你会深入思考一项决策可能带来的结果吗？如果决策后情况有变，你会怎么办？

本部分结语

本书第一部分讲述了创造思考的空间下的三个重要方面：创造反思的空间、创造学习的空间、创造决策的空间。当然，在现实生活中，这三种思考的空间是相互作用、协调统一的。将它们分开讨论是为了方便描述，并给出一些针对性的实际建议。希望这个部分能够帮助你创造更多思考的空间，让自己的思考变得更加清晰、丰富、有深度。

本部分有如下几点建议：第一，无论是反思能力、学习能力，还是决策能力，你都先要下个决心：决心提高自己的思维能力，决心在每一天的训练中养成自律的习惯。第二，试着挖掘一下是否有任何核心致病认知在困扰着你。如果有，就努力理清这些认知对你工作和生活的影响。之后，鼓励自己不断挑战并改变这些致病认知，让自己重新建立起更加健康、客观的认知。第三，设立清晰的行动改进目标。先清楚地讲或写出你希望改进的认知或行为方式，然后通过持续的、针对性的训练让这些目标实现。

职场成功除了优秀的思考能力外，人际能力也是必不可少的。有研究显示，职场人平均每天会花 3/4 的工作时间与同事沟通。由此可见人际交往能力在个人工作中是多么重要。可以说，良好的人际关系可以促成成功，而恶劣的人际关系也可以导致失败。本书在下一部分将和大家聊一聊创造人际交往空间的方法。

第二部分

创造人际交往的空间

传统的企业层级结构正在不断演变或逐渐消失。团队合作、合伙人策略、交叉协作等新型工作模式正在成为现代职场的主要工作方式，而人际交往能力也因此显得愈发重要。可以说如何与他人建立深厚、有效、可信任的人际关系是每个职场人的必修课。如何修好这门课程？以下是我的三点建议：

第一，创造空间及时检视我们的内心。你就是自己最重要的人。与人共情并建立良好关系的前提是先理解自己的心理和情绪状态：你对某件事的态度或感受是什么？为什么有这种感受？第四章中的尼克因为长期忽视自己的情绪或心理状态，他的工作和生活都因此一团糟。看看尼克是如何赶走他心中的“情感恶魔”的。

第二，创造空间和他人真诚交流。你敢讲出自己的“心里话”吗？我们完全可以尝试和他人分享自己的真实想法。不过，这里的“分享”指的不只是交流观点，还包括勇敢地对他人坦言自己的真实感受。也许这么做会让你产生一种“脆弱感”，会让你担忧害怕，但其实真实的自我表达是与人建立情感纽带时非常重要的一环。第五章中，贝娅塔的销售团队在做了巨大的努力后终于认识到了这一点，整个团队最终得以摆脱了无意义的细节和死板的人际交往模式，顺利解决了团队的发展危机。

第三，创造空间主动与人交往。除了认识自我、理解他人外，我们还应该学会主动与他人交往，在工作中学习维护、加强有益的人际关系。第六章中，埃米尔的事业受困于自己的人际问题，让我们看看他之后是如何从根本上扭转自己对人际关系的认识并改进与同事的相处方式的。

本部分的三个真实案例总结了三种在实际工作中较为常见，又让人头疼的人际关系顽疾。除非找到问题的根源并努力解决，否则这些人际问题将会长久抑制个人的成长和发展，因此不容小觑。

第四章

创造检视内心的空间

——尼克和他的三位“恐怖父亲”

本章观点：理解自己的情绪及背后的原因，你就不会被过去经历的阴影所吞噬——创造检视内心的空间可以帮助你实实在在地活在当下。

尼克在一家大型英国制造企业的分公司工作。他刚刚升任市场总监，开始同事们都对他抱有很大的期望，但渐渐地大家都开始对他另眼相看，认为他难相处，非常情绪化，待人处事特别苛刻。就连他的上司都开始怀疑他的能力，认为他现在可能还不能胜任新职务。

在我们第一次见面时，尼克就表现得有些阴郁，甚至有点没礼貌。他看上去心事重重的，我也不知道他在想什么。他的这种状态让我都觉得有些不舒服，更别提他身边的人了。他坐在椅子上，看上去有些紧张。他的衬衫很紧，显露出他手臂上的肌肉，好像他身体里正压着一股劲。我甚至有一种受威胁的感觉。我的直觉告诉我，也许尼克在处理权力关系和向他人求助的方面都存在一些问题（详见第二章雷切尔的故事和第三章汉斯的故事）。我感觉尼克并不信任我，而且希望我知道这一点。

在沟通中我了解到，其实尼克有一个非常不快乐的童年。他年幼时家境清贫，自小在一个很简陋的老房子里长大。他从小就一直受别人欺负，父亲是个酒鬼，在他很小的时候父母就离婚了。10岁时母亲再婚。他的继父为人并不坏，但却从来没有给过尼克真正的温暖，两个人关系很淡薄。尼克承认自己很难和继父相处。他的继父是那种不愿意表露感情的人，他对尼克十分挑剔，有时还会嫉妒尼克在学校的好成绩。尼克告诉我，继父从来没抱过他，不过无所谓。尼克在说这些话的时候态度倨傲，但我知道这只是他自我保护的伪装。

“所以你也不抱自己的孩子吧？”我问他。

“我当然抱他们。”他反驳。

“但你不是说就算自己的父亲不抱自己也无所谓吗？所以抱或不抱也没有什么区别呀。”我也反驳。这番对话让我们两人间的气氛轻松了不少，尼克渐渐打开了自己的心扉。

之后尼克渐渐有了安全感，讲出了更多心里话。他开始向我形容他现在的内心感受。他说他总有一种恐惧感，总认为自己“不受人待见”。这也是他总是为自己辩驳、情绪不稳定的原因。在这副硬汉的形象之下，尼克其实非常希望能获得他人的肯定，希望听到别人对他说“做得不错”。但尼克的上司却无法给予尼克他所需要的肯定。他的上司工作能力很强，但同样也不擅长与人相处。上司对人冷淡，很少与人交流，也不太顾及他人的感受。他也很少关注尼克，常常让尼克自己解决问题。他对尼克总是批评和催促，很少有鼓励和表扬。

上司与尼克的这种相处方式被尼克无意识地带到了自己和团队的相处方式中。我为尼克读同事的匿名反馈时，他的表现让我更加确定他的问题。尼克说了好几次：“这些人和我的继父罗恩一样，小心眼！”

尼克的核心致病认知在于他一直认为自己缺少价值，不让人喜欢。他的同事总感觉他像一个刻薄的 80 岁老人——在尼克刻薄地对待同事时，他的内心状态确实如此。要改变这种消极的心理状态，尼克需要重塑自尊心。他需要克服内心的伤痛感，承认自己需要鼓励和表扬，而不是假装不在乎。他还需要承认自己由于得不到肯定而感到痛苦和愤怒。其实尼克最需要的就是爱。他最需要明白的是，他的两位父亲和上司是无法给予他这种情感支持的，爱的真正源头是他自己的内心。

我们一起进行了一个名为“打破过去束缚”（Break Free from the Past）的心理辅导训练（你可以在 www.derekdraper.net 找到相关内容）。这项活动旨在帮助训练者找到自己的核心致病认知，然后在心中发出更积极的声音，打倒致病认知带来的那些批判、消极的声音。我鼓励尼克卸下心防，学会示弱。我们一起看了布林 · 布朗博士的 TED 演讲视频，这个视频之前雷切尔也看过。

我们还一起分析了如何帮助他改进自己与团队成员的关系。我用了我自创的人际关系阶梯 / 职业性亲密（Relationship Ladder/Professional Intimacy）这个模型。我在咨询中常常指导客户使用这个模型。

人际关系阶梯的第一阶段是在一起相处。它包含的要素有诚实、互惠、边界感。第二阶段（产生情感联系）所增加的要素有投入、敞开内心、真实。第三阶段（彼此关心）增加的要素有尊重、接纳、共情。第四阶段（彼此信赖）增加的要素有信任、原谅、适应弹性。第五阶段即达到职业性亲密，增加的要素有安全感、彼此示弱、彼此挑战。这一阶段要求团队成员间能够建立心理上的安全感（这一点将在下一章展开讨论）、愿意坦陈自身的问题、拥有互相自由挑战的包

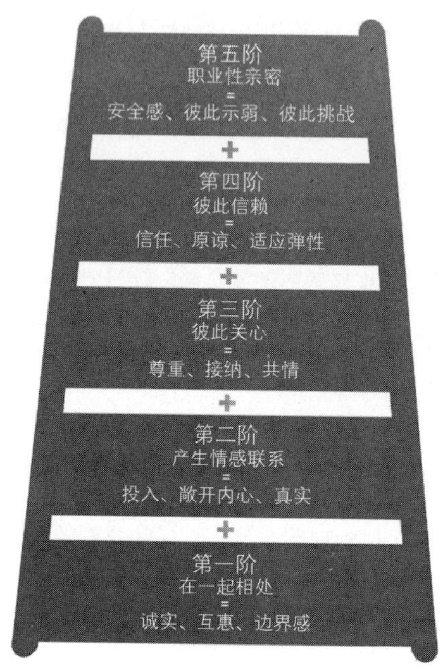

人际关系阶梯

容性。

尼克和上司的人际关系甚至还没有达到第一阶段，然而这种情况在实际工作中其实并不少见。我的很多客户认为自己已经和团队建立了非常好的关系，但用这个模型测试后，他们往往吃惊地发现自己和团队成员间的关系仅达到了第三阶段。团队整体的人际关系很多时候会卡在第四阶段的信任和谅解，或是第五阶段的示弱和挑战。在下一章贝娅塔团队的故事中，我们会详细讲述这一点。

第五阶段的人际关系并不容易实现。这个模型仅仅描述了一种渐进式的人际关系发展过程，并不是一个规范化的标准模式。模型中所包含的人际关系要素仅仅是为了帮助训练者理解或改进现有的人际关系，并向着自己所期望的人际关系靠近。

我建议尼克先画出自己的利益相关者分析图（详见第六章），并利用上面的人际关系阶梯模型分析自己与某个人具体的人际关系情况。和很多人一样，他发现自己与其他人的关系并不是自己想象的那样，由此他也找到了改善自己人际关系的具体目标。

人际关系就好比一场双人舞，需要两个人共同完成。虽然尼克的上司明显不会主动改善与尼克的关系，但我仍然鼓励尼克与上司面对面坐下来，聊一聊他在咨询中的收获。不过在这场对话中，尼克会表现得足够坦诚吗？他会降低姿态，不那么强势吗？要是上司没能够很好地共情和反馈，他该如何处理这种情况？

最终的结果完全消除了我的这些顾虑。尼克很好地完成了这次沟通。我鼓励了他一番，告诉他我为他骄傲。尼克向上司讲述了自己幼时的经历、与父亲的故事，并承认自己无意识地将这种不良的相处模式投射在了自己与团队的相处中了，他决心改正这些问题。尼克还坦陈自己在和上司相处中发现的一些问题，但是他对此会多多理解。

尼克说上司听罢他的一番话后感觉有些尴尬。他不敢看尼克的眼睛，好像如坐针毡，提前结束了谈话。我想尼克的上司可能也需要做次咨询了。但是最后出乎我的意料，上司不仅没有提出咨询的要求，之后也再没有找我为他的员工咨询了。

向内探究，用心感受

> 他人会忘记你说过的话、做过的事，但不会忘记你给他们带来的感受。
>
> ——玛雅·安吉罗

尽管大部分人都否认这一点，但工作其实是非常个人化的，与人的情感息息相关。在工作中，我们随时都可能需要面对或处理引发种种情绪的各类问题，相关的词有贪婪、成功、失败、支持、安全感、成就感、表扬、权威、权力、归属感、一致性、个性、自我价值、竞争、秘密、压力、期待和地位，等等。当负面情绪爆棚时，各种“糟心事”好像就会接踵而至。

但人永远不可能与情绪分离，虽然不少人都希望如此。人类虽然拥有强大的理性智慧和逻辑思维能力，但首先仍然是情感生物。人类拥有理性和逻辑思考能力，能够忽视、弱化、回避情绪，但在发展出这些能力之前，人类的情感能力就已经成熟了。大脑边缘系统常被称为情绪脑，是婴儿大脑发育的第一个部分。这部分大脑的发育受到基因和环境的双重影响，也是人类大脑在进化中第二古老的部分（最先进化出的部分称为爬行脑，本能区域），比控制逻辑理性思维的前额叶皮质的形成早了数百万年，因此它还有另一个名字叫作“古老的哺乳动物脑”。

人类的基础情绪并不复杂：恐惧、愤怒、厌恶、羞愧、孤独、悲伤、惊喜 / 惊恐、兴奋 / 快乐、信任 / 爱。这个观点来自于保罗·布朗（Paul Brown）、琼·金斯利（Joan Kingsley）和休·佩特森（Sue Paterson）三人所著的《没有恐惧的组织》（*The Fear-Free Organization*）一书：“情绪是一种真实的生物性事件。不论我们是否承认或意识到情绪的存在，它们都是真实存在的。无论我们是否喜欢某种情绪，它们都会发生。”人们可以选择关注自己的情绪，也可以选择忽视它们，在情绪的影响下继续生活。

丹尼尔·戈尔曼（Daniel Goleman）关于情商的知名著作《情商》（*Emotional Intelligence*）让人们开始关注情绪对正常工作和生活

的影响。情商反映着一个人理解他人的能力。在工作中，情商让人们懂得如何激励他人，与他人合作。书中认为，情商可以分为五个方面：理解他人的情绪（情绪认知）、管理情绪（控制情绪的能力，而非被情绪控制）、自我激励、体会他人的情绪（共情）、处理人际关系（比如解决冲突、合作、影响和激励他人、建立情感联系的能力）。情商是可以不断提高的。JCA 全球咨询公司的创始人约翰·库珀（John Cooper）认为，情商不是固定不变的。即使是情商普通的人，通过积极的锻炼，其情商能力也能够提高 20% 左右。情商还包括个人的感受和思维方式，以及个体对自身感受及思维方式的认知。这些内容我们在第一章反思的空间中已经有所提及。

人们的内心世界在很大程度上影响着个体对外界事物的认知（本书的第五部分将会对此进行详细解释）。我们的内心图景由我们在生活中所积累的意识、半意识、潜意识，以及相关的联想、记忆、理念、人际体验和故事所组成。大脑将所有这些信息存储在短时记忆和长时记忆中。当某件事发生时，大脑会自动将这件事情与记忆中的相似信息"对号入座"。这就是"一朝被蛇咬，十年怕井绳"的原因。被蛇咬的情景早已忘记了，但是一旦看到与蛇相似的东西，就会迅速陷入联想记忆中，那种让人无助的危险感和恐惧感将会再次袭来。

很多心理学家将这种现象称为"投射"：发生在过去的某种心理状态或情感体验不仅仅属于过去，它们还会投射到现在的某个时刻或场景中。这种情况尤其会频繁地发生在人际交往中，比如尼克无意识地将父亲们的影子投射在了他的上司身上。之前的尼克自我感觉糟糕，无法与他人愉快地相处，那时他的心理状态并不是一个成年人，在情感和心理上，他仍然是那个被父亲们忽视的小男孩。那时的他很容易忘记一件事：他善良，包容，但却并不完美。他难过的儿时经历一次次在工作中重现，就像一首循环播放的歌曲中反复出现的不和谐音符。这就是投射给人的影响。

投射并不代表一个人软弱。投射是每个人都会经历的普遍心理现象。很多人都有一段影响深刻的童年经历。如果我们没能消解这些经历，长大后我们身上就会一直带着这些经历的影子。它们的影响会一直都投射在成年生活中，让当下的生活成了过去经历的投射板。如果我们有勇气面对并解决投射背后隐藏的问题，我们就会获得一次非常宝贵的机会发展出新的自我认知，重获内心活力，建立新的愿景，并学会将"当下"与"过去"剥离开来。

就像尼克一样，我们很容易跳入到投射的陷阱中，给自己制造种种假想出的麻烦——比如尼克与老板、同事和客户的关系。心理分析学家梅拉妮·克莱因（Melanie Klein）将这种行为称为分离（splitting）的自我防御机制，即人们会将自身存在的某些自认为不好的、难以承受的、不讨人喜欢的性格或情绪"转移"到他人身上。这种行为与罪犯将罪行推到他人身上相似。在恐惧和否定自身所存在的这些特质的时候，人们会让他人代替自己承受自身的缺点，即将这些特质安放在他人身上，比如顽固、粗鲁、控制欲强、咄咄逼人、贪婪、消极等。再比如，将同事视为竞争的假想敌，很可能与小时候和同龄孩子相处的方式有关；与家人的关系很可能投射到与上司的相处中；客户可能被视为依赖我们的人，或我们所依赖的人。这种情况下，人们总是说服自己并告诉别人，真正有错的是某个人或某件事，和自己无关。但这样的话，我们就很难发现藏在自己内心深处那些真正需要解决的问题。

外部环境并不需要改变，生活中的人也不需要改变，上司的态度依然恶劣，但当尼克认识到他不能要求上司满足自己的期望，而且自己的价值也不依赖于上司的评价后，上司的评价就变得不再那么重要了。此时的尼克已经拥有了一个成熟的内心。他能够认识自己的需求，掌控自己的需求，并且开始通过自身的努力实现这些需求。

训练：蓝天假想法、感受心理年龄，帮助你创造检视内心的空间

人们的情感感知能力各不相同。一些人情感丰富敏感，很容易陷入情绪之中。一些人情感淡薄，长时间都体验不到强烈的情绪，好像把情绪的“阀门”关上了。如果你是前者，你需要学会从情绪中抽离出来，观察和理解情绪，而不是被情绪控制。如果你是后者，你可以尝试解读自身出现的一些自发性的行为，理解这些行为背后可能存在的情绪和感受。我们每个人都应该在生活中练习观察情绪、理解情绪，而不是被情绪所控制。

以下三种方法可以帮助你更好地认识自己的情绪和它们产生的原因：

1. 为情绪命名并打分；
2. 蓝天假想法；
3. 感受实际心理年龄。

接下来我们将讨论你可以如何打败内心的自我否定，加强内心的盟友的力量。

为情绪命名并打分

检视内心的一个简单、有效的方法就是为情绪命名和打分。遇

到问题别急，先深呼吸几次，问问自己的情绪感受以及情绪强烈程度，并用 1 到 10 给情绪的强烈程度打分。你关注的可以是情绪（比如悲伤或焦虑），也可以是身体的某种反应（比如身体僵硬，肌肉紧张，胃疼或心悸）。有时我们很难认识到某种情绪的影响，因为我们头脑中有太多嘈杂的声音。这时，想象自己屏蔽掉内心的各种声音，让心渐渐下沉。渐渐远离这些声音后，开始探索沉淀在心底的情绪。当你同时感受到了多种情绪，问问自己，哪种情绪是最先出现或最强烈的。之后描述、命名这些情绪。给情绪命名和打分这个方法可以有效地帮助你创造检视内心的空间，让你能够冷静地观察这些情绪，而不是被情绪所控制。

这个方法在很多情景中都适用。比如一天的开始和结束、会议前后或任务进行中。尤其是当你急切地想完成某件任务，但又无法集中精神专心做事的时候，我建议你使用这个方法。如果你觉得辨明一种情感实在很难（比如情感木讷、很少探究自己的内心和情绪的人，初次尝试时会感觉有些难），你可以先花几秒钟深呼吸，然后再次努力集中精神，向内心深处探究。将注意力从周围的环境（包括景物、声音、气味等）转移到自己的身体上。问问自己："我现在的感受是什么？"然后尝试捕获内心出现的图景。这些内心图景可以传递很多信息，从这些信息中你可以找到自己心中的真实感受。比如，心中出现了暴风雨的画面，这可能代表着愤怒或恐惧；一堵墙，可能代表着困惑或沮丧；一个人坐在箱子里，可能代表着被束缚或内心正处于困境中。这些图景本身并没有固定的含义，但只要分析它们，你就可以找到有关自己情绪的暗示。

我在塔维斯托克诊所任指导主任，为情绪命名并打分的这个方法也是诊所咨询和领导力培训课中所使用的一种重要训练方法。描述情绪、为情绪打分可以帮助你重新把控自己的情绪。这是一个非常实用有效且易于实践的方法。

检视内心不一定是一项个人活动，你可以和朋友或同事们一起完成这项活动。参与者们可以自由地展示出自己真实的一面，大家还能因此增进彼此的了解。包括谷歌和领英在内的很多创新型公司以及很多极富前瞻思维的企业都将检视内心这类活动纳入了企业文化中。在工作中展现、理解、接纳员工的真实，这种理念正在为越来越多的企业所接受。不过如果你的公司之前没有尝试过类似的活动，那么在刚开始的时候员工可能会感到一点不适应，有适应期是正常的。

蓝天假想法

另一个帮助你理解内心情绪的方法是蓝天假想法。假设你的内心有一片天空。这片天空可以向你传达很多信息：内心天空是什么样子的？晴朗无云？风雨交加？阴云密布，偶尔在云间有几片蓝色？白天还是黑夜？你还可以在心中假想一条公路。你坐在路边观察路上的车流。车流代表着你的思绪和感受。看一看路况是否通畅？还有一种“心湖”假想法。禅学者们认为人的心中有一片心湖，当思绪涌来时，心湖就会泛起波纹。心湖的波动很多时候只是波纹涟涟而非巨浪滔天。接纳思想和情绪的波动，允许心湖起波澜，相信这些波澜很快就会过去，你的心湖终将重归平静。

感受实际心理年龄

感受实际心理年龄这个简单的方法可以帮助你了解投射心理对你的影响。我自己经常使用这个方法，也常把这个方法推荐给客户。问问自己：我现在感觉自己几岁？花一点时间感受一下自己的心理年龄，我们可能会吃惊地发现感受到的年龄和自己的实际年龄不符。一个 24 岁或 60 岁的人可能感觉自己只有 6 岁或 17 岁。这种感觉的背后其实有很多值得我们探究的地方：为什么会有这种心理年龄？心理年龄说明了什么？在很多实际问题中只需要问问自己的心理年龄，就可以帮助你迅速脱离投射的影响，回到当下现实。

当然，你可以深入探究这个问题。再问问自己：我在这个心理年龄所对应的年纪究竟发生过什么，让现在的我反复体验那个年纪才有的某种感受？在尼克的案例中，尼克在工作中的心理状态就像一个 8 岁的孩子，而这种心理状态正是他在 8 岁左右时的经历和情感体验的投射。尼克童年生活中的权威男性从没有给过他足够的情感支持，而他现在的上司又恰好和他的父亲们很像，所以上司的形象和他记忆中父亲的形象重合了，尼克就这样自动陷入了投射所“编造的故事”中（故事更容易抓住人们的注意力），忽视了童年经历和现在经历的差别（比如他现在已经是个有能力的成年人了）。他把假想的故事当成了现实，完全没有认识到这只是童年经历的影子。

如果某个人或某件事触动了你的消极情绪（不满、愤怒、沮丧等等），问问自己：现在感觉自己几岁？你也许不愿承认自己一时间无法像成年人那样理智地思考，但承认问题本身就是自我负责的一种表现，这么做可以帮助你尽快回到当下现实，恢复成年人的理智，去积极地解决问题。所以如果你之后遭遇某种经历，感觉自己突然丧失了成熟的思考能力，你不妨试着挖掘一下自己过去的经历，试着从中寻找答案。

问问自己：我现在的内心感受是怎样的？现在我自己的心理年龄有多大？

让内心的盟友强大起来

除了感受自己的情绪并理解情绪产生的原因，认知和管理情绪的另一个重要方法就是找到自己内心的盟友，并让她/他/它（以下简称“她”）强大起来，这也是尼克在咨询中学到的重要内容。学会分辨内心的批判者和盟友，当内心出现来自批判者的、自我否定的声音时，你需要有意识地让自己内心的盟友站出来，努力反击批判者消极的声音。

无论你是领导者、管理者还是普通职员，在个人的职业身份之外，我们首先是拥有七情六欲的人，人人都有畏惧、自卑、不安等各种内心的软肋。成长中，我们都体会过美好的积极情感记忆（比如归属感），也拥有过诸如抛弃感、孤独感、羞愧感等让人痛苦的消极情感记忆。所有这些经历和记忆都在向我们潜移默化地传递着各种信息。这些信息可能是社会性信息（比如性别、社会阶层、种族），也可能是个性信息（比如自我价值和受欢迎程度等）。这些信息可能来自于父母、亲人、朋友。可以说，大部分孩子的自我认知都容易受到外界和他人的影响。比如，成人同孩子讲话的态度、与孩子相处的方式都会影响到孩子的自我认知。这些信息混合在成长经历中，之后都被内化进了心里。它们默默影响着个体的行为和生活方式、对生活本身的理解，渐渐构成个体独有的“内心独白”。

在一生中我们始终都在与人打交道，有些人甚至可能会影响我们终生。比如，被人嘲笑“长相丑陋”“永远做不好事”，或者被他人以一种温和但依然伤人的方式评价为“你只是很‘特别’”……这些未被满足的核心情感需求和遭受的指责都可能成为一个人的内心独白。这些经历一直留在心底——有时我的耳边甚至还能听到几十年前一些人说过的话。在内化于心的消极信息的影响下，有的人总是倾向从消极的角度思考问题，他们的大部分思绪都被内心消极的想法占满，脑海中大多都是批评指责的声音。在这样的心理状态下，他们就会时刻防范着，只要外界出现一点威胁，情绪就很容易失控爆发。最终，这些情绪将成为他们最大的“假想敌”。同时就像尼克那样，在消极情绪的影响下，这种心理状态的人也更容易把自己的负能量传递给他人。

克里斯汀·内夫（Kristin Neff）博士是得克萨斯大学专门研究人类发展与文化的教授。她针对自我关怀（self-compassion）这一心理学领域进行了一项开创性的研究，是内心盟友理论的代表性研究。她的自我关怀测试通过对比和描述，清晰地总结了内心批评者和内心盟友的特点与差别（在网上可以找到这项测试）：内心的批评者关注的总是缺点和不足，内心的盟友则会告诉我们人无完人；内心的批评者通常会放大问题消极的一面，内心的盟友则会从多个方面更为客观地分析情况，并且尽力给予我们安慰；遭遇挫折、感到沮丧时，内心的批评者总是很冷漠，充满了嘲讽和挖苦，内心的盟友则会在艰难的时刻鼓励我们勇敢求助；内心的批评者无法容忍我们的无助和软弱，内心的盟友则用温暖和包容拥抱我们的弱点和不足。

内心批评者的种子往往是在年幼时种下的。日积月累，对它不加控制，这颗种子就会肆无忌惮地生长。我们应该有意识地找出内心的批评者，同时培养内心的盟友，让内心的盟友不断强大，抵御内心批评者消极的声音。只要你愿意尝试，你可以发现很多控制和打败内心消极声音的方法。

内心的盟友可以说是一个人最强大的支持者和鼓励者。她会一直支持你，无论你面对何种挑战、犯下何种错误，她都能让你悬崖勒马，让你审视、重塑自己的认知，以正直和积极的态度面对生活。她会不断营造并呵护你的内心空间，让你以最佳的心理状态面对这个世界。她还会打败你心中被消极的思想或经历所影响的那个“黑暗的你”。

在刚开始培养内心的盟友时，你可能会感到一点不适应。有人可能会觉得，总是自我夸奖好像有点自大和可笑。但其实内心的盟友并不会每时每刻都像啦啦队那样“大喊大叫”。发了一封邮件、庆祝一次小小的成功，这些小事都不需要内心盟友的帮助。你需要做的，仅仅是在内心充斥着消极声音的时候，稍稍地“调大”一点心中鼓励和认可自己的声音。在鼓励自己的同时，心中根深蒂固的批评的声音很可能会同时出现，这时你要做的就是“抓住”这些批评的声音，分析它们正在以什么方式影响着你，同时努力用盟友鼓励的声音战胜这些消极的声音。你可以为内心的批评者和盟友分别取一个名字。比如我的一位同事就给自己内心的批评者取名为“糟糕的妮娜”，而内心的盟友就是她本人。

塔拉·莫尔（Tara Mohr）在《大格局：在职场上找到你的声音、方向和你的信息》（*Playing Big*）一书中分享了很多简单、有效的方法，可以帮助你拉近与内心盟友的距离。她在书中写道：“某个时刻问问自己：我内心的导师（盟友）在这种情况下会怎么做？听听她的回答。然后把这个答案说出来，或者就按照这个答案马上行动。”莫尔认为，你可以将内心的盟友当作自己的心灵导师。想象这位心灵导师在面对难题时会怎么做，你可以跟着模仿。比如你要写一封难度很高的邮件，或者将要完成一场艰难的会议。在这之前，你可以思考一下内心的导师（盟友）会怎么做。你甚至可以尝试用导师（盟友）的语气或方式去行动，或者干脆以意识流随笔的形式把你和内心导师（盟友）的对话记录下来。给自己心中导师（盟友）“发声”的机会，让她帮你解决问题、出谋划策、把握机遇。

如果你是一名视觉型学习者，你还可以利用世界顶尖运动员们所使用的训练方法，将内心的盟友具象化出来。当你在脑海中与盟友“面对面”相处时，你可以看到她如何在工作和生活中进行自我鼓励、如何与他人相处、穿着什么样的衣服、身处怎样的环境。这个方法真的非常有用，此言非虚。这种具象化的内心对话是“右脑型”行为（直觉和创意），可以有效帮助你提高创造力和情商，打开思路，以更成熟、高效的方式解决问题。

内心的盟友就好像陪伴在你左右的私人咨询顾问，她会和你一起勇敢地面对各种难题和挑战。你不需要打电话或发邮件向这位咨询师预约服务，你要做的仅仅是找到她、接纳她、让她时刻陪伴在你身边。所以每当遇到问题时，你想和谁一起合作？是那个在你泄气时相信你、鼓励你、支持你、帮助你的人，还是那个不断批评、贬低你的人？我想这个问题的答案显而易见。当内心消极的声音出现时，寻找这个声音的源头，然后让内心的盟友出来，打败消极的声音。其实内心的盟友就是最了不起的那个你。面对种种挑战和压力，如果你依然能够坚定、平和、坚持原则，就能够不断开发出自己的巨大潜力。

问问自己：我心中的批评者对我常说的话是什么？我心中的盟友常鼓励我的话是什么？如何打败批评者，让我的盟友变得更强大？

第五章

创造真诚交流的空间

——贝娅塔的销售团队需要学会争吵

本章观点：建立良好、稳固人际关系的前提是真诚交流。我们应该学会表达自己的真实想法和感受。

贝娅塔在一家国际大型酒饮企业就职，她是一个高级销售团队的主负责人，主要目标就是把公司最畅销、最有品牌影响力的产品卖得越多越好。她的团队成员大致情况如下：部分成员直接向她汇报，部分成员虽然不是她的直系下属，但是很多工作也需要她把关；一些成员隶属于她所负责的品牌，另一些成员则在更大的业务链下面；有的成员负责区域性业务，有的则负责全球性业务。贝娅塔的工作总的来说就是集中调配、协调所有这些人。然而上任以来，她的表现并不出色。怪就怪在团队整体看起来没有任何问题，但几个季度下来业绩就是不达标。这其中一定有什么问题，但这个问题到底是什么呢？

包括贝娅塔在内，好像所有人都不知道问题到底出在哪。贝娅塔还曾跟我打趣说，问题的原因也许是因为她不是本地人？又或许是因为某某合唱团解散了？总之她也一头雾水，找不出原因。贝娅塔本人是一个非常热情、风趣、自信的人。我们初次见面时，她就对我敞开心扉，知无不言，看上去非常有亲和力。她跟我滔滔不绝讲了很多心里话，她说这是她第一次感到失控，感觉自己会失败。这次危机可能是她职业生涯中的滑铁卢，几乎击碎了她所有自信。

在获得相关者的同意后，我决定对贝娅塔的整个团队进行一次大调查。我用了一周的时间在团队内部开展了多次调查，调查对象包括贝娅塔的所有团队成员以及同团队合作过的其他员工。受试者们先是完成了 CDP 公司的 3D 团队模型测试（具体内容详见本章下文中的图表）。这个模型旨在评估受调团队在目标感、人际环境、协调合作这三方面的能力，这三项能力也是评估团队优秀程度的重要指标。我还让团队成员完成了多项心理测评，力图从不同的角度分析团队成员可能存在的人际关系、决策方式、合作方式等问题。

那天深夜，我一个人在家里静静分析着测试结果。让我非常困惑的是，测评得到的各种客观结果都显示这是一个非常优秀的团队。它有清晰合理的目标、明确的分工、合理有效的工作方法，也得到了公司其他部门同事的认可。而且，团队内部气氛非常融洽，大家好像都喜欢在这个团队里工作，外部同事也乐于与这个团队合作。这是怎么回事？贝娅塔团队的业绩为什么就是不好呢？问题到底出在哪？那天我带着各种疑惑入睡了。就像贝娅塔一样，我一时间也感到有些茫然无措了。

第二天我重整心情，重新阅读数据。在问答题中，我突然发现了一个特别的答案。一位初级员工写道：“有时我在想，大家是不是都太过友善了？”我在之后的调查中发现了更多类似的反馈——似乎贝娅塔团队的成员们都在刻意回避冲突。之后我给团队的一些成员私下打电话进行确认，很多人都在电话里坦言团队确实存在问题，不过其中一位员工说："我不想说别人坏话，我觉得这样不太好。"由此，我终于发现了贝娅塔团队的核心致病认知：整个团队都认为同事之间就应该友善相处、彼此包容。实际上，一个团队的发展通常会分为四个阶段：起步期、冲突期、步入正轨、做出业绩。贝娅塔的团队似乎一直困在冲突期停滞不前。

在第二天的团队活动中，我鼓励团队成员们彼此坦诚，学会直面问题和冲突。活动中成员们提出的问题越来越多——贝娅塔的团队原来一直压抑着不少问题和情绪。我利用职业性亲密模型引导每个成员思考当前存在的问题。之后我又开展了一场名为"挑战性对话"的活动（我将在本章之后具体解释这场活动的内容）。这场活动为成员们创造了一个能够直面冲突的安全空间，让他们能够开诚布公地讲明问题并勇敢地挑战彼此。

活动结束后，整个团队都清楚地认识到了一个问题：之前成员们彼此就好像生活在平行空间里。大家所做的一切都是为了尽量避免冲突，好像与人相处得舒服比达成业绩目标更重要。在我的"刺激"下，团队隐藏的种种问题开始显露出来。这天结束之后，贝娅塔的团队好像完全"崩溃"了，大家情绪都很低落。但我觉得这是好的，这样的尝试不能半途而废。我坚信这个团队一定能从这次冲突中恢复元气，之后会变得越来越好——的确如此，第二天上午问题就有了转机。

第二天，我安排团队成员两人一组，站在所有人面前对团队可能存在的问题畅所欲言。这些"不和谐的声音"肯定会诱发冲突，但思考和创造力也随之涌现。团队协作难免不出现问题，但如果总是回避或压制问题，有益的东西也可能会被压制。若事事都保持一致，人与人之间就不会有真诚的交流，更不会有思想碰撞的火花。贝娅塔的团队之前相处在一团和气中（很大程度上是受贝娅塔个人工作风格的影响），大家总倾向于隐藏自己的真实想法。而在这次冲突对抗的活动中，大家终于能够一吐真言，团队的品牌定位问题和发展困难也都在这次活动中暴露了出来。

这次紧张、充满勇气的活动最终让贝娅塔的团队学会了面对和处理冲突的有效方法。成员们一改过去老好人似的合作风格，转换了一种新的工作方式。冲突不会让团队崩溃，更不是世界末日。冲突帮助贝娅塔的团队找回了工作热情，大家开始全身心投入到工作中，此时他们正在凝聚成一个真正的团队。

创造真诚交流的空间之建立心理安全感

承认不足是革新和质变的第一步。

——布林·布朗博士

贝娅塔的故事中有几点值得我们思考的地方：第一，不仅仅是个人，一个团队也会有自己的核心致病认知。团队整体的工作方式和风格会影响每个团队成员的协作方式。第二，团队领导的个人风格在很大程度上影响着下属的工作方式和风格。领导的认知偏误在某种程度上会传递到下属身上。第三，过分强调维系友好关系、逃避冲突和矛盾，反而会遏制整个团队的发展潜力。第四，良好的人际关系在团队沟通和协作中并不是最重要的。灵活变通、真诚沟通的勇气、透明的氛围和处理人际问题的技巧才是衡量团队人际效能的重要标准。第五，一个从来都没有正确应对过冲突和矛盾的团队是不具备可持续发展能力的，这样的团队往往欠缺凝聚力，很难有出色的表现。长此以往，团队内部隐藏的矛盾终将爆发。

自己看不清但他人能看清的问题属于个人盲区；如果整个团队都意识不到问题，那么这个问题就是集体的盲区，就像贝娅塔的团队一样。学者和企业咨询师威廉·霍尔顿（William Halton）认为，人们在面对难题时往往会下意识地逃避、否定、压制问题，而企业和机构也会像个体一样倾向于逃避棘手问题和消极情绪，但一味逃避只会让问题恶化。为了避免集体盲区的出现，公司需要借助外界第三方的视角检视自身的问题，这也是公司寻求企业咨询的一个重要原因。

团队成员的协作风格和领导的领导风格是可以相互影响的。上级通过直接或间接的方式传达的信息都可能被下属采纳。直接的影响方式可能是上级明确说的、做的、倡导的事情，而间接的方式可能是上级从来不说、不做或否定的事情。把握团队的工作方式和协作风格，检视自身对团队的影响，是对团队领导者的两点重要要求。

活动结束后贝娅塔也开始反思自己，她说自己其实是一个很不喜欢冲突的人。她将自己内心这种强烈的自我保护欲间接地传递给了她的下属。她希望自己的团队可以避免一切冲突，有任何问题都能大事化小。她无形中向团队传递着她的个人立场：同事之间就要与人为善，这比什么都重要。

在这种和谐氛围的控制下，成员间彼此很少进行有效沟通，团队的问题因此越攒越多。虽然表面上看起来很优秀，但其实还远非一个成熟、优秀的团队。这种假和睦的工作氛围欠缺深度，人们身处其中虽然顺心，但却缺乏工作热情，每个人都戴着友善的面具，压抑着自己的个性，矫饰自己的想法，小心翼翼不敢越界，生怕惹人不快。每个人只把自己最阳光的一面展示给他人，生怕展现出一点不完美的

“阴影”（shadow）（“阴影”概念由心理学家卡尔·荣格提出;《星球大战》中的“黑暗面”一词也借鉴了这一概念）。

咨询师帕特里克·伦乔尼（Patrick Lencioni）在他的著作《团队协作的五大障碍》（*The Five Dysfunctions of a Team*）中认为，影响团队发展的五大障碍是：缺乏信任、惧怕冲突、欠缺承诺、逃避责任、无视结果。这些障碍所产生的消极影响在集体中是可以传递和蔓延的。冲突或矛盾可能是突破的契机。贝娅塔的团队成员之前都过分友善了，缺乏真诚沟通，大家始终有距离和隔阂感，因此迟迟没有建立起内部信任感。信任感的缺失反过来加剧了成员们的隔阂和防范感。出于自我保护，成员们就更不敢表达了。大家似乎都达成共识，不去惹任何麻烦。

一味逃避冲突并不能建立信任，反而会侵蚀信任。逃避冲突恰恰证明了集体安全感的缺失。哈佛商学院的学者埃米·埃德蒙森（Amy Edmonson）认为，安全感是一个优秀团队必备的心理素质。谷歌公司的一项研究充分证明了安全感对团队发展的重要性。谷歌的人力运营部花了 10 年左右的时间，投入了大量的资源，对谷歌员工的生活和工作进行了全方位的研究。这项 2012 年启动的研究名为“亚里士多德计划”，研究对象是谷歌公司的 180 个团队，目的是找到优秀团队成功的秘诀。这期间谷歌一直思考着一个难题：无论收集到了怎样的数据，以何种方式分析数据，他们一直没有找到优秀团队的成长规律。不过他们渐渐发现，一个优秀的团队并不等于一群聪明人的集合。有时普通人的团队比聪明人的团队更优秀。最后谷歌终于发现了团队成功的秘密：集体的心理安全感。当成员们在工作中拥有心理安全感，整个团队的表现就会更突出，而且这种优秀表现会一直持续下去。

集体心理安全感指的是一个群体共有的安全的心理状态。在让人感觉安全的环境中，个体就更加敢于尝试和进取，团队成员之间也更能够彼此尊重和支持。波士顿大学凯斯特罗姆商学院教授威廉·卡恩（William Kahn）将心理安全感定义为“个体能够充分展示自我而不必过分担心自己在集体中的形象、地位和发展”。当集体环境不能给人以心理安全感时，人们就容易退缩，把自己保护起来，总是捍卫自己的立场，生怕被人批评。你也许会问：心理安全感和信任感的区别是什么？——信任是一种个人的心理状态，而心理安全感则是一种集体的心理状态；信任与他人在你眼中的形象有关，而心理安全感则与你所认为的自己在他人眼中的形象有关。

在安全的环境里，团队成员间的关系会变得更透明、紧密、灵活；大家能够勇于正视并承认错误，对待他人的错误也更加包容；能够避免以绝对的方式看问题；成长和进步的意愿更强烈；更愿意主动承担风险；个人和集体的创造力会因此得以激发。反之，当集体缺乏心理安全感时，成员们则会更倾向于彼此排斥、抵触、怠于改变。

集体缺少心理安全感，个体就很难展现出自己真实的一面，也因此难以全心地投入工作（哪怕表面上看上去很努力）。因此可以说，心理安全感是帮助团队达到职业性亲密这一顶层职场人际关系的关键。

*

贝娅塔曾告诉我，她一直苦恼自己的队伍为什么不像其他优秀团队那样有活力，那时的她一直找不到问题在哪里。当类似的情况出现时，我认为要不然就是你在逃避问题，要不然就是因为问题恰好在你的认知盲区里。我建议团队领导者试着挖掘一下自己的领导和工作风格，如果确实存在问题，总结一下经验，然后以合适的方式和下属分享交流一下。不过我想很多人可能很难做到这一点。因为传统上领导们都喜欢“关起门来说话”，把问题藏起来，而不是与员工开诚布公地直接沟通。但是时代改变了，在这个变幻莫测的时代，与下属积极沟通问题是现在企业领导管理者们必须学习的重要一课。隐瞒不足、逃避问题、压抑情绪对集体的发展是十分不利的。如果领导将错误或冲突视为“过错”，那么下属就会畏惧出错，面对问题就会处处掩藏，团队氛围会因此变凝重，大家就很难相互学习和进步。在这种不透明的工作环境里，即使人们能够抗拒私心，不出现逾矩行为，也难免滋生误解和利益冲突。

与他人坦诚地沟通一次，在讲述自己的同时，也耐心地听一听对方的真实想法或需求。在沟通中，希望我们不仅仅能听清对方所说的话，还能够看到对面真实的人。

现在贝娅塔也开始认真聆听他人的想法了。她发现自己的团队其实能够很好地应对冲突、彼此协调。她觉得自己的团队开始成长了。她告诉我，经历了过去这几周，现在团队内已经能够开诚布公地沟通问题了，大家愿意互相指教、指出不足，不再像过去那样讲求一团和气了。有两位成员说他们的工作方式完全改变了，之前他们总是尽量不去质疑别人的工作，现在他们最关心的是成果。不过还有两名成员却在彼此身上发现了诸多不习惯的地方，觉得两个人不太适合协作——这种情况也很正常。

随着团队心理安全感的建立，贝娅塔团队的活力被大大地激发了出来。团队涌现了很多特别棒的创意和想法，这是贝娅塔领导团队以来第一次出现的新气象。贝娅塔说：“在学会拥抱冲突后，我们的团队变得越来越有精气神了。之前我还有些担忧，但是现在我对冲突改观了。冲突有时不是坏事。我的团队现在更有干劲了。”

训练：找到大象和死鱼，帮助你创造真诚交流的空间

个体的发展离不开个人的努力，也离不开工作环境的影响。在合作中，我们如何发挥“正能量”，给身边的人带来积极的影响呢？有效沟通是什么样子的？该如何实现？针对这些问题，首先我们要认识到，这些问题是没有标准答案的。我认为任何公式化的方法都是不切实际的，也有违真诚交流的原则。沟通的前提是讲述真实。每个集体和个人都是独特的，都有自己的需求或问题，比如不同行业、不同的企业文化、不同性格的人……这些都需要具体问题具体分析。但总的来说，建立共识、一定的情感能力、反思自省、检视内心、勇于尝试，这些都是在集体中进行有效沟通的必要条件。

这里我想分享一下我的四点建议：注重环境与文化建设、进行主题为检视内心的团队活动、情感沟通、挑战性对话。这些方法都可以帮助你的团队创造真诚交流的空间，帮助你与他人建立更好的合作关系。另外还有两项我个人特别喜欢的训练：双向倾听、绘制生活线。

工作环境与文化建设

你可以花一点时间观察一下团队的整体氛围，也可以找一个你信任的同事，最好是团队以外的人，请他从旁观者的角度给出一些建议。你还可以邀请团队做一个集体小测试。很少有人不喜欢小测试，我想大家都会跃跃欲试地想参加。测试过程很简单，大家需要一起回想一下团队在过去几年里经历的一些重要事件，然后利用 3D 团队模型深入交流，模型如下：

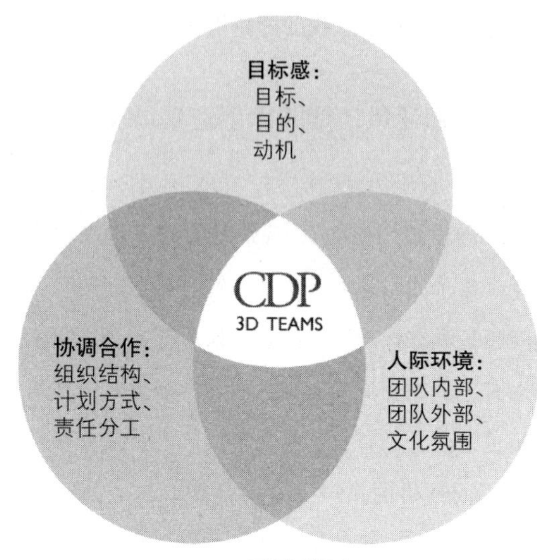

3D 团队模型

团队成员可以围绕模型的九个方面进行深入探讨。比如，团队是否已经有一个清晰的共同目标？每个人应该承担的职责是什么？大家希望建立的团队文化是什么？

CDP 咨询公司将诸如上面的深入讨论过程称为“深度挖掘”。首先团队需要利用 3D 模型分析目前的工作环境和工作状态，找到自身隐藏的问题，走出舒适区。然后指导者会利用一些方法引导团队理解问题的价值，最后鼓励大家打开思路，针对问题积极、有效地沟通，争取找到解决办法。在活动开始前，组织者可以立下一些要求或给出一些建议，比如不能人身攻击、理清自身责任，同时畅所欲言、及时解开误会等。

思考一下，你的团队是否有一些不成文的“规定”？你可以将它们写下来，也可以鼓励大家一起思考，从中你也许能发现意想不到的问题。我记得共事过的一位同事曾说："只有先让问题暴露出来，才能找到问题的解决办法。"如果企业能够鼓励不同的声音，这就好像给员工吃了一颗定心丸，企业内部的沟通必然会越来越顺畅、高效。试着沟通吧，听一听大家的建议一定有帮助。鼓励自己也鼓励其他人不要畏惧问题，因为问题的出现是团队发展的契机。掩藏问题只会让问题恶化，最终影响整个集体。那些掌握了沟通技巧、能够自由讨论交流的团队内部的问题或矛盾更少，解决问题的效率也更高。在这样的团队中，大家都是热情积极的，遇事不会闪烁其词，出现问题也总能快速找出解决办法，而且就像谷歌证明的，这样的集体责任感和积极性更高，工作成果也更突出。

问问自己：在这个团队中，什么是被集体允许的行为？什么是不被接纳的行为？不被接纳的是明确规定的还是集体默许的？这些规则是谁制定的、什么时候制定的、为什么制定？是为了避免什么发生？现在这些规则还有用吗？

大家一起来检视内心！

"逃避"确实感觉更容易，也更轻松，但放任问题不管，长此以往一定会出现大问题。因此真诚交流的目的是寻找集体或个体的盲区，它鼓励通过坦诚交流找到集体或个体的潜在问题或危机。真诚交流还能帮助集体建立安全感和信任感，提高团队的整体工作表现。创造真诚交流的空间需要时间，就好像长期进行的有益投资，坚持就一定有回报。

你也许会问，大家平时都那么忙，哪有时间参加这样的集体活动呢？这里我想分享一下 CDP 公司的例子。CDP 内部日常实践着这样一项检视自我内心的活动：不论大小会议都先以快速的内心“检入”开始，会议结束后再以快速的内心“检出”结束。为什么有这样的安排呢？有时候人们会把个人情绪带到工作里，但没有人会读心术，如果同事之间愿意花一点时间交流一下，就可以更好地理解彼此的情况，合作中也会更默契。类似的集体活动对团队建设是十分有益的。短期来看这种活动可能会花一点时间，但从长远看，随着团队成员关系的加深、默契感的提高，这种活动最终将提高团队的整体生产率，让工作事半功倍。

检视内心的集体活动帮助 Decurion 公司一直保持着个性、真实的企业文化。作为一家知名影院公司，Decurion 非常注重人才培养，在公司内部也开展了检视内心这项活动。Decurion 的企业文化倡导员工在工作中积极表达、彰显个性。Decurion 认为能够展现出完整、真实的自我是员工在工作中不断进步的关键。你会发现 Decurion 的公司会议基本都由内心“检入”开始，由内心“检出”结束。具体过程如下：参会者们围坐在一起，每个人都能看到其他人的脸。然后内心检入环节开始，发言者要先清晰地说出自己的名字——这不是自我介绍，而是提醒发言者：自己首先是独立的个体，其次才是公司的员工。之后发言者可以分享自己想分享的任何信息，比如身体状况、情绪状态、生活愿望、某个计划，或者通过这次会议希望获得的帮助、个人发展目标等都可以说。每位参与者都要发言，这样就能保证所有人都全心投入。Decurion 首席运营官布赖恩·恩加德（Bryan Ungard）建议内心检入环节不要提前准备，自由表达就可以。内心检出的环节更简单，参与者们只需要发表一下结束语，比如求帮忙、分享资源，或简单地做一下总结即可结束。

思想和内心间的相互作用是复杂的，让人苦恼的难题往往是个人的行为方式、人际模式、社会环境等多种因素相互作用的结果。针对这些难题，检视内心可以帮助我们尽快找到问题的根源，及时采取有效行动，避免问题爆发后的严重后果。做个有心人，因为小问题可能暗示着大问题的存在。比如，贝娅塔的团队过去看上去很优秀，但贝娅塔却常常感到失控和无力，员工们心里也藏了很多困惑，这些都暗示着团队隐藏着严重问题。

找到问题的根源即代表情况将出现转机。贝娅塔终于认识到逃避冲突对团队发展的危害，她现在已经学会善用冲突的积极力量了。

情感上的沟通和联结是必要的

在工作之外，团队可以开展一些轻松的活动加强集体的凝聚力。比如每个月团队聚一次餐、每周大家一起吃一次午饭、集体进步时办一次小型庆祝会、失误犯错时开展集体反思会等，这些人性化的活动会让工作变得更有人情味儿。很多优秀的创新型企业都很重视培养员工的情感沟通能力。比如，科技创业公司 Unbounce 每年都会给员工发放 500 美元补贴，鼓励员工在工作之余积极交往。沃比帕克（Warby Parker）公司则开展了广受好评的“午餐转盘”活动，组织被随机抽中的员工们共进午餐。

公司还可以每天或每周花一点点时间组织一场简短的集体交流会。比如“集体畅谈”这种活动。这项活动可以安排在每天早上，仅 15 分钟，鼓励每个人都参加。畅谈会重在畅所欲言而不是严肃讨论。每次都选择一位员工当主持人。大家轮流发言，自由表达，可以分享有意义的事、趣事、让人感动或有启发的故事、好消息。分享的内容最好是过去 24 小时内真实发生的事情。大家也可以聊一聊当天的工作计划、遇到的问题、之后要见的客户，等等。很多公司和团队都在引入这类活动。这种活动的好处有很多：这项定期、非常规性的团队活动能够增强集体的凝聚力；帮助成员们理清自己的工作内容和遇到的问题；坚持下去能够加强员工间的关系和默契。

培养良好的人际关系其实不是一件可以信手拈来的事，很多公司都用了很多心，下了大功夫。包括爱彼迎（Airbnb）和美捷步（Zappos）在内的很多以“文化优先”的公司都将企业文化视为企业发展的优先、核心任务。这些公司投入了大量的精力帮助员工在工作中和工作外建立良好的人际关系。比如，爱彼迎所奉行的企业沟通哲学就是鼓励员工间进行真诚交流和有效沟通。爱彼迎之所以如此重视员工交流是因为公司之前的一项调查发现，作为全服务型企业，公司却缺乏应有的真诚、开放的沟通氛围。因此公司的联合创始人乔·杰比亚（Joe Gebbia）便提出了“找出大象、死鱼和倾吐”这个沟通方法。“大象”指的是那些明显存在，但却被人不以为意的“房间中的大象”（问题）；“死鱼”指的是长久困扰人们的某种经历；“倾吐”则允许人们“适时把心中的坏东西吐一吐”。不仅如此，爱彼迎还经常举办生日会、纪念日、宝宝派对、主题活动，这些活动让爱彼迎的企业文化一直保持着活力。

问问自己：如何帮助团队建立更紧密的关系，让大家能够齐心协力、全心投入？

挑战性对话

挑战性对话能够帮助你挖掘表象下面的问题，我在解决贝娅塔团队的问题时就用到了这个方法，两个人也可以进行这项活动。这个方法可以遏制我们急切反驳他人、捍卫自己的冲动，给我们进一步探索个人情绪和需求的空间。根据我的经验，参与者们几乎都能通过这个方法获得感触和启发，最终完成自我疏导。我的客户们在完成这项训练后都会大为触动，有的甚至几近落泪。挑战性对话其实非常简单，你现在就可以和自己的工作伙伴、爱人或孩子试一试。

第一个人先浏览下面的10个问题，思考后给出回答。第二个人也如此。之后，两个人以探讨的方式共同回答最后一个问题。注意，在一方作答时，另一方不能插话或打扰。只有在一方回答完全部10个问题后，另一方才可以发言。

1. 我们两个人真正关注的问题（这个问题指的不是表象问题，而是让我们俩都感觉不快的那个棘手的问题）是什么？
2. 为什么我觉得我们之前从没有认真讨论过这个问题？
3. 关于这个问题，我现在的感受是什么？
4. 关于这个问题，我现在有什么思考？
5. 我为什么如此在乎这个问题？
6. 如果自己什么都不做，会发生什么？
7. 在这个问题中，我起到了什么作用和影响？
8. 我现在希望问题如何发展？
9. 我可以怎么做？
10. 我希望对方怎么做？

（共同回答）我们如何一起解决这个问题？

问问自己：今天我可以和谁进行一次挑战性对话？如何与这个人顺利地完成一次挑战性对话？

互动式倾听

互动式倾听训练适用于所有人。它将倾听行为分为三个层次。层次一：只听到自己的声音。倾听者将大部分注意力放在自己身上（比如自己的感受、想法、计划），而非放在对方想要传达的意思上，因此只会选择性地听与自己有关的信息。由于倾听的一方没有用心听，也没有给予讲话者足够的关注，因此双方在沟通中无法有效建立起心理安全感。这种倾听方式在现实情况中很普遍。层次二：给予讲话者高度关注。倾听者在听的过程中关闭自己内心所有声音，给予讲话者绝对的关注，即使这次对话只有一到两分钟（想象一位母亲满怀爱意地看着自己的孩子或听最好的朋友讲一件趣闻时的那种专注感）。不过层次二的倾听也是单向的，因为倾听者的大部分注意力都会放在对方身上。层次三的倾听被称为全方位的互动式倾听。在聆听对方语言信息的同时，还能兼顾理解对方所传达的其他信息，比如语气、肢体语言、隐含的意思、情感态度、个人状态、立场、感受、两人之间的距离感等。相较于层次二的倾听，层次三的倾听者给予讲话者的关注度稍稍弱化了一些，也因此能够同时抓住并理解讲话者在对话中直接或间接传递的完整信息。

绘制生活线

我一般会花四个小时和客户共同分析问题。在指导环节正式开始前，我会让客户先讲一讲自己的故事。客户会利用这个环节的一大部分时间讲述自己工作和生活中的故事，即描述他们的“生活线”。如果时间比较紧张，我就会让客户提前做准备。比如在纸上画出自己的生活线。我常用这个方法帮助客户梳理人生轨迹中的一些关键节点。而完成这项训练的人无一不表示这个方法非常有用。

我给企业团建培训时也会使用这个方法。我会在团建活动的前一天邀请整个团队聚餐。这期间我不会让成员们随意聊天，而是用生活线这个方法帮助成员们加深彼此间的理解和共情。我会让参与者提前制作好自己的生活线，在餐会上互相分享。我发现这项活动的几乎所有参与者都能够从中收获感动，我曾多次看到理解的泪水和拥抱。我曾为一家富时前10的公司进行团建培训。这个团队风格严肃，不是很亲切。餐会中，一位男性成员讲述了自己生活线中被收养、受养父虐待的经历。在听完他的故事后大家都安静了，有人甚至偷偷擦眼泪。这位员工是团队中的老成员，但之前没人知道他有这样的经历。一周后，这位员工给我发邮件说，之前他还犹豫要不要分享这些事，没想到竟然能够收获这么多理解。之后他也第一次尝试和妻子、孩子讲述了自己的故事。

你不需要修饰自己的生活线，让它在别人眼中看上去多么光鲜，因为生活线的意义在于帮助你加深对自己人生的理解。绘制生活线特别简单，以下是具体方法：首先在白纸中心画一条水平线。线的最右端代表当下，最左端代表最早的生活经历。以5年为一个时间段，画出不同的人生时间节点。再画一条竖线，纵轴上半部分代表“好事”，下半部分代表“不好的事”。图示大致如下：

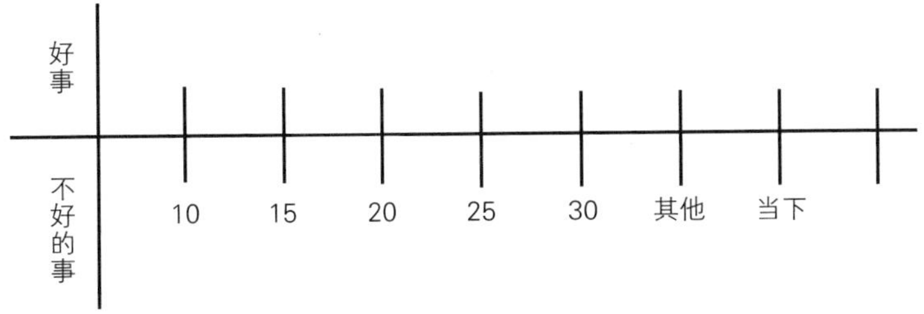

然后画出三条线，分别代表：

- 工作中获得的成功
- 工作中获得的快乐
- 生活中获得的快乐

你会发现自己的生活线在平稳中起起伏伏，你可以在起伏上面标注出具体事件。我建议你画两条“工作的线”是因为工作中除了有工作业绩带来的成就感外，还有具体工作内容和环境所带来的幸福感。因此，我建议你在考虑自己的专业技能和擅长领域的同时，也能综合考虑一下自己的性格和真正喜欢做的事情。你可以在生活线上插入照片、文字、图片。这些信息都可以帮你回忆并梳理那些影响着你人生的关键事件，你也可以将自己的生活线分享给他人。

在绘制生活线时，你可以思考下面几个问题：

- 我的生活有哪些阶段？
- 我人生重要的转折点有哪些？我因此发生了怎样的变化？是否存在一些情况，我看似因此改变但其实没有？
- 我主要的生活方式和生活主题是什么？总的来讲，我的生活是一个怎样的故事？
- 我人生中重要的人有哪些？为什么？
- 为什么“我就是我”？
- 我人生中的高峰期有哪些？是什么让我获得了这样的好状态？（请从个人和环境的角度列明原因）
- 哪些时间是我效率最低的时候？是什么造成的？

- 我职业表现最佳的时间是何时?
- 我职业生涯中最困难的时期是何时?

希望你现在能抽出一点时间绘制出自己的生活线。如果你是团队负责人，你可以试试在下个工作日的午休时间，让员工都画一画自己的生活线，然后互相分享一下。

第六章

创造主动与人交往的空间

——职场精英埃米尔的职业生涯危机

本章观点：除了个人能力之外，人际交往能力也是获得职场成功的关键，我们应该学会主动与人交往。

埃米尔是我之前受委托服务过的一位客户，他是一家知名律所的金牌律师。他野心勃勃，一直都想成为公司的管理合伙人，但他却有一个致命弱点。

埃米尔的工作能力非常强。他工作勤奋，处事手法灵活，善于处理复杂任务，工作讲求效率，决策果断且从没有失误过。从法律学院毕业后，埃米尔直接进入了这家知名的法律公司，很快就成了公司的风云人物。之后他迅速在国际司法界打响了名号，无论客户是谁，只要是他处理的案子就让人绝对放心。在公司里，所有人都尊重他。然而尊重归尊重，但其实很多人都怕他，而且几乎没人对他有好感。

他还是公司的普通合伙人时，就经常收到投诉信，常有客户投诉他无礼的态度。但由于业绩优秀，他对此从不放在心上。他手下的员工都表示埃米尔的控制欲很强，把整个团队管得死死的，别人都叫埃米尔的下属“埃米尔的小兵”。埃米尔无时无刻不催促着团队前进，所有成员都必须无条件服从他的命令。

在公司的管理层赢得一席之位后，虽然埃米尔的工作业绩依然优异，但他的这种行事风格却引起了越来越多人的不满。公司合伙人艾莉森（工作风格也十分硬派）即将离任。在离任前，艾莉森不得不提醒埃米尔想继任自己的职位可能会遇到很多阻力。虽然没有人怀疑埃米尔的能力，但是确实也有很多人认为埃米尔不适合再进一步。看一看埃米尔的履历，他的个人事业不断精进，成功进入了多家精英俱乐部、知名的校友俱乐部和优越小团体，他的职业生涯从来没有吃过闭门羹，可这一次他似乎真的被自己的公司排挤了。

埃米尔非常恼怒，让他更生气的是艾莉森建议他进行职业咨询。但艾莉森告诉他如果他想晋升就必须咨询。我记得我们第一次见面时，埃米尔的态度很恶劣。他坐在我对面，对我怒目而视，我们的咨询就这样开始了。

埃米尔从法律学院开始讲自己的故事。我让他从更早的经历讲起：“在我了解你的职业前，我需要先了解你的故事，比如你年少时的经历。”

“你是想让我讲讲自己的父母吗？那你可以先把我父亲排除在外了。”

“为什么这么说？”

埃米尔也有一个糟糕的童年。他的父亲是一个移民，一生一事无成，但总假装自己是成功人士。经历了生意上的多次失败和与亲友的经济矛盾后，他的父亲直接离家出走了。从埃米尔的少年时期开始，他的父亲就在他的生活中完全消失了。父子俩在过去 10 年只见过一次面，那次两个人只花了 10 分钟喝了杯咖啡。之后他的父亲又消失得无影无踪。讲到这里时，埃米尔突然说：

“我母亲还好。不过我觉得她就是个受气包。软弱、杞人忧天。努力维系着这个家，照顾我和我姐姐。”

“你经常去看她吗？”

这时我发现他脸上嘲讽的怒气稍微缓和了一点。

他小声回答：“没有。”

之后，埃米尔的故事就很平常了。在学校成绩优异，获得了奖学金，体育能力也很出色，大学毕业之后直接进入这家公司，一路晋升。他现在的状态就好像一艘在推进时突然熄火的火箭，在空中茫然地飘荡着。

“你现在为什么坐在这儿？”

“我别无选择。”

我等他进一步回答。

“我必须这么做。我其实一点也不想咨询。”

“你对自己很满意是吗？”

“我可没这么说。”

“那你到底是哪方面做得不够好呢？”

话说到这里，埃米尔第一次认真地看向了我。

“你要是能进入律师这行，我就能让你成为一名优秀的律师，至少是一个合格的律师。”他面无表情地答道。

我们彼此笑了笑。我等待着。

“我觉得我的同事很不可理喻。我知道他们说我什么。说我混蛋，冷血无情，但我打败公司竞争对手的时候，他们怎么就没声了？”

“所以你认为他们对你的评价非常不公平？”

“是的。但，又不是。”

说到这，我感觉他放松了一些。

“我根本不在乎他们怎么想，工作就是工作，我有自己的客户、家人和朋友。我不想把时间和精力浪费在我的下属身上。我想把自己的时间给我真正在乎的人。”

“所以你根本不需要同事的支持。是吗？”

“哈哈，当然需要了，要不然我现在为什么坐在这儿？”

这次谈话即将临近尾声，我要求埃米尔下次见面前完成几个心理测评。我鼓励他说，我认为这次谈话是有收获的，感谢他的合作和坦诚。埃米尔没有什么特别的表示，跟我握了一下手就匆忙离开了。

看到埃米尔的测评结果我并不吃惊。这些结果印证了我之前的猜想。我和埃米尔一起分析了这些结果，希望能够帮助他打开思路，而这些结果也开始让埃米尔重视起这次咨询了。

其中有一项霍根测评。这项测评可以评估受试者包括社交能力在内的多方面的个性特质。和我猜想的一样，在这项满分为百分的测试中，埃米尔的分数相当低。他只获得了 17 分。我之前曾和测试的设计者罗伯特・霍根博士讨论哪种关键因素可以最大地促进企业和个人的业绩表现。霍根博士有几十年的咨询经验，与全球众多优秀企业都有过合作。他的答案很简单：“信任，就是那个最关键因素。信任可以决定一切。员工对领导的信任程度可以影响企业未来的发展。信任与个人生产力、工作满意度、员工对企业的忠诚度紧密相关。”调查一下埃米尔的下属，我想很少有人会认为埃米尔与团队间存在信任。

我还让埃米尔完成了一项名为 Firo B 的人际基本关系导向行为测试。这项测试能够评估测评者在与他人交往时的融入程度（与他人交往的意愿）、受欢迎程度（与他人交往时给他人的感觉）、掌控感（与他人相处时的控制欲）。埃米尔在掌控感上的得分很高，但在前两项上的得分却非常低——满分 9 分，埃米尔只得到了大概 1 分。这个分数显示，埃米尔是一个心理上非常自足的人。他不需要很多社交，除了小部分人，他不喜欢对旁人表现得很亲切，也不希望别人与他太亲近，在人群中他就像一匹孤独的狼。我为他分析了测试结果，他完全同意。

“我觉得我这样挺好的。”

“那这种处事风格给你的工作带来了什么影响吗？你觉得这种人在别人眼中是什么样的？”

他笑着答道：“混蛋吧。”

“可能吧。但这会让你困扰吗？”

“其实我不太在意。”

“哪怕以自己梦寐以求的职位为代价，也不在意吗？”

他疑惑地看着我。

“埃米尔，你可能会觉得这次咨询不过是一次例行公事，之后你就会升职。但我想你只猜对了一半。这次咨询确实是一次例行公事，但结束后公司很可能会拒绝你的升职申请。”

埃米尔盯着我，眼神阴郁、冰冷。我知道他此刻心里一定很不好受。

“但我可以帮助你，我可以帮助你获得你想要的职位，前提是，你愿意诚心接受这次咨询。”

我等他回答。最后他终于轻声说：

“好的。我愿意配合。”

“你确定？”

“我确定。”

之后埃米尔马上又恢复了原来傲慢的样子。他探身向前，脸上的表情咄咄逼人，带有一丝嘲讽。

“到底怎么做？”

我向他解释了我对咨询的理解。咨询并不一定会让咨询者发生本质上的改变，咨询师也不能预测咨询效果（不过有时确实会有出人意料、让人惊喜的效果）。对我来说，咨询的一大作用在于可以帮助咨询者更好地解决实际问题。如果通过咨询，求助者可以在某件事上幡然醒悟，发生性格上的转变，这当然是理想的结果。但如果求助者是出于功利性的目的，想找到一些合理、有效的方法解决某个具体问题，这也并无不可。

埃米尔笑道：“所以你想‘修饰’一下我的测试分数是吗？”

我也笑着回答：“准确地讲，我想帮你亡羊补牢。”

其实我当时说要帮他修改测试结果并不全是真的。但我在之前的咨询中曾多次发现，无论以什么手段，只要客户愿意主动改变，他们最后就会真的改变。我希望埃米尔也会这样。也许在最初阶段这种变化并不是发自内心的，但只要坚持下去，真正的改变就会发生。

首先我提议埃米尔做一个利益相关者分析图。

利益相关者分析图

这是一个非常有用的人际关系分析工具，我想每个使用者都能从中获益良多。就像绝大多数实用性分析工具一样，它的用法也非常简单：在一张纸的中心画一个小圆点，写上你的名字。围绕你的名字，画出其他圆点，与你的名字以线相连。每个圆点代表一位你的利益相关者。利益相关者只是一种表述。它实际上代表着与你关系密切的各类人。围绕在这一圈圆点外，再画出一圈圆点。代表着与你关系不是那么密切，但仍然需要维持良好关系的人。比如财务部的一位员工。也许你在日常工作中和她没有太多交集，但到年底你可能需要和她接触。所以也应该与这样的人提前处理好关系。

绘制完利益相关者分析图后，根据第四章提到的职业性亲密模型，为每一项人际关系打分（满分为 10 分），之后再在旁边写出每一项人际关系应当得到的分数。这个过程需要你对自己诚实。你可能会发现，实际的人际关系和自己所期望的人际关系还存在一定差距。

不同人际关系的理想分数可能有所不同。比如，同上司的人际关系分数至少要达到 8 分或 9 分，与那位财务人员的关系达到 6 分就足够了，而与夜班保安的关系达到 3 分就足够了。之后，针对不同的人，根据优先原则，你可以思考一些办法来加强与不同利益相关方的人际关系。

我常鼓励客户，尤其是那些平日特别忙或者比较内向的客户，告诉他们与他人建立良好的人际关系其实比想象中容易得多。一次晚饭或午餐，或是花一小时的咖啡时间聊聊天，都可以帮助你与他人建立良好、持久的工作关系。只要你能够花一点个人的或工作中的时间主动与他人接触，你就不会成为上百封邮件中的一个名字，或者仅仅是会议中随便打一声招呼的人。

*

我期待埃米尔能通过绘制利益相关者分析图对人际关系有一些新的思考，进而改进自己的人际交往方式。这个练习把埃米尔分裂成了两个人：一方面，他的理性告诉他哪些人际关系是有意义的，他应该与哪些人建立良好的人际关系，否则他的职业发展将受挫；另一方面，他的主观意识又对这些想法非常不屑。所以他一边给这些人评分，又一边打趣、嘲笑着这些人。

“毫无用处。和他没法沟通，不太聪明。什么也不懂，马屁精。”

我问他：“调研组的乔是不是和你闹过矛盾？”

他惊讶地看着我答道：“没有啊，为什么这么说？”

“你给他打分时好像特别生气，不停数落他。”

他愣了一下接着说：“我就是这样的讲话方式……我先休息一下。”

他尤其把诺尔玛圈了出来。诺尔玛马上就要退休了，是埃米尔团队中的初级秘书，也是团队中职位最低的员工。诺尔玛的工位就在埃米尔的项目助理和团队高级秘书旁边。埃米尔说自己特别讨厌和诺尔玛说话，但有时候又不得不和她说话。

“诺尔玛可以说一无是处，我听到她的名字就烦。你可以看看她的桌子。零零碎碎的全都是东西。还有几百张她的狗的照片。这两只狗特别丑，诺尔玛还把它们当成自己的孩子一样。真是无可救药。她做事总是慢吞吞的，没有一点干劲。我本来想把她开除的，但是不知道为什么别人就是不同意。”

在他抱怨一通之后，我说：“埃米尔，有没有可能你的愤怒和不满其实并不是针对那些人本身。一位独身的年长女士和她的狗其实并不值得你生气啊。”

埃米尔傲慢的表情动摇了一下。

我看准这个机会继续说：

“埃米尔，你的情况我大致了解了。现在我想让你做一件有点奇怪的事，你愿意试一试吗？”

他怀疑地看着我。

“就是个实验。”

他叹了口气：“好吧！”

“现在我们要完成一项视觉化训练……”

视觉化训练

视觉化训练能够帮助你挖掘潜意识，让你从理性思维中脱离出来，发掘出你的理智没能够发现的事实。视觉训练的方法很简单，很实用，随时随地都可以完成。这个方法不同于催眠，但在全心投入地完成这项训练后，你会感到精神很平和放松。以下是具体方法：

请你舒服地坐在椅子上，双脚平踏在地板上。双臂放在大腿或椅子的扶手上。闭上眼睛。有意识地调整自己的呼吸方式：鼻子吸气、嘴巴吐气，慢慢深呼吸。放松自己，放松胃部、臀部、腿部。让身体上的任何紧绷感都放松下来。在完成10个左右这样的呼吸之后，让呼吸恢复到正常状态。此时留意脑海中是否出现了某些想法，但不要关注它们，让它们像天空中的云一样散去。此时你可以开始专注思考心中的那个疑惑了。留心此时你的脑海中出现了怎样的景象。

无论如何也不要停下来。集中精力思考你脑中浮现的困境或问题。

*

埃米尔准备好以后，我问他看到了什么。

“什么也没看见，一片空白和灰色。”

“好，现在回想你心中的那个问题。看向脑海中的那片空间。告诉我，有什么变化吗？比如有没有出现什么想法？情绪或身体上有什么反应？无论你感受到什么，都尝试着把它描述出来。现在深呼吸几次，想象出某个人的形象。现在有什么感受？”

“那个人是谁?”埃米尔问道，声音有一点儿游离。

“除了你之外的任何人。不一定是你认识的某个人，只要是一个人的形象就可以。”

之后，埃米尔深深呼了口气。靠在了椅背上。

“怎么样?”

“我感到了一种威胁感，我看到了一个男人，他离我太近了。”

“继续看那个人。现在有什么感受?”

“我感觉很困扰、烦恼。”埃米尔说着挥了几下手，好像要把什么东西赶走。

根据我的经验，当人们投入到视觉化训练中时，情绪和身体最先给出的反馈往往代表着他们内心深处最真实的感受。

“那个人好像在不停地打扰你，你现在有什么感受?”我继续问。

他好像突然害怕起来，马上终止了训练，对我笑了一下。

“怎么了?”

“我觉得不太对。”

“什么不对?”

他轻声说:“我感觉很害怕。”

“你现在还好吗?”我问。

“是的，我没事儿，就是这种感觉，让我不太舒服。”

“好，现在让脑海中的那个人的形象消失吧。”

“现在，感受一下你身体的反应，听一听房间的声音，深吸几口气。等你觉得可以时再睁开眼睛。”

过了一会儿，埃米尔睁开眼睛，看上去既困惑又有点害怕。现在是时候进入心理解读环节了。有时我会以提问的方式进行这个环节，有时我会直接说出我的解读，有时我也会问问咨询者自己的理解。结果常常是咨询者自己找到了问题的答案，埃米尔就是如此。

“你是怎么想的？”我问他。

埃米尔的态度终于软了下来。他看着我回答：“我想我脑海中的那个形象就是他人在我心中的形象。我眼中的别人就是这个样子的。这也是为什么我一直都和别人保持距离的原因。”

他说完这些后我没有马上答复，过了一会儿我继续说道：“我同意你的想法。你的父亲，以及某方面你的母亲都教导你不要相信他人。别人是麻烦、是负累。你无形中接受了父母的想法，自然就不愿意与别人交往。把自己孤立起来有时确实是一种解决人际问题的方法，然而这个方法不应该针对所有人。”

“其实我很恨我父亲。但很奇怪，有的时候我感受不到这种情绪。好像我其实不恨他一样。其实我希望自己不恨他。有的时候我甚至感觉自己并不讨厌他，我爱他。我希望他也能爱我。但他真的是一个暴躁敏感的混蛋。我和他没办法亲近。其实很多时候我都很怕他。”

说到这，埃米尔哭了。

“所以你的潜意识接受了这个想法。认为你需要防备所有人。否则他人就会让你害怕、让你失望，困扰你一生。但其实不是所有人都是坏人。”

“我的妻子就不会这样。”

“当然，因为你的内心接纳了她，而她也确实是一位好妻子。”

他笑了：“那你真应该问问她。她之前有几次说和我很难相处，我和她闹翻过三次，她说我就是个噩梦。”

“是的。你之前是一个噩梦，那你现在呢？”

埃米尔深吸了一口气。

“好了，时间快到了。埃米尔，希望你回去之后能回顾一下我们此前讨论过的所有内容。下次咨询时我们继续讨论这些问题。如果你有任何困扰，可以随时给我打电话。我们可以提前聊一聊。”

这次咨询后的几天里，和我预想的那样，埃米尔并没有给我打电话。他确实是一个有强大自我调节能力的坚强的人。我们再次见面时，他第一次没有迟到。不仅如此，他还早到了 20 分钟。

会议室的门一关，埃米尔就马上兴奋地讲了起来。

“上次的讨论真的很不错。我和妻子说了。她觉得你讲得很好，我也这么觉得。”

埃米尔又跟我讲了他年少时和婚姻生活中的一些故事。之后他平静了下来，认真地看着我。

“该怎么解决我的问题呢？”他问道。

“目前在你身上发现的种种问题，我将它们称为你的核心致病认知。”

我为埃米尔详细解释了核心致病认知的概念，然后一起回顾了之前咨询中的重要信息。之后我离开房间，给他 5 分钟独处的时间思考这个问题。我给了他纸和笔——问题的答案最终将来自埃米尔自己。这不是我的解读，而是他自己的心声。

“勇敢一点，诚实一点，不要对自己手下留情。该是什么就是什么。”

5 分钟后我回到会议室，看到埃米尔静静地坐着。他在纸上乱七八糟地写了很多话，这里画掉一句话，那里修改一个词。最后他清晰、自信地写出了自己的最终答案：

> 我总觉得其他人是混蛋，在别人眼中我也因此变成了一个混蛋。

埃米尔抬起头看着我，露出了一个害羞的笑容。这时我看到了一个不一样的埃米尔。他向我伸出手，我们击了下掌。

“不容易。”我说。

“确实。”他回答。

他又笑了一下。但是这次的笑容中带了一丝难过：“谁想让一个混蛋做领导呢？”

我们沉默了一会儿。

“再给你 5 分钟时间。看看你能不能找到办法。想一想你希望拥有哪种心态，即使现在自己暂时还并不具备。”

我回来时竟然发现纸上一片空白。他站在那里，一副难过的样子。我问他遇到了什么问题。这时他突然笑了起来，抽出了另一张纸，上面写着：

其实大家都挺好，我自己也不错。不要再那么苛责了。

我大声笑了出来，我们又击了下掌。

我们之后讨论了怎样让他记住这个全新的，更为客观、有益的内心独白。最后埃米尔一拍手，决定把这句话设置为自己的手机屏保图片。

我想埃米尔仍然需要时间去真正消化并践行这句话。不过现在既然他已经认识到了自身的问题，愿意改变，那就是时候帮他解决他工作中的实际问题了。

在之后的几次咨询中，我们一起制订了解决问题的行动计划。埃米尔大胆决定，他要打开自我，积极与人接触。他先向同事们勇敢地分享了自己在咨询中的反思，之后向他人请求原谅，并诚恳地表达了与他人友好相处的愿望。有些人对此将信将疑，认为这不过是他为了晋升的手段。还有一些人则接受了他的请求。埃米尔根据自己的利益相关者分析图，花了很多时间和精力用心地修复着自己的人际关系网。在咨询临近尾声时，我发现他忘了一个人，诺尔玛，那位他之前十分不喜欢的年长秘书。

"好吧！不过她是我第三层人际圈中的人。我觉得和她接触是不是有点……"

我知道他想说"有点不值得"，但当他看到我的表情时，他突然笑了起来。

"好吧好吧！我会去做的，"他若所思地说，"其实说实话，我真的不太想和她接触，我也不知道为什么。"

这时我终于说出了自己的想法："是不是她让你想起了某个人？"

他愣住了："天呀，对，我妈妈。"

我给他一点时间思考。

他摇着头说："我那样对她确实不对。"

"所以你知道应该怎么做了。"

几天后，埃米尔第一次给我打了电话。他给我留了一条语音信息：

"这是埃米尔的留言。我做到了。我去找了诺尔玛，坐在了她的桌子边上。她那时都快吓出心脏病了。我尽量友善地对她微笑。我还拿起她桌子上的宠物照片，问她：'这些小家伙叫什么名字？'诺尔玛吃惊得连嘴巴都合不上了。之后诺尔玛开始一股脑地把宠物的名字、年龄、喜欢的食物都告诉了我。我觉得她可能会说个没完，但没想到诺尔玛紧接着却说：'你还有很多工作要做，快去忙吧！'我的其他助理死死盯着我们俩，简直不能相信自己的眼睛。唉，你真的想象不到那时的情景。我还给你发了一封邮件。之后请回复。”

我打开邮箱，看到埃米尔给我发的邮件。邮件的原始发送人是即将离任的公司管理合伙人、这次咨询的安排者艾莉森。

发件人：艾莉森·B，管理合伙人

收件人：埃米尔·K，法务合伙人

主题：改变？

埃米尔：

你好。

希望你能过来见我一下，我们一起讨论一下你未来发展的问题。我认为你的升职是有希望的。之前的几个月我一直在观察你。我发现你真的变了。对你有微词的人越来越少了。有一位合伙人甚至问我你是不是得了绝症。我也是第一次听到有人用“细致”“合作”这样的词形容你。有的人可能还会对你有所怀疑，但是昨天发生的一件事情让我确信你真的变了。你可能不知道，诺尔玛是我母亲上学时的好朋友。我们昨晚去福利院看望了她。我们聊了一会儿天。她说你们聊了她的狗。你还同意诺尔玛可以在周五把狗带到办公室来（当然，我觉得这不符合我们公司的规定）。没想到你和诺尔玛聊了宠物狗，我想你是真的变了。之后见。

祝好。

艾莉森

制造爱而不是制造矛盾

与人相处时，请记住，你面对的并不是一个逻辑生物，而是一个情感生物。

——戴尔·卡内基

本部分的前两章主要讨论了表达自我真实、与他人真诚交流的意义和方法，本章则从更深的层面上探讨了如何在工作中与他人建立良好关系的心理机制。如果让之前的埃米尔选择这本书中他最想读的章节，他很可能会毫不犹豫地先阅读关于行动的这部分内容，把人际关系的章节放到最后才看。但是在现实工作中，埃米尔的工作和职业发展与人际关系是密切相关的。他糟糕的人际处理方式已经影响了他的个人发展。想要走出困境，埃米尔优先需要解决他的人际问题。首先，他需要找到自己在人际交往方式和人际认知中存在的问题。之后，他需要重塑自己的人际关系网。在埃米尔的故事中我们可以看到，无论如何看待他人，与他人交往都是不可避免的。如果像埃米尔一样总觉得所有人都很差劲，那么我们在与人相处中就难以避免流露出这种情绪。长此以往，我们自己就会在他人眼中变成一个差劲的人。认为他人友善、有同情心，冷漠、麻烦也是同样的道理。个体的世界观影响着他看待世界、与世界共处的方式。同样，个体对人际关系的认知也影响着他与人交往的方式。

当一个团队整体出现问题时，其中必然存在人际问题。临床心理咨询师杜安·奥凯恩（Duane O'Kane）和凯瑟琳·奥凯恩（Catherine O'Kane）在他们的著作《真实：可靠人际关系的力量》（*Real: The Power of Authentic Relationships*）中提到，可以说个人工作中出现的所有问题都和情绪相关。工作效率降低、没有干劲，这些其实都是情绪问题导致。英国人每年在心理健康问题上的花费有7,000亿英镑之多，每年由于压力、焦虑、抑郁所延误的工时累计达到1.58亿天之久。人们可能认为情绪问题只是自己的问题。但是奥凯恩认为，情绪问题与人际关系问题密切相关。我非常同意这个观点。大部分工作问题正是人际关系问题引发的：上司没有给予你足够的关注；团队凝聚力不足；新同事加入到那个一直对你不善的同事的团队里；感觉在集体中受到排挤；对办公室政治心力交瘁等。另外，还有很多隐藏起来的人际关系问题表征：嗜睡、工作没动力、不积极，业绩不佳、精疲力尽，过劳工作、频繁失误、常常心不在焉等。这些症状的根源往往都和人际关系问题有关。问问自己：目前工作中自己是否常常感觉无法全心全意投入，无法充分发挥自己的能力优势？自己是否因为上司在工作中经常否定自己而倍感受挫，担忧自己的未来发展？再问问自己：这些工作问题与人际关系问题有什么联系？

我曾为一家极为知名的富时100企业的市场总监咨询。这位总监负责英国多个关键市场。但他认为自己与同事、客户的关系一般。他希望通过咨询进一步提高自己的人际交往能力，与合作伙伴建立更深厚的关系。我提醒他，建立高质量的人际关系对于处于他这种职位高度的人是每日的必行工作，甚至可以说构建人际关系是他工作中最重要的一项任务，因为很多工作都需要经由人脉资源才能得以开展。这位总监也同意我的看法，后悔自己之前没有足够重视。

无论是上级高管还是初级员工，人际关系都是个人事业发展的基础助力。举一个我日常工作中的小例子。在我之前供职的咨询公司，大家都会为自己争取环境最好的咨询室。我几乎每次都能被分到最好的房间，同事们对此都非常不解。但是他们不知道的是，我每次出差回来都会给前台工作人员带一点小礼物，比如莫斯科的钥匙扣、沙特阿拉伯的香水、非洲的小雕塑等，而房间正是前台工作人员负责分配的。还有一个关于媒体大亨罗伯特·马克斯韦尔（Robert Maxwell）的逸事：罗伯特·马克斯韦尔为人有些傲慢。有一次他去参加一场高级晚宴。他命令服务生多给自己拿一条面包。服务员向他道歉说，等面包分配完后才能给他多余的面包。马克斯韦尔很生气，他大声说："你知道我是谁吗？"服务生则小声回答："那你知道我是谁吗？我可是管面包的。"

工作不仅仅是业绩、目标、基准线、让人眼花缭乱的各种数据，良好的人际氛围也具有十分重要的意义，人人都能从中获益匪浅。虽然人与人之间的相处方式各有不同，但是健康、良好的关系总是有一些共性的。具体内容请参见专业性亲密模型。概括来说，这些共性包括共情、开放、真实、信任和边界感。你可以根据自己的实际情况去针对性地加强某方面能力。以下是对这些心理特质的详细解释。

共情。共情指的是能够设身处地地站在他人的位置，从他人的角度去思考、感受和体验，帮助你从不同的立场思考问题。这听上去容易，做起来却不易，人们需要在情感和心理上足够成熟，才能脱离自己主观臆断的影响，关注他人的观点和立场，并站在他人的角度去感受和理解问题。

开放。开放是美国对冲基金桥水总舵主雷·戴利奥大力倡导的企业文化。桥水全公司上下都践行开放、透明的工作方式。你可能想象不到桥水办公氛围的透明程度：公司里没有私人会议，员工们随时随地都能知道谁在参加什么会议；无论是公司内部会议还是外部会议，每场公司会议内容都会被记录下来，并整理成文档供每位员工参考学习（一些特殊信息除外）。桥水这种开放式的企业文化与传统的企业文化大相径庭。对于那些希望不断超越、持续前进的企业和领导者来说，开放透明的工作氛围可以成为超强的“秘密武器”。开放可以体现在多个方面：在会议中愿意把自己的想法分享出来，而不是藏着掖着；交流时能够直视同事和客户的眼睛，面带微笑；愿意客观坦诚地承认或打趣自己的不足；主动寻求同事们的意见和建议。戴尔·卡内基曾说：“如果你在人际交往中能够一直展现出对他人的兴趣，那么你在两个月之内就可以交到朋友。反之，如果你总是希望他人能对你感兴趣，那你可能两年都交不到朋友。”

真实。真实在近几年渐渐成为一个流行词。人们如此喜欢这个词是有原因的。无论是在人际交往还是在工作中，我们都欣赏真实。人们可能不敢表露真实，因为这意味着我们需要摘掉自己的面具，脱下铠甲，走出舒适区。展现真实的自我，意味着让他人看到自己身上可能存在的奇怪特质、各种不足、各种情绪，还可能让你因此回忆起过去某个不快的经历，你也不知道展现自我后是否会给你带来麻烦。总之，展现真实的自己就好像一场惊险的冒险。

不过，值得我们欣喜的是，现在越来越多的企业都开始认可个体真实的价值：真实有助于提高员工的忠诚度和参与度。盖洛普（Gallup）咨询公司的一项研究显示，全世界87%的员工都对工作产生过抵触情绪。我知道企业该如何解决这种问题——鼓励员工在工作中展现出真实的自我。企业可以通过开展一些交流分享活动增进员工彼此的了解，我想哪怕这样的活动只有一刻钟也能点亮员工的一天。真实并不代表员工可以不顾公司规定或工作要求，也不是强迫员工必须分享自己的私人生活。它的目的是鼓励员工不必刻意掩饰或压抑个人特质（或需求、想法、情绪等），因为这些特质很可能有利于企业和个人的发展。在现实中坚持做自己需要勇气，愿意展现自我真实说真的并不容易，因为人们天生都有从众倾向，有的时候真实会帮我们赢得他人的欣赏，但有时候真实也会让我们背离集体。但无论如何，与一个真实的人相处时，我们心里都明白这个人是真实的，是可以信任相处的。相信一定有人欣赏你的真实，阿兰·德波顿（Alain de Botton）曾说："你可能会觉得某个人真实的样子很奇怪。但是相处之后，你竟然愿意接纳这个人的各种怪异之处，这就是亲近感的力量。"

信任。谨小慎微可能是现代人在职场中的心理常态。我知道一个简单的信任测试，只有两个问题。看看你的答案是什么。第一，你会向某人购买二手车吗？第二，你有急事，你会拜托某人照看自己的孩子吗？这两个问题直接反映出了信任的内涵——你相信某个人是客观公正的，不会欺骗你；你相信某人对你关心、在意的事情也会给予足够的重视，不会虚与委蛇。

边界感。边界感是健康良好的人际关系所必备的一种重要特质。这种感觉就好比人际交往中某种没有明说的"规则"——什么是可以进入"边界"内的（相处中合适的言行）、什么是被排除在"边界"外的（相处中不合适的言行）。然而边界感并不是一种刻板规则，它是一种微妙的感觉，有的时候需要细心体会和把控。比如你的一个朋友刚刚离婚，心情很沮丧。虽然你们的关系很好，但他不愿意和你聊这件事。你虽然是他的朋友，但这时你既不应冒昧地询问具体情况，同时也不应该保持沉默、不管不顾。在这件事情上，你可以通过坦诚沟通的方式与朋友建立起良好的边界感。比较合适的表达方式有："我知道你现在因为家事心情不好，你愿意的话可以随时找我聊聊。"面对你充满体谅又尊重的关心，朋友的回答很可能是"我愿意和你聊一聊”或“我现在不太想聊，不过还是非常谢谢你”。

边界感与自尊心也有关。有了边界感，外在环境就不会轻易冲破你的心防。你可以很好地将外在的各种消极影响排除在自我认知外，自主选择接纳或拒绝外界施加于你的影响。如果外界的影响让你一时无法承受，此时你就可以假想自己与外界隔着一条加固了的“边界墙”，就好像一身盔甲，帮助你抵御来自外界的消极影响。

边界感还与个人的责任感有关。它不仅可以帮助我们理清自己应该做的、可以做的以及不能做的事情，还可以帮助我们学会坦诚地与人相处。另外，有边界感的人做出的承诺往往都是有保证的，因此也更容易获得他人的信任和认可。相比之下，如果一个人为了取悦他人从不拒绝，不能正确判断自己的实际情况，导致做事总是乱七八糟，那么无论这个人的初衷怎样，都会给他人留下靠不住的印象，进而影响个人的人际关系。第八章中的塔姆辛就遇到了这种问题。

沟通和交流。沟通和交流是一项非常重要的人际交往能力，能够决定人际关系的质量和深度。在交流中，人们除了传递语言信息，还传递着非言语信息。与他人的沟通方式和风格其实能够部分反映出讲话者的个性和态度。比如有的人总是习惯性地道歉，有的人在说话时很少与他人有眼神交流，有的人总是讲个不停且不让他人说话，有的人喜欢假装幽默，讲让人尴尬的冷笑话。

以上就是专业性亲密模型中包含的良好人际关系的几种重要人际能力特质。这些特质就好像魁地奇比赛抓金色飞贼一样（参见《哈利·波特与魔法石》），需要我们花时间去用心发掘和培养。

每个人自出生以来就被置身于各种人际环境中，而就像诗人菲利普·拉金（Philip Larkin）在《这就是诗》（*This Be the Verse*）中的直白描述一样，其中原生家庭对人的影响最深刻，长大以后面对的人际关系则更为复杂，人类“千奇百怪”的行为真的太多了。我想大部分人都曾经历过人际焦虑问题。触发人际焦虑的因素在日常生活和工作中几乎无处不在，当这些因素触发了人们的焦虑情绪，就很容易勾起不愉快的回忆，之后这些不愉快的回忆可能会投射到现实中，影响人们的生活或工作状态。上面我们提到了良好、健康的人际关系所体现的几种重要特质，下面我们就来聊一聊有哪些行为机制会触发人际焦虑情绪。

罗伯特·基根（Robert Kegan）和莉萨·拉斯科·莱希（Lisa Laskow Lahey）在著作《打造深入每个人的企业文化》（*An Everyone Culture*）中总结出了最无效的工作方式：“除了本职工作外，很多人在工作中都在做着‘第二份工作’，但是这份工作其实对人的发展毫无益处，比如掩藏自身缺点、尽力放大个人优点；佯装聪明、自信；塑造个人的虚假形象；沉溺于办公室政治；惯于隐藏和伪装等。”拥有 50 年咨询经验的临床心理咨询师奥凯恩（O’Kanes）夫妇将此种言行方式分成三类：自我掩藏、自我矫饰、自我防卫。在这种状态下，真实无法彰显，虚伪处处得利，终将导致劣币驱逐良币。

举一个我自己的例子。我之前有幸到首相的乡下宅邸参加周末午餐讨论会。用餐时，大家随意交谈，气氛非常融洽。但进入工作环节后，气氛马上不一样了。所有人都迅速进入了严肃状态，好像开启了“防御模式”，房间里一下子充满了剑拔弩张的紧张感，连空气都冷冰冰的。回想当时的情景，我常思考：在日常的工作环境中，与用餐时的那种轻松氛围相比，这种过度紧张的环境氛围也许并不利于个人或集体的发展。

埃米尔也是一个对外界过度防范的人。在某些认知的影响下，人们形成了自己的人际交往方式。在与不同人的相处中，你会遇到体贴、睿智、坦率、风趣、充满魅力的人，也会遇到像之前的埃米尔那样用冷漠和粗鲁将自己伪装起来的人。就像我之前说的，人们的性格和认知往往与年少时的经历有关。对于那些在生活中扮演着重要角色却带给我们伤痛的人，我们最终形成的性格和行为方式很可能和他们很相似，或是完全相反。埃米尔在事业上的成就就是对他无能的父亲的一种反抗，他的咄咄逼人和他母亲的软弱则形成鲜明的对比。

虽然某种性格或认知是一个人的特质，但如果你试着在脑海中搜寻一下相关经历，思考它发生的时间、地点、相关人和前因后果，你多少是可以找到它形成的根源的。年幼时应对成长伤痛的自我防卫行为在长大后很可能反向影响着人们的正常生活和工作，人们甚至可能会因此成为小时候自己讨厌的那种人。埃米尔的同事都怕他，不敢与他交往，但他们一定不知道埃米尔才是那个不敢与人交往的人。过度的自我防卫就是这样，它总能掩盖人们身上真正的问题。如果有一天你能够认识到这些问题，你一定会对过去的自己特别吃惊。

自我防卫在根本上保护的其实是心中那个无助的自己。它可以有很多表现形式，比如恶意批判他人（把问题推到他人身上，自己的问题就没那么明显了）、疏远排斥他人（对一个或某些同事特别冷淡，几乎不与之交往）、轻视他人、不屑与他人合作、直接地展现恶意。无论自我防卫的形式是什么，如果我们不能学会敞开内心、信任他人，一直拒绝与他人友好交往，那么自我防卫终将带来自我伤害。

还有一种较为常见的人际交往难题：人们总推托自己太忙，没有时间和精力与人交往。有这种想法的人可能认为，只要一开始和别人聊天，对方就会说个没完，会浪费很多时间。但现实中，大多数人其实都能把握与人交往的合理程度，根据双方诉求做出合理的反馈（比如诺尔玛主动结束了与埃米尔的聊天，让他去工作）。人们交流的目的只是希望通过聊天增进彼此的感情和了解。当然，自身性格（内向或外向）、包容度、耐心程度、社交能力等其他因素也会影响一个人参与社交的积极性。

埃米尔的故事并不是为了给你指明一种标准的人际交往方式，而是希望你能从中获得一些启发，反思自己的人际关系，尝试找一找需要改进的方面，并问一问自己背后的原因。由此你可以根据自己的特质，重新思考改善自己人际关系的方法。另外，根据利益相关者分析图，你会发现与不同的人的交往深度和所需要建立的情感联系是不同的。良好的人际关系并不意味着你要对所有人都好或对他人有求必应，你只需要做到对不同的人际关系给予合理、适度的重视和维护，保证你的人际关系是健康的就可以了。

新一代年轻人自小就成长在社交媒体发达、信息共通的环境里，所以我认为评估年轻的员工时，除了要考虑他们的技能和经验外，还应该考虑他们的性格、价值观以及企业文化融入度。盖洛普咨询公司的一项研究显示，87% 的员工在工作中都找不到归属感，人际关系问题在其中有着重要的影响。企业营造良好的人际氛围很重要，不仅能够提高员工的参与度、协调性、能动性、团队凝聚力，还能激发员工的企业家精神和内部创业精神，让员工更愿意勇敢尝试、相互学习、共同进步。不仅如此，良好的人际环境还能让人获得更多满足感和成就感，激发创新能力。

在着手改善自己的人际关系前，你先要给自己做好心理建设——愿意打开内心，不怕受伤也不怕失败，愿意展示真实的自己；卸下过度自我保护的心防，感受爱和友善的能量，主动与外界交流互动。这些听上去简单，但做起来其实并不容易，需要你多多尝试、多多坚持。

训练：人际关系清单、走出办公室，帮助你创造主动与人交往的空间

无论你是否喜欢或擅长与人交往，我们都无法真正地让自己脱离群体。人际关系可以被暂停、放弃或终止，但与之相关的回忆和感受依然会留在我们心里。多年以后，你依然可能会记得起那段经历的特别感受。人际关系就像健康一样需要我们去用心呵护。优秀的人际交往能力不是天生的，只有通过主动学习和锻炼才能不断提高。

人际关系清单

利益相关者分析图和职业性亲密关系模型可以帮助你分析各类人际关系的质量，找出理想中与现实中的人际关系的差距，制订属于自己的人际关系改善计划。

除了这两个方法，你还可以用“列清单”的方法分析自己的人际关系质量（这个方法借鉴了AA戒酒无名会“十二准则”的部分内容）。通过这个方法，列出你认为自己人际关系中存在的问题，然后把重点放在解决方法或可以改进的地方上，你一定会因此有很多新的思考。这个方法操作起来也很简单：针对某项人际关系，花一些时间静下心来梳理一下，然后问问自己：这份人际关系给了你什么感受？如果这份人际关系让你感到不适甚至难受，那说明它很可能存在一些问题。先试着从自己身上分析原因，有的人可能总认为自己心情不佳是外界、别人造成的，真的是这样吗？如果我们能够为自己的情绪负责，能够好好地管理自己的情绪，那外界或他人其实是很难控制或影响我们的情绪的。别人的言行可能确实非常无礼，但如果你因此大为光火，这其实是因为你在心里承认了他人的评价。他人的态度和方式是他人自身的问题，从我们自身来讲，我们应该学会理解和掌控自己

的情绪，然后积极寻找解决问题的办法。

通过深度反思自己的人际关系，我想你会收获很多启发。像埃米尔一样，你可能发现原来自己之前一直对某个人抱有成见是因为潜意识里将这个人与其他人联系了起来；或者突然意识到自己正陷入一些无意义的人际交往中，比如办公室政治、八卦、苛责他人、取悦他人；或者发现自己正在把自我封闭起来，通过伪装成另一个人保护自己……无论你发现了何种问题，都不要太自责或太难过，因为发现自己的不足并不意味着你就是一个“坏人”，正相反，这说明你是一个拥有正常情感而且对自己负责的人。当然，很少有人会用刻薄、懒惰、算计、小心眼这些词形容自己，而且为了避免自我内心“煎熬”，还可能把问题推给别人——承认自己的不足的确不是一件容易的事，它需要勇气、一定的内心成熟度、具备羞耻心，但不管怎么说都是有益的，桥水公司就把“勇于自我反思”打造成了一种企业文化，坚持践行着“痛苦 + 反思 = 进步”这个进步等式。总之，直面人际关系问题、积极反思，最终你一定会有所进益。另外，企业领导者们更需要反思自己的工作风格及言行方式对整个团队的影响。

建议你每个月梳理一次自己的人际关系网，这不仅能帮你更好地了解他人，也能帮你重新检视自己，我想你会因此对很多情感或心理因素有新的理解（比如权力意识、领导力、性别关系、亲密关系、掌控感、个性特质、归属感等）。面对烦心的人际问题，最好先反思下自己，思考如何改进、解决问题，理清自己应负的责任，之后与他人坦诚地沟通、友善地相处。

问问自己：我在工作和生活中的人际关系存在哪些问题？在这些问题中，我自己应该改进的地方是什么？我在哪些问题上有所掩饰或隐

藏？为了解决这些问题，我第一步可以怎么做？什么时候开始行动？

离开办公室

在快节奏的现代社会里，人们很容易陷在工作里，经年累月的忙碌让人忘了自己到底想要追求什么。我们应该停下来，反思一下生活的意义。本章鼓励你创造与他人主动交往的空间，但交往的对象并不仅限于同事和朋友，还应该包括那些最容易被我们忽视但却最珍贵的人——我们的家人。

布罗妮·韦尔（Bronnie Ware）从事缓和治疗服务多年，照顾的都是生命即将走向尽头的病人。她发现，病人们临终前倾吐的后悔的事反反复复总是那么几件。这些人在临终回顾一生所留下的遗憾实在让人感慨。布罗妮在 2012 年给《赫芬顿邮报》写了一篇关于人生憾事的文章。大部分病人都认为人生的第二大憾事就是把一生中过多的时间都放在了工作上："后悔自己把太多生命浪费在了工作上，这是我照顾的每一名男性患者共同的遗憾。他们后悔没有花时间陪伴孩子和家人。因为这些患者都是老一辈的人，那个时候女性工作赚钱养家的情况还不是很普遍，所以这种遗憾在女性身上少一些。"现实中忙于工作、疲于生活的例子太多了。我们每个人都需要思考为了工作牺牲生活是否值得。如何创造工作与生活的平衡空间，你可以在第十一章找到答案。

读完本章，希望你能花时间思考一下家人之于生活的珍贵意义。你是否为了工作牺牲了与家人的感情？这个问题除了问问自己，还需要问问家人。在生命的尽头回顾一生，人们往往会感慨工作中的任何困难，那种感受都远远比不上没能和家人多吃几次饭的悔恨。所以本章我的最后一点建议很简单：离开办公室。你可以利用职业性亲密模型评估一下你与家人关系的紧密度，我想你一定会有所启发。为生活中最重要的那些人创造空间，珍视这些宝贵的情感关系，你一定不会后悔。想一想你现在可以做什么？记下来，然后赶快行动。

本部分结语

在第二部分我们探讨了创造人际交往空间的三个方面：检视内心、真诚交流、主动与人交往。希望本部分的一些建议和指导模型能够帮助你加强工作和生活中的人际关系，提高人际交往能力。

通过本部分的阅读，希望你能开始聆听自己内心的声音，学习与他人真诚地交流和沟通，客观地审视自己的人际关系状况，并用心加强重要的人际关系。总的来说，你需要学会承认自身不足，勇敢尝试。另外，在工作中遵守职业规范、把控职场界限的同时，希望你也不要忘记真实自我的价值。

初读到职业性亲密模型这个词，你可能会感到有些不解。我为这个人际关系模型起了这个名字是因为我希望这个名字能给使用者更多思考。我一直相信，职场中同事之间也应该而且需要建立合适的亲密感。

本书到目前为止讨论了职场中的两大核心能力：思考能力和人际能力。接下来的部分将探讨与这两大能力密切相关的另一项关键能力——行动。

第三部分

创造行动的空间

光有好想法是不够的，还需要将这些想法付诸行动。持续、有效的行动力也是达成目标、成功的关键。思考能力和人际能力虽然是行动的前提，但想要成事，还是需要行动起来，所以我们需要学会创造行动的空间。在本部分中，你将学习如何培养这种优秀的行动力。

创造行动的空间主要包括三个方面：

第一，**为计划创造空间**。对比第三章的决策空间，创造计划的空间要求我们有一个清晰的目标，并以此制订具体的行动计划。如果做不到这两点，无论想法有多好、工作多努力，都很难获得所期望的结果。本章案例中，两兄弟创立的瑞德科技公司就由于缺少有效的行动计划而遭受了巨大损失。

第二，**为收获成果创造空间**。收获成果意味着自己的期待和计划得以实现，即真正做成一件事。本章案例中，塔姆辛“什么都做”，总是忙个不停，却一直拿不出工作成绩。

第三，**为领导力的发展创造空间**。领导力的培养和发展也需要空间。领导力指的不是怎样让自己取得成绩，而是如何让他人取得成绩。本章案例中，尤利娅成为团队带头人后一直都没能调整好自己的责任认知和工作方式。她需要学会如何鼓励和带动下属不断前进。

第七章

创造计划的空间

——兄弟创始人和他们失败的魔法表演

本章观点：一个清晰的目标（想要什么）和一个清晰、具体的计划（怎么做）是行动成功的前提。

瑞德科技公司是一家专注专业金融软件领域的优秀科技公司。目前它的业务已经覆盖了整个伦敦金融区。创始人是两兄弟：汤姆，一个科技天才；达伦，一个天生的销售员。这家公司成长得很迅速，之前的业绩一直非常好。

大概在一年前公司招满200人后，两兄弟招聘了一名人力资源总监。菲利浦刚上任时看到整个公司的状况惊呆了。公司似乎对职场性骚扰问题见怪不怪，大家都随意开着一些恶趣味的玩笑。达伦则“以身作则”，与自己的助理约会。关系破裂后，助理哭着辞职了。“我就知道会这样。”汤姆这样和菲利浦说。原来几年前，达伦曾和市场总监交往过，也是同样的结果。公司也没有明确的薪酬标准。两兄弟常用砸钱解决问题，或给自己喜欢的员工更高的薪酬。另外，公司员工的参与度评估分数也非常低。这说明员工在这里工作并不快乐，成就感也很低。员工们私下都说不知道公司要往哪里走，大家都没有工作目标，也不知道怎么努力。最终这些问题都反映在了公司的业绩上。公司的成长速度变得越来越缓慢，直至今年公司效益已经不再增长了。

菲利浦是我之前一位客户的下属，我们一直保持联系。他邀请我吃饭，跟我讲了自己糟糕的新工作，后悔接受这份工作。“我在想你能不能来我公司两天帮帮忙？”

两周后，我参加了瑞德公司管理层的周会。会议十分混乱，员工们随意进进出出。会议由达伦主持，他在会上竭力表现着自己的个人魅力和幽默感，看上去异性缘特别好。他提出的一些想法和解决方案好像都是拍脑门想出来的。推动着整个公司运作的似乎只有达伦的个人魅力了。

那天下午我对来自公司各层的重要员工进行了调研。员工们都普遍反映，整个公司就好像由一块块受赏封地组成的王国，根本没有正规、清晰的组织结构。基本上所有事情都由达伦全权决定，技术的问题则由汤姆全权决定。

这种管理方式在公司规模较小的时候很有用。两兄弟可以一力把控和引导整个公司的发展，与员工们的合作也很紧密。但现在的情况是，一位工程师对我说：“我努力让达伦或汤姆注意到我的工作成果。他们看到后，就大概表扬了我一下，之后我就被完全冷落了。”还有一位员工说：“现在的公司根本就没有一个明确的方向，我之前的公司有明确的战略和发展方向。大家都知道要往哪努力。但在这里，大家虽然努力但却不得要领。”

我认为瑞德公司需要建立更成熟的组织结构、工作规范和管理方式。我向由达伦、汤姆和其他几位投资者组成的董事会提出了这些建议。然而，对于我的建议，达伦虽然表现得很有礼貌，但我知道他其实不以为然。他认为我的这一套都是大公司的套路，并不适合灵活的小公司。不过像工党议员杰拉德·考夫曼在回忆录中所写的："顾问提出建议，最终由部长做决定。"我大概说明了一下我的观点，便不再强求。在我收拾东西要离开时，菲利浦过来向我道歉。没关系，我们已经试过了。

在我等出租车的时候，我听到身后有人轻声问我："你还好吧？可以一起喝杯咖啡吗？"原来是汤姆。

我们来到了街角一家咖啡馆，坐下来随意交谈。汤姆认为我是对的，他说达伦只是不喜欢主动承认错误。我们聊了很长时间。汤姆跟我讲了他们创业的艰辛。他对达伦浮躁、草率的管理方式也十分担忧。他希望我能再和达伦谈谈。

几周后，我与两兄弟又见了一面。这次我才得知了公司发展的一些故事。伴随着公司的不断发展，达伦本人无论从理智还是情感上都非常抵触"计划"这件事。根据达伦的经验，过多的筹谋计划只会延误工作，托公司后腿。两兄弟在公司初创阶段做过一些规划，现在早都被推翻了。几年前他们也曾请人来做战略规划，但却毫无成效，因此他们觉得计划毫无用处——除了童年经历的影响，个人片面的经验也会导致核心致病认知的形成，让人慢慢形成了某种片面化的、刻板的思考角度。

除了认为没用外，达伦抗拒计划还与他对自己的领导者身份和领导方式的理解有关。达伦自己曾说："汤姆设计产品，我负责把产品卖出去。我解决问题，让公司赢利。我要尽我所能，展现我的价值。我的工作就是表演魔法。让一切从无到有。"虽然达伦夸夸其谈，气势逼人，但其实他心底总觉得比不上自己腼腆安静的兄弟。简单地来讲，达伦的核心致病认知就是，如果他开始去计划，以一种更传统的方式管理公司，那么他就会失去权力，他在公司中的地位会因此下降。汤姆也不会那么需要他了。

当然，达伦误会汤姆了。我们三个人进行了一次恳谈。我请两个兄弟互相谈谈对方的意义。这次谈话非常感人。汤姆认为如果没有达伦，自己将一事无成，只会是一个宅在家里的书呆子。当汤姆得知，达伦说自己必须展现高超的魔法，通过解决麻烦才能显示自己的价值时，他轻轻打了一下达伦的肩膀："我们不是在表演魔术，傻瓜，我们是在做生意。"达伦笑了，我知道他为汤姆的话感到了巨大的宽慰。

然后我鼓励两人进行一场挑战性对话（具体内容请见第五章），让他们互相讲一讲彼此不满的地方。这次对话澄清了很多问题，加深了两兄弟的共识，让他们找到了之后需要努力的方向。

这次对话完美地结束了。两兄弟都找到了自身的问题，但其实我对他们还有一些其他想法。我感觉达伦的管理风格很像他处理私人生活的方式。他不停地吸引新的女性，这就好像他不断建立起一个又一个新公司。公司（恋爱关系）发展的早期阶段，往往是最迅速、最激动人心的。但随着公司（恋爱关系）的逐步发展、走向正轨，公司（恋爱关系）则需要转变为更为成熟、稳健的管理（相处）方式，另外还需要参与者共同承诺，朝着同一个目标前进。汤姆给我留下了深刻的印象。我觉得如果他能摆脱达伦的影响，他将来可能会成为公司真正需要的领导者。可以让达伦离开公司开辟新天地，或者汤姆自己在公司内部建立一个独立的创新实验室设计新的产品，施展自己的想法和才华。但我这次并不是来做企业咨询或心理治疗的，所以我没有把这些想法告诉他们。

之后在菲利浦的帮助下，两兄弟用了六个月的时间改进了公司的企业文化和管理方式。他们开始仔细规划公司的发展方向，制定了更为明确的发展目标，并首次在全公司范围内召开了公司“战略日”。所有这些行动都让瑞德科技公司重新回到了发展的正轨。

之后我偶然在一个聚会上遇到了达伦。

“最近怎么样？”我问。

达伦笑着回答：“挺好的，一切都不错，我要谢谢你。”但是他的语气似乎有些勉强。

“还有其他问题吗？”我问。

“确实要我说吗？”他回答。我等他继续。

“他们很开心，菲利浦很开心，员工们都很开心。但老实说，我更喜欢以前那样，以前的我更开心。那个时候我能解决很多问题。”

我不知道如何回答。

“好吧。”他一边说一边环顾四周，我在想他可能在寻找新的约会对象吧。紧接着，他好像施了一个魔法，一下子就不见了。

计划可能会行不通，但没有计划一定不行

如果我有六小时去砍树，我会花四个小时磨斧头。

——亚伯拉罕·林肯（Abraham Lincoln）

瑞德科技公司的案例有很多值得我们思考的地方。你会发现核心致病认知甚至会影响那些似乎不包含任何情绪的客观行为，比如计划。对达伦来说，计划等于无力。这也难怪他为什么如此抗拒计划了。但缺少计划影响的不仅仅是达伦、汤姆和菲利浦个人，还严重影

响了整个公司的发展。之前的两兄弟只着眼于细节，疲于应对眼前的问题，未能对大局深思熟虑。缺少计划让两兄弟陷入了被动解决问题的泥淖中，一直不去寻找问题的根源，遇到问题就用钱解决。长此以往，最终的结果只能是本杰明·富兰克林（Benjamin Franklin）所说的“没有计划，就是在计划失败”。

瑞德科技公司的内部会议就明显地反映出了这一点。整个会议没有任何目标，没有预期，没有界限，人们可以随意进进出出。这就像这家公司一样——以汤姆为代表，一味地跟随达伦的个人魅力。然而达伦本人欠缺组织规划的能力，随意决策，缺少大局观。整个公司好像一盘散沙，员工们都是单兵作战、各谋其事。

这种情况在很多团队甚至是公司中并不鲜见。个人的工作风格和集体文化之间能够相互影响、渗透，而领导者对于集体的影响尤甚。

在为企业咨询时，我会用到一个很简单的模型，这个模型包括企业管理运营发展的所有方面，并且囊括了高级绩效团队所具有的三大特质。

我给汤姆看过这个模型，他苦涩地笑了起来，他指着目的这个圆圈说：“我们曾经也有目标，但现在好像迷失了方向。”然后他指着文化这个圆圈说：“公司现在的企业文化一团糟。”接着他指着企业组织结构这个圆圈，叹了口气：“一团乱麻。”他看着我，坦言道：“我们从来都没有想过这些问题，现在是时候改变了。”

根据选定的目标进行战略规划并制订可执行的计划，这个过程需要时间和个人空间，但这些也是职场人所缺少的。大家总是忙个不停，要同时思考多件事情，跟进多项任务，这样一看，做计划似乎确实是一件浪费时间的事。还有的人会认为，都已经那么忙了，哪还有

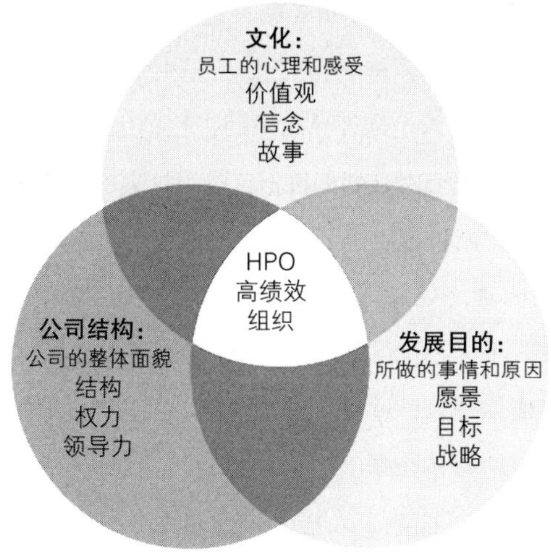

高绩效组织模型

时间做什么计划呢？而且现代社会瞬息万变，做计划哪还有用？那么面对错综复杂、不断变化的问题，计划确实是徒劳的吗？《哈佛商业评论》认为，现在企业中只有 11% 的高管认为战略规划是有价值的，对于企业来说，5 年、10 年的长远规划确实已经显得不切实际了，所以现在很多企业都把规划期定在 12 至 36 个月。不过虽然社会节奏在不断变化，但这并不意味着规划本身是无用的。我们可以缩短规划期限，减少对细节的关注，但仍需要一些指导性的路线和方针，尽量提前预测，为未来做准备。你可能需要不断调整自己的计划，甚至是推翻原有的计划，但有计划还是比没有计划盲目行动强得多。

瑞德科技公司早已步入成熟阶段，而两兄弟的管理方式和公司的运作方式仍然停留在幼儿期。面对未来，两兄弟只有两种选择：要么摒弃旧有的管理方式学会计划，要么故步自封，牺牲整个公司的美好前景。要想成为一名优秀、成熟的领导者，两兄弟还有一段路要走，学会计划就是帮助他们成长的关键。计划伴随着自律。这就要求我们能够战胜原始的“蜥蜴脑”，即大脑中负责产生恐惧、自我保护的冲动、生理冲动，拒绝理性思考的杏仁核区域。对于两兄弟来说，他们必须克服主观上对计划的抗拒，学习计划的正确方式，才有可能在未来帮公司不断渡过难关，并让自己成长为真正的领导者。

计划的困难之处并不在于能否找到好用的辅助工具或方法，而在于你可能不得不去面对自己一直逃避的艰难选择。在计划的过程中，你也可能发现自己过去其实并没有认真思考过如何充分利用自己有限的时间、精力和资源。

计划带来的可能是个人精力和行动力上的挑战，比如你要学会自律和克服惰性；也有可能是心理上的挑战，就像两兄弟早期由于计划失败而被挫伤了积极性。计划还可能让你认识到自己的不足，比如坏脾气、不成熟的处事方式等。你还可能失落地发现自己一直认为必要的事情实际上不那么重要，之前的努力其实意义不大——你不得不认清事实，承受住这种打击。比如达伦，他其实不太适合做企业管理者，因为他的潜力和长处并不在此。简言之，计划迫使我们面对真实的自己。

计划给人带来的好处更多。通过计划，我们能以最合理的方式分配有限的时间、精力和资源。在实行计划的过程中，我们会持续获得不断进步的成就感——问问自己现在已经走到计划中的哪一步了？计划还能帮助我们综合、全面地思考问题，寻找多种解决方案。另外，由于提前计划和准备，我们能更灵活迅速地解决问题、应对挑战。在公司中，类似于目标会议可以鼓励员工最大化地发挥个人才智，集思广益。参与的员工可以共同畅想公司未来，积极提建议为公司发展做贡献。这不仅能提高企业计划的效力，还能培养员工的主人翁意识。

计划还有一点好处。心理学家一直在研究一种名为泽伊加尔尼克效应（Zeigarnic Effect）的行为现象：人们通常会快速忘记已经完成的任务，将注意力一直放在未完成的任务上。在2011年的一项心理研究中，心理学家罗伊·F. 鲍迈斯特（Roy F. Baumeister）和E. J. 马西坎波（E. J. Masicampo）发现，在企业的头脑风暴活动中，如果在活动正式开始前没能像往常一样完成预热环节，之后的整个活动效果就会因此大打折扣。预热环节非常简单，与工作内容也无关，但这个没正常完成的活动就好像卡在了参与者的脑海里，一直分散着参与者的注意力，最终影响了整个活动的效果。研究者最后找到了解决这个问题的办法，这个方法并不需要打断活动重新完成预热环节，参与者要做的仅仅是把这项未完成的环节记下来，计划之后再完成。这样一个简单的计划行为，就可以帮助参与者重新调整自己的注意力，专注于目前需要完成的任务上。

举了这么多例子，希望你能认可计划的价值。计划是行动的前提。情况越复杂，任务越艰巨，就越需要合理计划。计划能够帮助你最高效地利用时间、精力和资源。这也是为什么瑞德科技公司在成长到一定规模后，由于缺乏计划，最终出现种种问题的原因。达伦的问题不仅在于他害怕计划，还在于他没有真正明白计划的价值。艾森豪威尔（Dwight D. Eisenhower）将军曾说："战场上我经常发现原来的计划没用了，但即便如此，计划仍然是必不可少的。"

训练：个人战略、BHAG等方法帮助你创造计划的空间

确定目标、制订计划、执行计划整体上就可以被称为个人战略。制定战略的第一步是确定目标，这其中必然有取舍。20世纪60年代

的知名广告人戴维·奥格尔维（David Ogilvy）就说过：“战略的本质就是牺牲。”在行动之前深入思考、定好目标，然后根据目标再计划。草率、盲目地行动只会让你把房子建在散沙上。

确定目标

这是我之前最想实现的一个大目标——完成这本书的写作。经过几年的筹备和写作，虽然一开始困难重重，但我最终还是把它完成了。为了实现这个目标，我把自己的行动计划写在小卡片上，放在了书桌上的相框里。这个目标就这样时时刻刻激励着我。

如你所见，我为自己制定了一个为期 12 个月的目标。我把这个目标分解成每天需要完成的任务。大部分公司都有季度总结，我认识的很多人也都喜欢制定季度目标。维恩·哈尼什（Verne Harnish）曾在他 2002 年出版的畅销书《掌握洛克菲勒的习惯》（*Mastering the Rockefeller Habits*）中写到，以 90 天为期制订计划，这个时间足够长，也非常短。90 天足够你集中精力完成至少一个重要目标，同时它又能让你不必等待过长时间就能看到实质进步和阶段性成果。

投入计划的时间和精力需要根据目标的具体情况制定。这里我想列明一些需要注意的问题：找到目标后，激动的心情可能会让你误判完成计划需要的时间。另外，你可能会忽略掉

> **一年完成一本书**
>
> **2017 年底交稿**
>
> 12 个月 100,000 字
>
> 复活节前完成 20,000 字草稿
>
> 复活节后对 20,000 字进行润色，提交初稿
>
> 那么：
> 平均每月 10,000 字
> = 每周 2,500 字
> = 每天 500 字
>
> **2018 年夏天出版**

一些特殊情况，比如目标偏离、遇到困难、紧急状况、身体不适，等等。所以一件任务需要的总体时间、精力、成本很可能比预计的多，这些都是在制订计划时需要留意的。

审视目标

花一点时间列出你的目标，看看它们是否需要改进、调整或者增补。咨询中我常让客户列出工作或生活目标，但令人吃惊的是，很多人都不清楚它们是什么。他们对个人追求只有一种模糊的感觉，虽然有很多愿望和想法，但却说不出目标具体是什么。他们从没有认真思考过自己的目标，也没有书写过自己的愿望，因此他们也不清楚现在的努力是否有用。更让我惊讶的是，有很多人甚至都没有目标的概念，只是盲目前进着。

你可能同时有很多目标，但其中必然有一个最重要的目标，其他目标都可以视为次要目标。次要目标通过一般努力就可以达成，最重要的目标则最具有挑战性。如果你从没深入思考过，它就只是一个模糊的感觉。它可能非常远大，需要你为之付出很多努力。像19世纪军事思想家卡尔·冯·克劳塞维茨（Carl von Clausewitz）所说："动用全部的力量和决心，实现那个决定性的伟大目标。"

通常这个目标与个人发展有关，是你个人发展战略的一部分。这个目标可能是一个工作目标，或者是能力发展目标，也可能完全与工作无关。第十二章中的奥曼塔斯就有一个职场晋升目标。

吉姆·柯林斯和杰里·波拉斯（Jerry I. Porras）在其著作《基业长青》（*Built to Last*）中用"宏伟、清晰、大胆"这些词形容这种重要目标，简称BHAG（Big Hairy Audacious Goal，宏大、冒险、无畏的计划）。我不认为这样的大目标在一年里就能完成。如果你认为自己在 3 个月或 6 个月内就能完成一个 BHAG 目标，那么你可能需要重新思考自己的计划是否切实可行，或者这个目标是否真的足够重要。如果你真的计划在 1 年之内完成一个大目标，那么你可以参考下面的表格制订计划。

我的目标：我希望利用 1 年的时间能够完成……	?
每个月的完成计划……	?
每周的完成计划……	?
每天的完成计划……	?

也许你会问，在写这本书时我真的按照计划每天完成 500 字吗？在制订计划时，我是不是认为自己每天都能坚持完成 500 字？我的回答是：当然不是。计划只是一种执行的参考标准，提醒你争取达到最佳的工作状态。有一天天气很好，我就带孩子去公园玩了，那天我就没有写作。但总体上我一直坚持执行这个计划，这也是我最终顺利完成这本书的原因。

下页中的图是我分析、评估目标的过程。我将完成这本书确定为优先目标。

我服务过的一位客户曾花了一整年时间重新装修她的住所。她如此大费周章是因为她觉得自己在不舒适的环境里无法完全放松身心投入到工作中。因此她把装修房子当成自己当年的优先任务。完成这项大任务后，她就安心把所有精力投入到工作中，之后顺利完成了一次管理层收购。

很多人停滞不前或绕了很多弯路是因为他们无法在众多选择中确定优先目标。但生命只有一次，时间是如此宝贵，所以不要再犹豫了，马上选择一个方向，开始努力吧。世界上本来就不存在完美的决

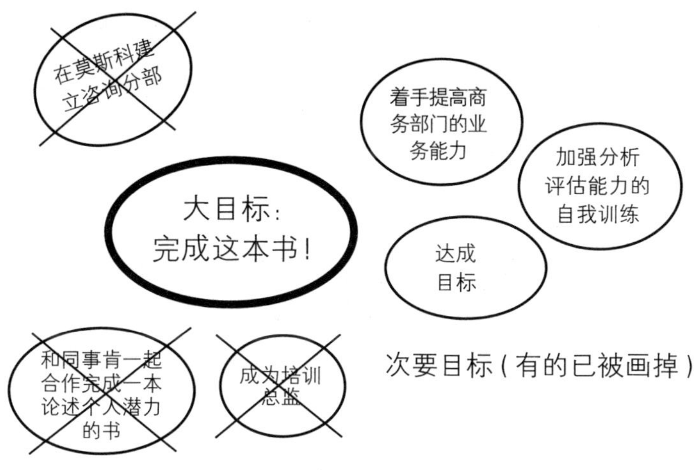

思维导图——判断优先目标

定，而且你可以随时调整计划。相信自己，开始行动吧。

还有一些人想做的事太多。他们列出了那么多想做的事，把自己的精力分散到了太多的地方，到最后哪件事情也没有做好。这可能和有序性思维能力、意志力或责任感有关（比如达伦的例子），也可能与过分担心准备不足的畏惧心理有关。没有人能真正做到完美，你必须强迫自己下决心，然后努力去实现。如果你迟迟不采取行动，你将永远无法离开起跑区。

创造空间去记录、分享目标

这里还有关于实现目标的最后一点建议。研究证明，写下目标能够提高实现目标的可能性。不过比写下目标更有用的一个方法是，将目标与他人分享。让他人鼓励、督促你前进。我建议分享目标的人是你信赖的人，而且这个人之前也曾制定过目标，并且通过自身努力实现了目标。这样的人很适合成为你的“目标导师”。你可以与目标导师讲一讲某个目标对你的意义。如果可以的话，你还可以与目标导师坐下来吃一顿饭，请他们对你进行长期督促。之后每个月至少与目标导师见一次面，或者电话沟通一次，聊一聊自己的进展。目标导师将给你巨大的前进动力。

问问自己：我有清晰的目标吗？我有“大目标”吗？我时常跟踪自己的目标进展情况了吗？我能找到一个盟友或目标导师吗？

制定策略、坚定执行

找到目标后你需要制定战略。“战略”这个大词可能有点吓人，但它到底是什么？并不是只有读过工商管理学硕士的人才需要制定战略（如果你希望深入学习战略方法，我的网站里有很多相关书籍供你参考）。简单地讲，战略就是实现目标的指导方略和其原因。著名战略理论家迈克尔·波特（Michael Porter）认为，优秀的战略应该能够充分发挥个人优势，即发挥个人所拥有而他人不具备的，或比他人优秀的能力。

每个人都需要清晰、明确的发展战略。我常鼓励我的客户制定个人双重发展战略。第一重战略用于实现工作目标。它与企业的发展战略和目标方向一致，帮助你在职场中获得成功。第二重战略则是你的个人发展战略。

我服务过的所有客户中，包括很多高管在内，很少有人重视第二重个人发展战略。不过他们都愿意接受我的建议，制定自己的个人发展目标和战略。下页这张图就是分析个人发展目标和战略的一个例子。其中，大目标被分解成了 SMART 的小目标。SMART 原则是企业管理大师彼得·德鲁克（Peter Drucker）所提倡的目标管理方法。

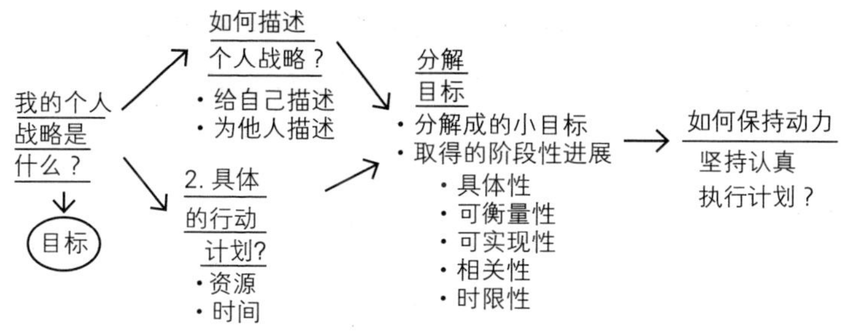

个人战略执行路线图

五个字母依次代表具体性（specific）、可衡量性（measurable）、可实现性（attainable）、相关性（relevant）、时限性（timebound）。这五点是目标管理的核心。

个人战略执行路线图可以帮助你制定有效的目标实现战略计划。战略图应尽量清晰、翔实，保证自己能够坚定执行。个人战略路线图与企业发展路线图很像，可以参考企业战略图制定自己的个人战略图。下面这张图就是我常向客户分享的企业发展路线图。

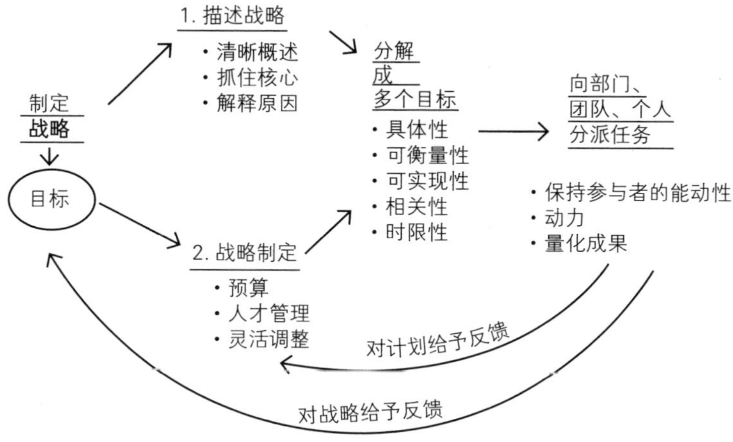

问问自己：针对目标，我有一个清晰的战略吗？我把战略写下来了吗？我需要付出多少时间和努力？现在一切进展如何？

敲定计划

在确定目标和战略后，便可以制订详细的行动计划了。好计划一定包括以下三方面，具体内容由你的个人战略决定。

问问自己：

1. 阶段——整个计划可以分成几个阶段？

2. 时间要求——每个阶段完成需要多少时间？

3. 资源——应该如何行动？如何分配时间和精力等？

以上就是一些能帮助你实现目标的实际操作方法。为有效的行动计划创造空间，相信你一定能实现目标！

第八章

创造收获成果的空间

——塔姆辛劳而无果的挣扎

本章观点：给任务排序，确定优先目标，然后专注完成，你会看到努力的成果。

塔姆辛是一家医疗保健公司的首席执行官。之前的她给同事们的印象是多任务处理能力非常强，没有解决不了的问题。但随着公司业务的扩张和不断成熟，塔姆辛似乎正在失去公司对她的认可。之前公司一直很欣赏她的能量和热情，但现在却开始怀疑她的工作能力了。公司认为塔姆辛总是找不到工作的重点，重要任务总是拿不出成绩。虽然塔姆辛对工作很有热情，但做事却没有章法，经常达不成业绩目标又浪费了很多时间和资源。最近公司董事会空降了一名新董事。塔姆辛一直认为这位董事非常挑剔，对她有偏见。我之前曾在其他公司和这位新董事合作过，其实就是这位董事拜托我为塔姆辛咨询的，希望能帮助她解决问题。

和塔姆辛见面非常不容易，我想了各种方法都没能见到她。每次都是提前约好了时间，但当天早上她却临时取消见面，理由是工作中出现了紧急情况。我认为一般忙只是一个借口。除非是救火，要不然真有这么多要紧事吗?

虽然塔姆辛好像很不积极，但是我仍然坚持和她见面。两周后，我终于约到了她。那天我坐在前台等她，她迟到了20分钟。她现身时正在大步向前走，一边和身后的同事谈话，一边打着手机。

见面后，我们寻找了好半天才找到了一个能用的房间（因为塔姆辛没有提前预约，所以不得不把里面的人先请出去）。坐下后，塔姆辛把自己的手机、笔记本和许多文件资料一股脑都铺在了桌子上。“很忙吗?”我问她。听到我这样问，她便开始一口气讲起了自己的所有工作，滔滔不绝，事无巨细，而且自我感觉好像还不错。

我笑着答复:“很好。不过这些都不是我想了解的事情。”

她终于停止了讲话。

“可以讲一讲工作中有什么不顺心的事吗?”

听到我这样问，她一脸茫然不知所措，这个时候她的电话突然响了，救了她。她下意识地转脸看了看我便伸手要去接电话。我对她笑了笑，摇了摇头。她的手停住了，僵持了一会儿，向我道了歉。终于接起电话后，她草草答复了两句就把电话挂了。她又看了我一眼，脸上现出难过的表情，低下头，伸手把电话调成了静音模式。这时她突然开始讲起了公司董事会对她的评价。她认为这些批评很不公平。

“那怎样的评价才是公平的呢?”我问。

这个问题开始让她的激动情绪平复下来。可以看出她现在已经开始接受并忍耐外界对她的评价了。

我对她微笑着:“你一定有难题。你看上去很沮丧。不过你坚持下来了。你很坚强。”

“你说得对。我确实遇到了难题。”塔姆辛难过地答道，突然哭了，“我知道大家现在都不信任我，不光是投资者，还有我的团队。我让所有人都失望了。”

当塔姆辛愿意讲出自己的实际情况、认真与我对话时，她开始逐渐放松下来。虽然她接受了人们对她的部分批评，但我仍然看出即使不再为自己辩解，她仍然从心底里不承认自己在工作中存在多么严重的问题。我跟她说我会向她的同事们征求反馈意见，下次见面时再一起分析这些反馈。她很不情愿地同意了。我告诉她，下次咨询有三个小时，地点在我的办公室，而不是在她的办公室。听到这样的安排，我感觉她都快晕了。

虽然如此，但在下周见面时塔姆辛还是如约而至。我手里正拿着她同事们的反馈，等待她的出现。塔姆辛的同事对她的评价非常糟糕，可以说这么多年来，我都没有在调查中收到过这么糟糕的评价。但是我知道我必须把这些反馈直截了当地告诉她，因为就算不告诉她，她心里也清楚实情，不告诉她并不会让她更轻松。负面评价有时就好像当头棒喝，反而能把人唤醒。我深吸一口气开始读出同事们对她的评价。

她不会倾听。

她总是话讲个不停。

她没有判断力。一些简单得不能再简单的借口就能把她搪塞过去。

她不值得信任。

我尽量不和她接触，让她活在自己的世界里就好了。

她给出过很多承诺，但从来不兑现。

她很难出成绩。

听到这些反馈，塔姆辛吃了一惊，呆了好一会儿。之后她的脸涨得通红，开始哭了起来。

她啜泣道："我知道，我知道，我知道。他们是对的。"

我给她时间释放自己的情绪，安慰她，让她渐渐平静下来。然后让她开始讲讲自己的经历。这真的是一个伤心的故事。

塔姆辛从小就失去了父母。她先在很多寄养家庭中流离了一段时间，之后便住在儿童之家。在那里，她长成了一个有点任性的孩子。那里的生活一直都吵吵闹闹，混乱不堪。但塔姆辛最终通过让自己成为对大伙"有用的人"，而找到了一些快乐。她帮大人干活，帮助解决孩子们的矛盾，做饭照顾孩子，自己动手做各种东西。她因为自己做的这一切而获得了称赞，她感觉生活终于有了目标。

离开寄养院后，她在一家养老院找到了一份行政助理的工作。这种助人模式再次出现了。她几乎承担了所有工作，从未对任何人说不。除了睡觉就是工作。她最终成了老板的得力助手，并在老板退休后接管了寄养院。她没有什么经营管理的方法，凡事全凭自己的热情和意志力，让养老院一天天发展起来。她说接管养老院的头几年是她人生中最美好的几年。

"但他们把一切都毁了。"她最后说。

"他们？"我问。

"好吧，也许还是我自己的问题。我也不知道。我不知道问题到底出在哪儿。"

塔姆辛的核心致病认知是，她工作的目的和个人价值都完全来自于她一个人的努力。在工作中，强烈的个人独立感帮助塔姆辛成功度过了职业生涯的第一个阶段。但在一个更大、更正规的企业里，这种工作方式却并不合适。她之前努力经营护理中心其实也只是为了实现她的个人价值。就像她的一位同事反馈的，她过分把自己埋在任务中了，她不能真正理解他人的想法，看问题比较片面，只见树木不见森林。如果是关乎她个人的事情，无论是工作还是生意，她都可以很好地完成。但如果要求她站在自己以外的角度去更宏观地调配资源或整体协调，她就会好像鱼离开了水一样手足无措。我和她说完自己的想法后，她坦然承认了这些问题。

我建议塔姆辛首先学会对人说“不”（塔姆辛觉得拒绝他人太难了，甚至会让她产生生理上的不适感）。我们探讨了对外委派任务的方法，如何根据任务优先级找到最重要的目标，如何在“完美”和“足够好”之间做取舍。

早上的那次咨询让塔姆辛终于迎来了她的“尤里卡时刻”（即福至心灵的突破性时刻）。那天早上她说自己很累，因为整个周末都在重做一个幻灯片。这个幻灯片是要发给一个未来客户的。她之前其实已经完成了一版幻灯片，但她觉得那版做得不够好。于是我进行了一个小实验。我联系了那位客户，请他帮一个小忙。我把塔姆辛旧版的幻灯片发给了这位客户，让他评估一下新版和老版的差别。这位客户之后邮件回复了我，语气有一点不满，因为他认为这两版幻灯片效果上根本没什么差别。

在团队成员的反馈和我的各种建议下，塔姆辛渐渐认识到了自己的问题。她发现她原来的工作方式总会让自己陷入压力和混乱中。过去她做事从来不考虑优先级，没有计划，也不擅长应对变化灵活处理问题。我建议塔姆辛积极培养新的工作方式，希望能帮她建立起一个全新的“个人操作系统”（我将其简称为 pOS）。pOS 工作法是以最佳结果为导向，它具体包括个人的行为习惯、工作节奏、原则方式等。智力、耐力这些都是个人 pOS 工作系统的“硬件”；喜欢在什么时间工作、用什么方式工作效率最高这些方面则属于系统的“软件”。就像苹果公司的 iPhone 和 iOS 系统一样，只有把“软件”和“硬件”有机结合起来，才能获得最佳的工作成果。

塔姆辛终于决心改进自己的工作方式。我们用了大约一个小时分析她现有的工作方式，逐一剖析她的每一种工作方法和行为习惯。否定那些不好的，鼓励她大胆尝试新的、有效的工作方法。

其中一项训练让她的工作有了质的变化——规划时间段。这种方法可以帮助我们有条不紊地安排一整天的时间。为不同的任务安排不同的时间段，并像记录会议或电话信息一样，将一整天的行动成果记录下来。这个方法让塔姆辛马上就改变了。她说这个方法让她完全改变了旧方法，她的工作效率也明显提高了。

我个人感觉这次咨询是颇有效果的，但公司的新董事之后却告诉我塔姆辛辞职了。我非常吃惊，不明白这是为什么。

那天晚些时候，塔姆辛给我打了个电话，希望能和我喝杯咖啡。

“我没有忘记你的帮助，我确实学到了很多东西。我会一直记住这次咨询。但是对我自己来说，我不喜欢流程化和结构化的东西。我不喜欢不停地在自己的日记里写计划，按照别人的计划而不是我自己的计划行事。我是个随性的人。我喜欢按照自己的方式做事，这也是我擅长的。”她的这些话和上一章中的达伦在舞会上和我说的那些话真的太像了。但是人们都有自己的理念和追求，除非他们真心想改变，否则他人再费口舌也无用。

她观察着我的表情:“你可能觉得我这么做其实是等于失败了。”

我叹了口气:“我觉得更重要的是你想要什么。”

“我知道我想要什么。我想开一家新公司，我有个主意……”她的语气很兴奋，就像我们四个月前第一次见面时一样。

听到她说这些话，我觉得自己好像看到了弗洛伊德所说的强迫性重复（repetition compulsion）的一个典型例子。我觉得她还是没有真正认识到自己的问题，这让我有种失败感。

创造收获成果的空间——学会判断任务优先级

> 如果爱因斯坦一边做研究，一边又担心自己学术成果的专利问题，那他肯定想不出相对论。
>
> ——密歇根大学心理学教授戴维·迈耶（David E. Meyer）、威妮弗雷德·加拉格尔（Winifred Gallagher）在《全神贯注：注意力与专注的生活》（*Rapt: Attention and the Focused Life*）一书中引用了这句话

努力的最终目标是收获成果。不能获得成果的努力在各方面来说就是无效的。创造空间去思考、学习、决策、计划，这些都是很好的方法，但如果它们不是以实现目标、收获成果为目的，那么这些方法就毫无意义。优秀的企业家们总说行动代表一切。但忙碌不是目的，如何按时保质保量完成任务、达成目标才是目的。因此，创造收获成果的空间要求我们能够找出属于自己的最佳行动方式，为行动创造各种有利条件，通过不断提高执行能力最终收获成果。

探讨执行力的书籍和文章有很多，人们对执行力的理解也不尽相同。霍尼韦尔（Honeywell）公司前总裁、作家、咨询顾问拉里·博西迪（Larry Bossidy）在其开创性著作《执行：如何完成任务的学问》（*Execution: The Discipline of Getting Things Done*）中指出："执行力不仅是一种能力，还是一种战略和系统。公司务必将执行力

融入企业战略目标和文化中。”

多项调查显示，执行力一直是企业总裁们特别关注的一个问题。我认为，在领导者必备的所有能力中，执行力与个人的丰富实践以及成功的经验最相关，也是最容易加强的：战略思维能力依赖于认知思维方式以及个人自信程度；目标感是一种内心感受，多源于内心深处的追求；人际交往能力、自我认知、个体性格和早期成长经历密切相关。对比之下，执行力在某种程度上更像是一门课程，这也是为什么博西迪在图书副标题中将执行力称为“学问”的原因，因为它是可以通过学习和实践来掌握的。

反思与塔姆辛的这次咨询，我又发现了两个问题。首先，在塔姆辛的认知中，她自己是一个“修理者”，心理学家称这种状态为“过度负责”（overfunctioning）。这种自我认知在塔姆辛心中早已根深蒂固了，很难改变。 她的一切努力都是为了能被他人需要。这种心理诉求在她年少时期就已经形成了，而且被不断强化着。其次，塔姆辛的思考和行为习惯不仅严重影响了她的工作业绩，还影响着她的行为表现。

忙碌让塔姆辛获得了一种安全感和价值感。这是她年幼时没能获得的感受，这也构成了她的自我认知。她将忙碌与个人价值等同起来，但她并没有因此养成更为专注、有效的工作方式。其实很多人都和塔姆辛一样，同时想做的事情太多，把精力零散地分配出去，每天都手忙脚乱个不停。在漫无头绪的忙碌之外又为忙碌感到自豪——忙就肯定有意义。对这部分人来说，似乎忙碌本身就是一种嘉奖。布林·布朗博士在《不完美的礼物》（*The Gifts of Imperfection*）一书中写道：焦虑已经成为现代人的生活常态，疲惫变成了努力工作的象征。现在连孩子的时间表都被安排得满满当当：各类活动、学习、课外课，很难找到空白的地方。

想要忙起来很简单，东做一件事，西做一件事，就可以忙个不停。最考验行动技巧和自律能力（以及团队领导力）的往往是集中精力专注做事。如果你感觉自己和塔姆辛一样总是忙个不停，你应该尝试跳出忙碌的惯性状态，反思一下忙碌是否真的有价值。

另外，像塔姆辛一样的过度负责者总希望证明自己是被他人需要的。这类人的特点是：总是忙于照顾他人，适应力很强，常常主动提出有益的建议，凡事常为他人着想，很少拒绝他人的请求，觉得需要为身边的所有人负责；愿意参加志愿活动，情绪上会出现周期性的忧郁或疲惫。一个典型的过度负责者的口头禅是“没问题，我来”，在还没仔细考虑自己的任务安排或个人能力前，总是先把他人的请求一口答应下来。在咨询中，我常常提醒这样的咨询者，他们并非圣人，他们也是有情绪的普通人，不是机器。无论他们做过什么，是否取得任何成绩，都不会消减他们的个人价值。

有一类人正好与塔姆辛相反。他们追求轻松，不愿意承担责任，没有目标、志向或个人追求，怠于工作。这些人被称为社会中的“后进生”。很难找到这个问题的根本原因，似乎每个个体都有自己的原因。我在企业咨询中也没有遇到过这类人，因为他们很难达到很高的职业高度。但我偶尔会在诊所里遇到这样的人。当找到这些人的心理或情感问题后，我会像建议塔姆辛一样，让他们尝试本章中的方法——确定优先级、找到目标和计划，努力帮助他们摆脱惯有的心理状态或行为方式。有时这类问题可能还和个人对生活的理解有关。第十章会探讨这个问题。

有趣的是，解决过度负责者或后进生的问题的办法是相似的：找到核心致病认知、决心改变、摒弃固有的心理和行为习惯、培养新的心理和行为习惯。过度负责者和后进生都有一种相似的行为习惯，这种行为习惯在现代工作中其实非常常见，在塔姆辛身上就可以看到：多任务处理（回想一下塔姆辛边和同事交谈，边打电话，边来咨询的样子）。

多任务处理能力在过去备受推崇，但现在人们对它有了不一样的认识。多任务处理意味着有很多未完成的工作亟待解决。理论上来讲，人们是可以同时做两件事的。但在实际情况中，人们并不能同时专注地做两件事。2014 年《实验心理学杂志》(*Journal of Experimental Psychology*) 的一项研究发现，不到 2.8 秒的分神就会让受试者的错误率提高一倍。

日常工作中，人们遭遇的普遍问题就是精力太分散——会议、邮件、电话、短信、同事需求、偶尔刷下手机等。人们可能认为企业的总裁们是最会管理时间的人。但一项研究发现，总裁们平均每天只有不到 28 分钟的专注工作时间。克莱斯勒汽车公司的传奇总裁李·亚科卡（Lee Iacocca）就曾生动地描述总裁们是如何把大量时间"浪费在应付无意义的事上，就好像一个受到蜜蜂攻击，拼命挥舞着手臂抓狂的人"。

在多任务间切换其实并不轻松（女性在这方面也并不比男性出色）。从一项任务切换到另一项任务时，我们需要一定时间才能重新获得专注，回到心流的状态。心流是一种美好的心理状态，即做一件事时保持专注，完全沉浸其中，充满精力十足的愉悦感。《超人的崛起：解读人类终极效能的科学》(*The Rise of Superman: Decoding the Science of Ultimate Human Performance*) 一书的作者史蒂文·科特勒（Steven Kotler）认为，员工每天在工作中达到心流状态的工作时间只有 5%。微软 2015 年的一项研究结果更让人吃惊。研究发现，人类的自然专注力持续时长只有 8 秒，比金鱼的专注力还短。此外还有证据表明，办公室里的员工平均每 3 分钟就需要更换一次任务，之后需要大约 10 倍的调整时间才能重新回到专注的状态。所以和同事随便聊天 2 分钟，也许写报告就要多花 20 分钟。花 30 秒浏览一下邮箱，可能之后就会浪费 5 分钟。大量的信息和多任务处理要求常常让人感觉无比忙乱、抓狂和无力。这种工作方式会持续消耗员工的专注力和精力，让人长久地处于焦虑的 GSA（Gnawing Sense of Anxiety）状态中。

除了工作环境的影响，人类其实还受到进化天性的影响。大脑中的原生脑会不自主地驱使我们关注不相关的信息：订阅邮件什么时候会发过来？暗恋的人什么时候邀请我喝咖啡？球赛进展如何？——为什么会这样？现在请你想象 4 万年前的一个原始人站在悬崖上俯瞰平原的场景。首先大家需要知道的是，考古学家、医学家、神经科学家都已证实 4 万年前人类的大脑和现代人的大脑能力是一样的。与现代人同时关注多个任务类似，这个原始人也会反复观察悬崖下的山谷，警惕任何动静：一阵声音，是猛兽吗？不是，是羊。又是一阵声音，树上有动静，原来只是风。为了对突发事物保持警觉，进化让我们的大脑在每一次遇到新事物时都会释放多巴胺，让我们不自主地在不同任务间切换。美其名曰多任务处理，实际上这样只会让人陷入忙乱。

研究者们曾多次证明多任务处理这种工作方式容易让人陷入无止境的多巴胺回路中。多巴胺是一种强大的化学物质。20 世纪 50 年代，詹姆斯·奥尔兹（James Olds）和彼得·米尔纳（Peter Milner）的研究发现，在选择多巴胺刺激和正常生理活动之间，老鼠们更愿意选择多巴胺刺激。为此它们甚至会放弃进食、睡眠、哺乳、休息，最终死于疲惫和饥饿。也许你觉得这和理智的人类无关。但现实生活中，确实有人由于玩游戏过度而不幸死亡。伦敦格雷欣学院前客座心理学教授格伦·威尔逊（Glenn Wilson）认为，多任务处理对认知能力的影响比吸食大麻更严重。

自然进化的速度远远没有赶上人类文明发展的速度。现在我们每天靠在椅背上，对着电脑屏幕，接收着各种各样的信息。如果你想创造空间实现自己的目标，就必须学会保持专注，改掉多任务处理的工作方式。

*

塔姆辛低效率、随性的工作方式不仅严重影响了她与同事、公司的关系，还让她的努力劳而无获，总要应对各种压力。奔忙让她更加难以理清什么才是真正重要的任务。在焦虑和行动惯性的驱使下，塔姆辛终究没能收获可喜的工作成果。

多任务处理不仅会影响工作效率和最终成果，还会影响个人的整体状态。陷入多任务处理的人就好像生活在忙碌的梦里，常常游离在现实之外，个人潜力也因此被遏制了。我为塔姆辛感到有些可惜。她在工作中遇到的问题其实大都是自己造成的。她做了那么多事，只是希望别人能给予她认可。但最后这些忙乱的努力的回报却很小。等转机出现，她终于获得一个改变的机会时，她却放弃离开了。生活会让我们一次又一次品尝苦果，直到我们真正吸取教训。我想塔姆辛在未来会重新面对这个问题并从中学到宝贵的一课。

我不想苛责塔姆辛，她一路走来真的很不容易。但想要提高能力、突破自我也确实不是一件容易的事（比如不得不拒绝他人让塔姆辛感到非常苦恼）。在众多的选择和追求中，你必须有所侧重和取舍，并一直保持专注，这无疑也增加了前进的难度。但如果不选择、不努力突破、不积极改变，我们也许就会一直陷入自我感觉良好的危险幻觉中。

斯蒂芬·金（Stephen King）曾说，写作的一大难处就是作家不得不杀死自己喜欢的角色。这里的“杀死”指的不是角色在小说情节中死亡，而是完全把这个人物从小说中删掉。无论作者自己多么喜欢这个角色，或者他认为读者可能多么喜欢这个角色，但只要这个角色是无用的，那就得舍弃它。你也可以勇敢舍弃对你生活意义不大的事情，相信你的生活会因此变得更加精彩。

训练：设置任务时段、处理同类型任务、吃青蛙，帮助你创造收获成果的空间

耐克的标语是“只管去做”（Just do it！）。这句简单的话讲述着一个重要的道理：不论你的技巧、战术、策略是什么，都必须去行动，去“做”。《时尚》杂志主编安娜·温特（Anna Wintour）曾说：“领导力就是有一个想法并去执行。想法本身的价值并不大。”想法要通过报告写下来；商业诉求要用电子邮件发出去；提案要落在纸上；合作协议要被认真审核——计划、目标、准备这些都只是头脑中的想法，真正推动你前进的是行动。在知识型社会中，无论职位是什么，追求是什么，我们都必须通过行动将想法付诸现实。

人们缺少空间感时就会忙于应付，容易为外界干扰，专注力也会严重受影响。接下来我们将讨论时间、环境、人际、精神这四种空间因素如何帮助我们创造行动的空间，让你能够更加专注、高效、出色地完成任务。

每个人都有适合自己的工作方法和节奏习惯。猫王经常佩戴 T.C.B.（taking care of business）的字母配饰，意为“用心做事”。如

果你想专注于目标，不要着急行动，记得先为行动创造空间。可以先分析一下自己的实际情况，比如自己的工作节奏、个人精力水平、已有的职责任务、任务期限等，然后再制订具体的行动计划。很多关于行动力的建议大都相似，但是根据我的经验，不同的人有适合自己的不同方式。接下来我会介绍几种实际应用方法，你可以根据自己的情况进行选择，然后马上试一试，相信你会有很多启发。比如，如果你在工作中不习惯定时休息，那就尝试一下，看看有什么不同；如果你不常做当日计划，那么先坚持一周，看看有什么收获。

行动的环境空间

无论是在家还是在办公室，都会有很多让人分心的事。在家里办公，一边可能想收拾家务，一边还要用心工作。在办公室办公，虽然一天下来可能会非常忙碌，感觉很充实，但精力很分散，最重要的工作未必完成多少。有研究认为，同事干扰和办公室交谈是办公室里最影响工作效率的两种因素。本书第一部分也讨论过这个问题，比如一些办公室的设计结构不太合理，让人不能专心工作等。虽然无法改变外界环境，但我们依然有很多方法可以灵活应对这些干扰。比如在工作时可以戴上耳机或听一听白噪音；有条件的话，每周还可以尝试在公司的不同区域工作几个小时，比如某个安静的房间、会议室、公司咖啡室。你完全可以想出一些灵活的方法尽量营造出喜欢的个人工作环境，保持工作的专注力。

开会也可能影响工作效率。有的公司常把会议重点放在未来愿景上，却不顾及眼前的现实问题；有的公司经常开会，但却没什么实际内容。而且我发现无用的会议往往会带来更多无用的会议。

我曾为一家基础设施公司服务，这家公司的主要问题就是开会太多。我做的第一件事是计算公司开会的成本。我们先计算了员工的工资和员工预期为公司所做的营收贡献。结果发现每次定期会议所用时间折合成员工的工作产出，成本竟高达数千英镑。这还不包括员工被会议打断后降低的工作效率和业绩产出。我还研究了会议的目的，这家公司希望员工们能在会议上多多沟通。所以最后我们决定，保留一些现场会议，把增进员工交流作为会议的隐含目的；减掉大多数会议变成线上沟通；将过去一个小时的会议时间缩短为 15 分钟的线上交流。

公司应该用心设计开会的频率和时长，尽可能减少开会对员工工作效率的影响。据传，雅虎总裁玛丽萨・迈耶（Marissa Mayer）每周要举行 70 多次小型会议。迈耶希望员工们不仅能够珍惜她的时间，也能够珍惜自己的时间。每次会议前，参会者都必须做好充分准备，明确自己的会议目标。还有一些总裁会在早晨安排多个 10 分钟左右的小型会议，大家都是站着开会的，这样在几个小时里就可以完成与 20 多个人的有效沟通，而且每个参会者都觉得自己得到了面对面的充分沟通。

远程协作对工作效率也有一定影响。一名员工每天可能收到上百封邮件。回复邮件很可能打乱正常的工作节奏，但没有办法，发件者一般都希望收件者能尽快回复，立即回信已经成为一种普遍的工作习惯。应对这个问题，你可以通过一些方式主动表达自己希望在一段时间内专心工作的需求。比如你可以设置邮件自动回复说明情况，或者与相关同事直接沟通，让他们理解你的需求。这些都可以帮助你获得更多专注工作的时间。

讲到专注力就一定要说说手机的问题。很多研究发现，手机会大大影响工作效率。开放市场（Open Market）的一项调查显示，

83% 的千禧一代在收到社交媒体信息后的 90 秒内就会打开阅读。这不难理解，之前已讲到这是多巴胺的刺激。在多巴胺的作用下，新事物总是那么吸引人。打开信息后，如果抵不住诱惑，就很可能刷起社交媒体软件。专注力一旦被打断，工作节奏和工作效率就会大受影响。

职业规划者（Career Builders）的一项研究还发现，手机和信息已经超过电子邮件成为降低工作效率、影响专注力的最主要因素。3/4 的公司管理者表示，员工由于分心每天浪费的工作时间累计达到至少 2 个小时；43% 的员工每天无效的工作时间至少有 3 个小时。另外，不同干扰活动对工作效率的影响也不同。在一项名为“工作效率杀手”的调查中，55% 的人投票给了手机和短信息；41% 的人投给了网络；39% 的人选择了闲聊；37% 的人选择了社交媒体软件，并列第五名的分别是协助同事（27%）和抽烟吃零食等休息活动（27%）。电子邮件和会议分别是 24% 和 26%。

在工作中使用手机浪费的不仅仅是时间。佛罗里达州立大学 2013 年的一项研究发现，在工作中回复电话，工作的出错率会提高 28%；回复短信会导致出错率提高 23%。你可能觉得，不马上回复短信或电话不就可以了？但《实验心理学：人类感知和表现》（*Journal of Experimental Psychology: Human Perception and Performance*）这期杂志却认为，即便没有马上回复短信或电话，仅仅是听到消息通知，也会让工作的出错率提高一倍。

我认为要解决这个问题很简单：重要的工作开始后，就把手机调成飞行模式或勿扰模式。把手机放在视线之外。在飞行模式下，手机无法正常接收短信或电话。这个模式的问题可能是，恢复正常模式后所有的信息就会一次性全蹦出来。而在勿扰模式下，短信和电话都能打进来，但手机不会有声音提醒。不过在勿扰模式下，最好把手机平面朝下放置或把手机放在看不见的地方，否则屏幕上闪现的消息通知很可能会引诱你拿起手机。一些小小的自律方法就可以大大提高你的工作效率。试一试，把手机收起来，看看你今天的工作状态如何。

上网浏览网页也会影响工作效率。我认为打开的网页数量越多，工作效率越低。打开太多网页不仅可能会让电脑卡顿，而且每个标签都可能诱惑你点开更有趣、更吸引人的页面，分散你的注意力。可能有一点极端，不过在完成重要任务前，尽可能还是离线工作吧。如果你的手指总是不由自主地在网页中打出“f”，之后被自动引导到了脸书的页面，你可以下载一些自律 App，帮忙管好你的手。我推荐一个很好用的 App 叫 Freedom，这是弗雷德·斯图兹曼（Fred Stutzman）在读博期间设计的。这个应用会让你保持 8 个小时的离线状态。还有其他好用的应用，比如 Anti Social、SelfControl、Cold Turkey 和 StayFocusd。其中一个应用会要求你制定每日任务时段表。我们接下来会讨论这个方法。任务时段表虽然只是一个简单易行的小方法，但它也许能重塑你的工作和生活。

行动的时间空间

第一部分讨论了如何创造思考的环境空间，这里我们将讨论如何创造行动的时间空间。如果你的日程表被各种任务填得满满当当，你更需要学会为自己的行动创造时间空间。哪怕外界已经对你施加了很多工作要求，你也必须学会掌控自己的时间。想做到这一点，你需要先学会规划时间。下面我会介绍七种方法帮助你建立并不断优化自己的 pOS 系统，创造属于你自己的时间空间。

第一，合理规划一周的时间。在规划一周的每一天前，希望你能先规划一下自己这一周的任务目标。没有特殊任务时，大部分人每天的工作节奏都基本相似。但有些人会把一周的工作日划分开来，在不同的日子处理不同类型的任务。丹·沙利文（Dan Sullivan）就在他的企业时间管理体系中提倡划分工作日的这种时间管理方法。这种方法将一周分成三类：缓冲日，用来处理大部分零碎任务；慢节奏日，在当天最好不要使用电脑；专注日，用来专注处理大项目和重要任务。我在工作中就采用第二种方法。无论什么时候，我会尽量调节周三的工作节奏，有时我会把周三定为慢节奏日，这一天是我这一个星期的停顿。我会利用这一天重新积聚工作动力和工作热情。所以在每周最后一个工作日的最后一秒我仍然能够热情饱满地工作，不会像很多人一样在星期五就变得懈怠了。我非常喜欢这种变奏的工作方式。它能让我充分把控自己一周的工作节奏。

第二，在一天工作结束后进行反思。在一天工作结束后，花一点时间（大概 10 分钟就可以）趁热打铁，回顾一下当天的工作情况：工作取得了什么进展？哪些地方没做好？哪些地方没有按时完成？哪些任务委派给了他人？第二天要做什么？这个方法能够为你节省很多重复回顾时间，提高你第二天的工作效率。想象一下，第二天来到办公室，你心里已经有了新一天的工作计划，并不需要花很多时间思考接下来的任务，可以把更多的精力放在调整工作方式上。每天早上刚进办公室，可能还没有完全进入工作状态，这时如果事先心里已经有了一个较为清晰的工作计划，会比面对空空如也的计划表强太多了。当然，你也可以在一天工作前计划当日工作。

第三，时间 / 任务管理：在早上“吃青蛙”。高效工作者认为创造力在早晨处于峰值，适合完成重要、艰巨的工作，所以早上要做的第一件事就是“吞青蛙”，即把最难、最大、最重要的任务优先完成。

不要以刷社交媒体或发邮件开始你的一天。如果能最先完成最重要的任务，你会发现一天的工作状态都会非常好，而且还会节省很多时间。彼得·德鲁克认为，优先完成重要任务就好比把最大的石块先放进瓶子里。之后再加入小石子、沙子和水。如果先去完成零碎的小任务（比如发电子邮件），你可能会发现一阵忙碌下来，已经没有时间和精力完成更重要、更复杂的任务了。

早上“吃青蛙”的时间管理方法已经收获了很多好评。这个方法对大多数人适用，但有例外。我认识一位非常优秀的经理人。他认为自己在专心投入工作之前需要一段预热时间，所以他会把一些重要的工作安排在下午晚些时候再集中精力完成。无论什么方法，重要的是找到适合自己的方法。

第四，规划一天中的任务时段——番茄工作法。这是现在非常流行的一种时间管理方法。这也是我给塔姆辛的工作建议。这个方法与规划一周的时间相似，你可以用这个方法安排自己一天的时间，按照工作内容，把一天分成不同的任务时段。多项研究证明，人们能够在 20 至 90 分钟的连续工作时间里保持最佳的创造力、注意力和准确性。你可以定个 20 分钟的闹钟。在这 20 分钟里，以最佳状态，专注地完成一项任务。之后短暂休息 5 分钟，进行调整放松。这就是说，每工作 1 小时，你就能休息大概 10 分钟（心理咨询服务一般也是每 50 分钟休息一下）。对有些人来说，20 分钟的工作时间可能不够，他们更愿意连续工作半个小时、45 分钟甚至更长时间。但建议最长的连续工作时长不要超过一个半小时。不过根据我的了解，除非情绪低落，否则大部分人都会一口气工作到下班。

第五，调整你的工作节奏。这是一种特别棒的高效工作法。时段工作法会让你一天的工作变成一系列短跑，而不是一场持久、疲劳的马拉松。但在实际情况中，大多数人可能都会一口气从早工作到晚，很少有意识地调整自己的工作节奏。生产力管理专家托尼·施瓦茨（Tony Schwartz）提出了“企业运动员”这个概念，他在《哈佛商业评论》的采访中曾表示：

> 也许有人觉得人可以像计算机或机器一样工作：长时间高速、持续地工作，而且同时可以进行多个任务。这种认识是错误的。人类天生就是有节奏的，比如心脏脉冲、肌肉收缩和放松，等等。如果能够在工作中遵循自然节奏，在工作和放松之间找到平衡，身体和精神就可以一直处于最佳状态。这一点上，我们可以向优秀的专业运动员学习，他们总能合理平衡地安排自己的休息和训练。

变奏的工作方式和龟兔赛跑不同，它需要你时而紧张加速，时而放慢休息，不断调整工作节奏。在每日划分的工作时段中集中精力、全力完成工作，在休息时段全身心放松、恢复精力。按照这个方法，一天工作下来，你会发现工作效率和任务进展会比原有的工作方式好得多。

第六，同类型任务集中处理。在划分任务时段这个工作方法中，你可以将同类型的任务放在同一个时段里集中处理。这个方法也被称为“任务批量处理”。这个方法可以减少大脑在不同类型任务间切换时的负担。具体的实践方法是，把需要完成的任务一一列出来（比如读一张收据、读一份报告、回复一封邮件），找出类型相似的任务，之后一起集中完成。

第七，分解任务。处理小任务（集中批量处理）和大任务的方法有所不同。你可以尝试把一项大任务分成多个小部分。园艺师不会砍掉整棵树，他们可能一次砍掉一个树枝，或者把树干砍成多块。如果某项任务需要较长时间才能完成，你可以将这个大任务分解成多个小任务，之后为每个小任务合理安排时间依次完成就可以了。

说说我的例子

如果我需要在办公室里工作一整天，我会先把最重要的任务完成（撰写评估报告、提案等），然后我会在下午处理零碎任务（比如开会、处理行政任务等）。等傍晚早些时候我的精力恢复后，我会处理几件较小但重要的工作（比如回复重要的电子邮件、修改文档等）。我一般专注工作 90 分钟后注意力就会开始下降。这时我或者会转换去做不同类型的工作，或者会休息一下。5 分钟的伸展运动或散步就很有帮助。

以上就是我在没有咨询任务时对自己一天工作日的安排。不论你的时间管理方法是什么，最重要的是你能切实履行自己的计划，将它付诸行动。因此你需要为自己的计划安排最佳行动时间。另外，你还需要学会坚决拒绝和抵抗外界干扰。虽然偶尔会有突发情况，但只要尽力抵抗干扰，你就一定能把外界的影响降到最低。

时间	活动	说明
上午 9: 30—11: 30	撰写评估报告、反馈意见或其他文档。如果我没有写作任务，我就会利用这段时间思考。	我会打开待完成工作表，随时记下之后要完成的全部任务。这期间我不看电子邮件，也不接电话——其实真的没有那么多紧急的事必须马上处理。你也可以试试这个方法。

（续表）

时间	活动	说明
上午 11: 30—下午 1: 00	会议电话、行政邮件等（在某天可能是培训会）	
下午 1: 00—1: 30	午休	珍惜午休时间。到办公室外走一走，转换一下头脑和心情。
下午 1: 30—3: 00	会议电话、邮件等	
下午 3: 00—4: 30	培训会	
下午 4: 30—5: 20	两三件需要专注完成的工作	如果这个时候我感觉有些烦躁，我就会戴上耳机，把那些会分散我注意力的事情都屏蔽掉。
下午 5: 20—5: 30	思考、计划明天的工作任务（或者是近期工作任务）	这 10 分钟对我来说非常重要。我可能需要发一个简要邮件，为第二天的工作提前做安排和准备。拿破仑曾说他成功的秘诀是“比自己早 5 分钟”。我认为这句话是对工作效率最精辟的总结。
下午 6: 00 之后	与家人相处 每周有两天我会带着工作提早回家。先去学校接孩子，然后和家人一起喝下午茶。 在正常的工作日里，我回到家后就不工作了。我可能会回复一下邮件，但我不会进书房工作——我不是在办公室，我在家里。	

无论你喜欢的工作方式是什么，希望你能思考一下：理想中一天的工作是什么样的？如果不积极规划或行动，说明你同意外界“窃取”你的个人空间，你一天的时间就可能被外部占用。所以好好规划自己的工作时间，让付出的时间有意义、有价值。

问问自己：如何善用自己最宝贵的资源——时间？试试用不同的方法规划时间，看看会有什么不同的效果？

行动的人际空间

他人可能会影响你的工作节奏、工作方式或工作态度。我们在第二部分贝娅塔销售团队的故事中详细讨论过这一点。下一章《创造领导力的空间》也会继续讨论人际关系之于空间的意义。

行动的精神空间

除了善用条件创造外部空间外，我们还应该学会创造内心的精神空间。这就需要我们培养良好的心态和思考方法。为此你需要先掌握三个方法：确认优先任务、培养责任感、设定合理任务目标。

确认优先级需要你先明确自己的优先目标，然后果断行动。确认优先级不仅需要取舍，有时还需要拒绝和屏蔽外界的各种干扰。**责任感**能够驱使你不断行动和前进，是克服障碍、坚持下去的强大动机。**合理的任务目标**要求你在满足他人需求、维护人际信任的同时，也能够保障个人空间。

成功的秘诀：理清任务优先级

工党政治家奈·贝文（Nye Bevan）曾说：“（工党左翼）社会主义信奉优先主义。”我认为成功者也信奉优先主义。英国人很喜欢

“优先级”（priority）这个词。这个词在14世纪进入英国时只有单数形式，在之后的500年里也一直是单数形式。而从数个世纪前，这个词发展出了复数形式（priorities），这是因为人们开始同时有了多项优先任务需要处理（优先任务之间甚至可能相互冲突）。领导者更要学会区分“优先任务”和“紧急任务”。优先任务是真正重要的事情，如果你在完成自己的优先任务，那么你就是掌控方向盘的人。紧急任务在当下很重要，但很可能会干扰你，让你偏离目标。这时的你可能就变成了车上的乘客，而不再是驾驶者了。

为了高效完成优先任务，你需要充分规划和善用自己的资源（包括时间、空间等）。对于工作繁忙、少有闲余的人，分配自己的有限资源可能需要做出一定取舍。这就是机会成本。如果你把更多的资源分配给优先任务，那么你在其他事情上投入的时间、精力、专注度就会相应减少。当然，为了长期回报而牺牲眼前的利益，非优先任务所能带来的奖励也会减少。我想说说我的故事。我在专注完成这本书时，就没有把更多的精力放在公司发展上了。在这期间公司的发展计划一直处于暂停状态。我也希望自己能同时做好这两件事，但我知道我不能。所以像戴维·奥格尔维说的那样，我必须做取舍牺牲。

在团队合作中，你也可以把控自己和团队任务完成的优先级。其实确定任务优先级更多指的是如何管理好自己的时间和精力，以最高效的方式配置自己的有限资源、获得最佳成果。你就是自己的总裁，相信自己可以把控好自己的工作状态和前进方向。

问问自己：我知道自己的优先任务是什么吗？这些任务切合实际吗？还是仅仅是个人期待？我努力实现它们了吗？

减少 1/3 工作量

我常常建议客户减少 1/3 的现有工作量。过量的工作已经让他们的工作和生活失衡了。我会先让客户减掉 15% 的工作量，用多出来的时间与家人相处，重新拥抱自我。之后我会再让他们减掉 15%，用多出来的时间思考自己真正想做的事情。他们需要重新调整自己的工作计划，尝试找到一个“大目标”。最后，我会和客户一起讨论如何分配个人资源，实现这个大目标。

在进行这项训练之前，有的客户可能会怀疑地叫起来：“那是我生命的 1/3 啊！”而我的回答是：“这只是开始。当你发现了真正重要的事情，愿意为它创造空间的时候，你就会舍弃更多，这叫作休克疗法（shock therapy）。”为了追求大目标，你可能需要推翻现有的工作方式。对旧习惯“修修补补”或者口头承诺“会更努力”大多都没有用。

现实中大部分人很难一时间真的做出这么大的改变。但我希望用减少 1/3 的工作量提醒他们，如果想让大目标实现，就必须跳出现有的工作习惯，进行大调整。他们需要为心中真正的追求创造空间，而不是让繁忙的工作或外界需求继续吞噬自己的空间。在实践中，你可以根据自己的优先目标或战略规划减掉一些不必要的工作。问问自己，现在的工作中有哪些是对他人有帮助但对自己的目标无益的工作内容，不管这些工作是否有用或让你觉得开心？

确定优先目标后，你可以将它分解成具体的小任务，实时跟进进展情况。一个常用方法就是把优先任务清晰地写下来，形成任务清单。只把想法藏在脑中或随手记在废纸上不是个好方法。我尝试过各种方法（包括一些 App 工具），最后发现最简单、有效的方法就是制作自己的任务清单、实时跟进任务进度。在我的电子表格任务清单里，我会把关键任务标成红色，次要任务标成橙色，任何没有完成的任务都会被更新到新任务清单里。

大家都有自己的任务管理方法。不过我建议所有方法都最好遵循一些基本原则：集中记录任务目标、方便查找、便于修改、有清晰的层次和结构。

还没有找到合适的方法也不要紧，你可以尝试下面这个特别好用的时间管理 4D 原则（4D rule of time management）：Do（行动）、Defer（延迟）、Delegate（委派）、Drop（放弃）。

有些人虽然行动力很强，但只是盲目行动。他们的努力和他们的目标相去甚远。就好像做一道菜要 10 种调料，如果只加入 5 种是做不好这道菜的，更别提向菜里加无用的调料了。看看自己的努力是否真的有用？能否反映你的思考和选择？——向着目标把力气用在对的地方，让努力有意义、有价值。

延期 / 调整任务完成时间很正常。不过需要注意的是，延期不等于拖延。如果任务管理合理，需要延期的任务就不会很多。如果一件任务在两周内都没有完成，那么你可以考虑将它委派给他人，或放弃这个任务，或从短期任务清单中画掉这个任务，把它放在长期任务清单里。有时放弃并不容易，但不要因为感觉难以放弃就不得不完成。不要纠结，果断把意义不大、与目标无关的任务从清单中画去。

你有任务清单吗？现在把它拿出来浏览一遍。利用 4D 原则给每项任务分类。现在看看被标上 Do 的任务问问自己，它们是否与自己的优先目标有关，是否真的必须马上完成。如果不是，就重新给它分类。给自己的任务清单瘦身，让它变得更加合理、切合实际。

问问自己：我清楚地知道现在必须做什么吗？明天要做什么？这周要做什么？这个月要做什么？今年要做什么？我都有一个清晰的规划吗？我在自己规划的轨道上吗？是自己在掌控方向，还是他人在掌控，抑或无人掌控，只是盲目前行？

明确自己的责任，建立责任感

责任感包括三个方面：高度自主性、明确沟通、可靠和信任。

责任感非常重要，是 DEEP 潜力模型的 12 项能力之一，也是优秀人才的典型特质。责任感既是对自己负责，也是对自己所在的集体（比如团队、项目或企业）负责。无论个人的职位、职责是什么，责任感和责任意识并非来自于外界要求，而是心中的自我领导意识对人的主动驱动。

有责任感的人通常是可靠和值得信任的人，这种品质体现在具体行动中，短时间之内难以被觉察，它需要时间检验。比如，为了履行个人责任，你会主动分析目标，然后全面、用心地把任务做好；敢于坚持重要原则，做正确的事情；问题出现时，先从自己身上找原因……责任感对领导者来说尤其重要。只有领导愿意身先士卒、为团队负责，团队才能培养出良好的责任感。

问问自己：我践行自己的承诺了吗？什么时候我可以实现这个承诺？我现在正在行动吗？

设定期望：低承诺、高表现

在人际交错、分工复杂的现代职场，我们越来越需要与他人合作，因此设定任务预期、合理分配责任变得尤为重要。在工作开展前提前和团队沟通，任务目标制定得越具体越明确越好。作为团队个体，应结合自己的实际能力、现有工作量和优先任务，设定务实的任务计划。情况有变时记得及时沟通。如果任务进展和预期存在差距，就要尽快采取行动努力弥补差距。另外，主动理解他人对你的预期和要求，而不是等着他人指导。

及时沟通任务进展可以帮助你更好地完成任务，同时还能加强同事间的信任。你可以先写一封草稿邮件或者先在心里预演一遍，之后和同事的交流会更顺畅。

如果同事希望你帮忙或对你委派任务，根据任务的职责分工和协作要求，你可以接受同事的一次请求，但这不代表对同事的所有请求都有求必应，把握好这个“度”。

制定任务截止时间时需要注意的一点是：计划制订得再好、付出的努力再多，任务还是可能到最后一刻才完成。人们常常对任务的完成时间过于乐观，低估整体所需要的时间。你自己也许很努力很自律，但是你不能保证他人的工作状态，而且还有难以预料的突发情况。在实际工作中，很多人都需要熬夜工作到截止日期的前一刻才勉强完成任务，有时还不得不一再推迟任务期限，我们都不希望工作中出现这种情况。其实，这些问题通过一些方法大多都可以被避免。

我认识的一名高管萨米拉曾这样说：“我通常不会把任务期望定得太高，然后我就可以超额完成任务。”她一般会在正常的任务完成时间上增加 30% 到 40% 的富余时间，对此她曾说：“刚开始这么做时我感到很不习惯。和那些总是承诺尽早完成任务的同事相比，别人可能会觉得我工作慢或者缺乏动力。但我之后发现，设定实际、合理的任务目标并按时完成比推迟任务好得多。我总能在自己设定的截止日期前完成工作，结果不仅让大家很满意，还保持了整个项目进度的紧凑感。”

“延误”在生活和工作中都屡见不鲜。无论是铁路服务、居家装修还是产品发布，延误非常常见。任务延迟往往是因为人们对突发情况考虑不足。“踩点”做事很容易让人陷入忙乱，导致任务不能按时完成。如果你能在计划阶段全面思考并为任务富余出一些时间，那么即使之后遇到特殊情况，你依然能够在规定期限里按时完成任务。为任务预留合理时间不仅能够鼓舞干劲、让工作出成绩，还能减少很多不必要的压力，对身心也有好处。

应对繁重的任务要求，也许你需要一点灵活的智慧。我曾为一家富时前 50 的企业服务，这家公司一向以高压著称。我为商务团队中的两名成员——萨莉和菲比做咨询。沟通中，两人的领导直言不讳地批评了她们。领导首先评价萨莉：“萨莉太忙了，只闷头工作，也不顾自己的家庭。如果你让她把整个大海煮干，她还会问你剩下的盐怎么处理？她不会拒绝。”之后说菲比：“她得谨慎点。别人都觉得她总是躲着活。上周她还给大老板发邮件说自己可以完成这两件事，但是做不了第三件事。我觉得她这么说不太合适。”

我问这位领导：“那么你认为最理想的员工是萨莉和菲比的结合体是吗？”他听后笑了起来：“萨莉不懂得拒绝，对人总是有求必应，而菲比有点太挑剔了。我认为平衡一下她们两个人最好。至于菲比，我认为她不应该直接拒绝高层领导提出的要求。她可以先应承下来，然后继续做自己最优先和重要的工作，至于那些本不是那么重要的工作，领导之后自己也都忘了。”

问问自己：我有没有和同事沟通好任务计划？沟通的这个人是任务相关人吗？是否可以转变一种任务完成方式？我充分考虑各种实际或可能发生的情况了吗？有没想到的地方吗？

确定优先任务、培养责任感、设定合理任务目标，在掌握这三种任务完成方法后，你就可以为领导力创造空间了。领导者必须不断强化工作方式和工作能力，创造领导力的空间。

第九章

创造领导力的空间
——尤利娅和她饥饿的“海狮们”

本章观点：优秀的领导者愿意花时间和精力鼓励员工，帮助员工取得成绩、不断进步。为员工赋能就是为领导自己赋能。

尤利娅刚刚晋升为一家全球化妆品公司的业务增长负责人。她在这家公司已经工作了十几年，从普通销售一路晋升到大区主管。她非常聪明，对工作充满热情，工作能力非常强。虽然如此，公司对她的任命还是有一点顾虑，因为她之前一直负责商务，现在第一次进入管理岗，不知道她能否胜任。在工作职责上，金融、信息技术、人力资源、法务这些公司核心部门都归尤利娅管理。公司各个品牌总监除了需要向各品牌的总负责人汇报外，也需要向尤利娅汇报。另外，这家公司是矩阵式的组织结构，项目负责人有一定的自主权。

这次咨询服务，我需要为与尤利娅同级别的所有新任管理层培训。在集团新任主管的推动下，公司为了引入新鲜血液，刚刚提拔了一批人成为西欧和东欧众多分公司的主管。我根据这些新上任的大区主管一年前的评估结果制定了一套培训方案。尤利娅是我的第一名培训者。我到尤利娅公司和她相处了两天。第一天里，我阅读了她的评估报告，一起分析了她目前的优势和不足以及需要改进的地方。第二天，我们一起讨论了她的工作态度和工作方式。

其实尤利娅早已知道了自己的不足，她只是不知道如何改进。上任三个月来，她把太多精力都放在了处理细节问题上。在我来这里培训的前一周，她花了整个周末和团队讨论一家全国零售商的宣传方案。我直接问她：

"如果你病了，不能参加宣传怎么办？你的任务和时间管理方法真的合理吗？"

尤利娅很惊讶："我觉得这个团队欠缺经验，而且我一直都这么做呀……我也没有多想，就直接这么做了。"

"你手把手教团队，宣传结果就会更好吗？"

她笑着回答："也许不会吧，也许会更成功，很难说。"

"为什么很难说？"

"要是我没到场，发生什么怎么办？"接着她沉默了一会儿。

我继续问："如果你亲自去的话，你觉得艾瑞克（品牌经理）会怎么想呢？"

"他应该觉得一切就保险了。"

"也许吧，其实下属都希望你能参与。由你一手把关和指导，他们也能跟你学习。而且他们也不用操心。大家都做好充分准备了吗？如果活动出了问题，谁来担责？"

"我，我来担责。"

"那本来问题应该谁负责？"

"艾瑞克负责。"她毫不犹豫地说。

我觉得现在可以和尤利娅讲一讲我在所有咨询中都会用到的一个人际关系模型了。这个模型很简单，可以应用在各类场景中。我将它称为“人际关系的第三空间”。

人际关系的第三空间

人际关系的第三空间（以下简称人际第三空间）是我在领导力咨询中常使用的重要模型。这个模型是我根据两位心理分析学家的理论所建立的。D. W. 温尼科特认为“潜在空间”是内心现实和外部现实的交汇点。人们可以在这个空间里收获新的思考和认知。温尼科特的追随者、当代精神分析学家托马斯·奥格登基于潜在空间提出了“分析性第三方”（analytic third）这一概念，奥格登也称这个概念为“主体间分析性的第三方”。第三主体是分析者和咨询者无意识创造的，在分析者和咨询者的人际场域之间似乎拥有自己的主观意识。

我几乎在每次咨询中都会用到这个模型。我的同事开玩笑说，一进入我的办公室，满眼都是这个模型。这个模型被我写在了白板上、本子上，画得到处都是。就是下页这张图：你（you）、你们的第三空间（the third space）、另一方（the other）。

另一方可以是任何个人（比如你的上司或下属）、整个团队，甚至是整个公司。双方间的空间是你和另一方共同创造的全新空间，而不是两者所在空间的简单混合。生活中的一个典型例子是婚姻。婚姻就是一种人际第三空间。它不是某一个人的生活，也不是婚姻双方各自生活的简单叠加。这也是为什么你可能很难理解一对夫妻的婚姻关系，即便你对这两个人都很了解。

工作中的一个典型例子就是把能力和性格互补的两个人放在一起合作。比如苹果公司的两位“史蒂夫”。乔布斯是一位孜孜不倦、

高标准的梦想家。沃兹尼亚克则是一位动手能力超强、技术卓越的工程师。第七章中的达伦和汤姆也是互补的例子。不过正向的人际第三空间远远大于部分之和，而负向的人际第三空间则会小于部分之和。

了解自己在人际第三空间中的角色和影响对你的人际交往会很有帮助：你在这个空间中占据了多少比重？你是这个空间中的主导一方吗？你总是第一个发言吗？你总是最快做决定的一方吗？对方对你的方式有什么反应？对方喜欢被指导、带领吗？你的主导是让对方觉得松了一口气，还是让对方觉得被冒犯了？对方是否会因为不能积极参与感到无聊？人际第三空间的情形多种多样，并没有标准答案。你可以使用这个模型思考自己在具体情境中的某项人际关系状况，并进行灵活调整。

这个模型可以帮助合格的领导者成为优秀的领导者。聪明、机敏的人可能是天生的领导者，但他们在第三空间中往往更强势。这有时是受欢迎的，但有时也会让人不快、打消另一方的积极性。如果你总是占据过多的空间，那么你觉得自己会吸引什么样的人来合作？感受一下自己在人际第三空间中所占的比重。傲慢、专横的人（通常是阿尔法男性的特点）容易不自觉地吞噬人际第三空间，把他人从中“挤出去”，不过一个表面温和有礼的人也可能会如此。我常和咨询者开玩笑说：“你想上床睡觉却发现床被东西占满了。不管这些东西是死老鼠还是玫瑰花，你都没法睡觉了。”

在创造个人空间时也应该将人际第三空间考虑进来。好好管理自己的人际第三空间，思考自己在其中扮演的角色和影响。想一想你的空间是否被他人占据，还是你有些强势，占据了他人的空间。

*

我给尤利娅分析了她和下属艾瑞克的第三空间。

“这是你，这是人际第三空间，另外一方是艾瑞克或其他下属。这是你们之间的第三空间。现在思考一下你在这个空间中的角色和影响。”

尤利娅盯着黑板看了一会儿，然后站起来走到我跟前，拿走我手中的记号笔开始在空间上画了起来。

“这就是我和员工们的人际第三空间。我总会把这个空间填满。”

尤利娅终于停止了涂画，几乎整个白板都被遮住了。之后她把笔还给了我。我不得不说她在很多方面都具有天生的领导者气质。她盯着我的眼睛说：“我现在明白了，那么该怎么办呢？”

在尤利娅一路晋升的过程中，不断填补人际空间的全盘掌控能力对她来说一直都是一种优势和能量，支持她不断取得优异的成绩，但她不应止步于此。我给尤利娅推荐了拉姆·查兰（Ram Charan）的著作《领导梯队：全面打造领导力驱动型公司》（*The Leadership Pipeline*）。这本书详细解释了企业高层领导者需要不断进步和成长的原因。

我们做了一个假设：如果她不去填补与下属的人际第三空间会怎么样？会因此感到害怕吗？我让她设想这样一种情况：她从来不给下属明确的解决方案，只是提问和引导，让下属自己找答案。

之后我们顺利进入了重要的突破环节。我们讨论了尤利娅在改变领导方式后可能要付出什么“代价”（机会成本）。多数人在这个环节中更容易看到积极的一面：他们觉得自己会有更多时间专注自己的任务，团队也会更全力以赴，变得更优秀。好处确实是有的，但其实也有“代价”。尤利娅的“代价”是什么呢？如果是你呢？

尤利娅对这个假想的回答是：“如果真是这样，我会有些无聊。”

我没想到她会这样说。

“因为我喜欢解决难题、不断推进任务向前走。当然，给别人空间，让他们自己解决是好的。但是对我来说要做到这一点很难，因为这样我就无法施展自己的长处了，也没有办法管理和指导下属工作了。”

对于她的这种疑虑，我没有马上作答，也没有劝说她，强行说服也不是我的咨询风格。

我对她说：“你这么认为也不无道理。刚开始你可能会有点无聊。不过你可以先试试下次开会温和一点，多鼓励团队自由讨论。也许有人反应没那么快，一时想不到解决方案，有人可能会自言自语，绞尽脑汁地想办法。这时候你心里可能早有了答案，而且就在你嘴边。但就一次，先试试不要把答案马上说出来，给员工空间让他们自己找到答案。”

接着我给尤利娅讲了一个我非常喜欢的故事。故事的主角是我合作过的一位主管。这是一位非常优秀的主管。他跟我说他参加的会议 75% 的内容其实都在浪费自己的时间，他完全可以自己做决定，开会后 5 分钟内就能告诉员工该怎么做，但他从不这样。他坐在那里热情地鼓励员工多多发言并认真聆听，当团队找到关键时，他却不多言语，保持安静。我问他为什么这样做，现在我还记得他的回答：

因为我认为这是一个帮助团队成长的好方法，它能让所有人都有进步。我可能先参加了四次无聊的会议，每次会上我都会努力表现出感兴趣和热情。第五次会议上可能就会有一位员工提出一个绝妙的点子。但如果是我主导每次会议，哪怕只是简单地主持会议，可能这名员工之后就想不出这样的点子了。我的个人主导很可能扼杀了员工们的好想法。

我又讲了一个高级经理人的故事。一个周五下午，这位经理看到自己团队中的一名员工在为工作犯愁，他其实可以介入帮他解决问题，但他知道不能这样做。最后他不得不看着这位员工无精打采地回家了，可能度过一个被工作占据的烦恼的周末，他为此感觉非常愧疚。但是从另一个角度上来讲，让员工独立承担责任、感受肩上的压力也是快速成长的好机会。帮助别人解决问题看起来好像是善意的，但实际上，如果你总是帮忙，就会让受助者失去努力前进的意愿和动力。我在伯克利的前心理治疗主管彼得·西伦曾这样形容："恐怖的援助之手又来啦！"

我分享的这两个故事可能是个例，但我在咨询中会尽力把客户往前推，让他们自己往前走。改变一个人就好像让积满灰尘的钟摆重新摆动起来一样难。既然这样，我就会使劲儿推动这个钟摆，让它尽可能改变原来的位置，哪怕这种改变只是暂时的。之后钟摆上积累的灰尘会不断落下，部件会越来越灵活，钟摆就能重新摆动起来。虽然摆动的位置反复不定，但无论如何我相信它不会回到最初的位置。为了你能够理解我的意思，这是我画的示意图：

尤利娅认真地听完了这两个故事。之后她起身走到办公桌前，拿起一本 A4 笔记本，把它扔在了会议桌子上。

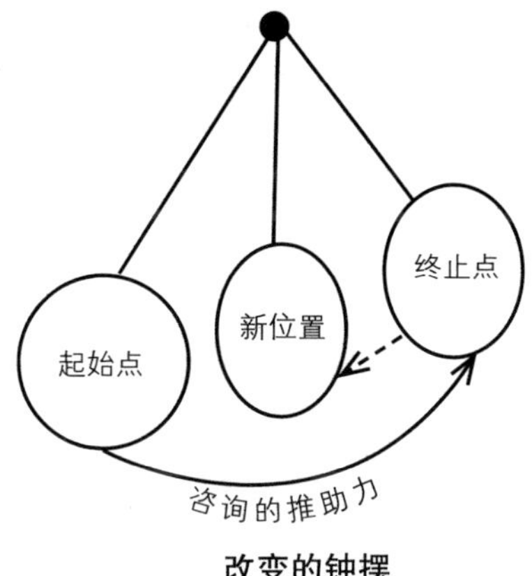

改变的钟摆

“都在这儿，我的想法，解决方案都写在这里，每次开会前我会把问题都想好。然后在会议刚开始的时候，我就把所有想法一股脑都说出来。在大家开始说话之前我就都说完了。问题好像都解决了。但我好像把整个空间都占满了。”

我们静静地坐了一会儿，之后我问：“大家有什么反应？”

“我从来没认真想过，但现在想起来我觉得大家并不介意。实际上，他们好像还希望如此，他们就安静地坐在那听。”

“你觉得这样好吗？”

“现在想想真的挺可怕的，我现在突然想到了一个画面。”

我等她继续说下去。

“员工们坐在那里就好像一群饥饿的海狮张着嘴等待饲养员喂食。”

“所以你就是那个喂食的饲养员。那个笔记本就是鱼。”

她又沉默了一会儿。

“你知道有些人并不介意老板直接喂他们，这只会让他们的工作变得更容易。但最终那些有才华的人会感到不满。这样的工作状态对他们来说太闲散了。他们渴望有一点饥饿感，所以他们会开始向往自己外出捕鱼的兴奋和挑战。”

“罗莱特。”她说，“罗莱特是艾瑞克的同级，负责管理另一个大品牌。他就是饥饿的海狮。之前我不明白他为什么总是很失望的样子。你是对的，艾瑞克依然是那个等待投喂的海狮，而罗莱特不喜欢这样。这就是我这几个月新上任以来的感受。”

尤利娅沉思了一会儿，看上去很失落。我给她安静思考的时间。

“你的代价是什么呢？”

“我不明白你的意思。”她回答。

“我指的是你以往的工作方式让你失去了什么？”

她笑道：“我没有时间思考，也没有真正思考未来或我的生活，因为我几乎每时每刻都在工作。”

这时她的视线转向桌子后面的墙上，看向两张稚嫩的画——与她朴素、简约的办公室有一点格格不入。

“你很少看孩子们吗？”

她叹了口气答道：“很少。”

“创造空间的一个重要目的就是平衡人们的工作和生活……这种工作方式除了挤占了你思考和决策的空间以外，你还有其他代价吗？”

尤利娅想了一会儿答道：“不知道。”

“你本可以有更多时间发展其他领域的能力呀。”

我们一起讨论了 DEEP 潜力模型。模型显示尤利娅的各项能力特质都很优秀。她完全可以通过委派任务为自己争取更多空间和时间去进一步发展其他能力领域，比如战略思维和创新能力。她相对最弱的地方就是人际能力。她对下属还不够信任，忽视了对他们的鼓励和帮助，而且之前也没有思考过自己的领导风格对下属的影响。

我想尤利娅此时已经充分认识到自己过去主导一切、事事过问的管理风格对团队的影响。

发现这些问题后，我们一起讨论了改进方法。我给尤利娅 10 分钟时间，让她先自己在白板上写出可能的解决办法。她的答案是：

> 尤利娅需要从一个代替员工做决定的领导者转变为一个帮助员工自己做决定的领导者。
>
> 尤利娅需要从一个挤占了大部分决策空间的领导者转变为一个为员工创造决策空间的领导者。

因为我给了尤利娅自己发现问题的空间，所以这些回答都是她发自心底的答案。这些答案说出了 80% 我想说的话，我认为这些答案已经非常好了（其实我还想添加一点任务委派方面的建议，但我没有直接说出来。我相信尤利娅之后能自己发现这一点）。之后我们详细讨论了她的行动计划：

1. 一个星期内不主动给出解决方案，学会把任务委派给下属。
2. 在每周例会上不直接给出答案，而是问一些问题。
3. 与团队讨论时，学会主动向成员们寻求支持。

很快到了最后一次咨询。我俩商定一个月后我会打电话了解她工作的进展情况，同时可能会对她的团队和其他同事进行调查，评估进展。咨询结束三个月后，我们会再次见面复盘，制订之后的行动计划。

最后一次咨询结束了。尤利娅整理了一下房间，我也收拾好自己的东西。我们沉默了一会儿，彼此微笑着。她的项目助理敲门告诉我出租车会在 10 分钟之后到。我们互相看着对方。一定要在这 10 分钟里说点什么吗？一定要把这个时间填满吗？我们俩都不这么认为。

创造领导力的空间之“有所不为”

“处无为之事，行不言之教。”——杰出的领导者会让人忽视他的存在。当集体的目标达成时，所有参与者都认为有自己的一份力。

——老子《道德经》

上一章讲到了如何创造收获成果的空间，尤利娅在这方面的能力非常强。她的个人能力很强，可以解决任何问题，推动工作顺利进行。她也是个出色的指挥家，能够高效指挥员工做事。但她的问题是，作为管理者，她总是大包大揽，把所有问题、责任和决定权都揽在自己身上，缺少任务委派的意识和技巧。她喜欢单打独斗，不习惯（或不擅长）引导他人。而领导力中的一项核心素养就是善用资源、合理委派任务，而不是单兵作战，即便你一个人也能做好。

这次咨询的目的是帮助尤利娅成长为一名真正优秀的领导者。对于很多刚进入领导岗位的人来说，这个转变过程可能并不轻松，可能会经历一段不舒服的转型期，因为你必须要克制自己，允许错误的发生，学会放开缰绳，改变自己原有的工作方式。

为了突破自我成为更优秀的管理者，尤利娅必须改变工作方式。曾经她事无巨细，对一个项目会从头跟到尾，这些都是她的优点，但在新岗位中，她需要以不同的方式施展这些优点。作为领导，她现在应该学会利用这些优点给团队赋能，而不是只让自己进步。自己一直引以为豪的能力突然“失效”了，这确实让尤利娅一时难以接受。如果她保留原来的工作方式，她在管理岗位上会越走越难，最后可能不仅会离散团队的人心，还会牺牲自己的未来。

很多领导者都经历过从“自己做”到“领导他人做”这个转变阶段。在“自己做”这个阶段，个人成绩是焦点，但成为领导者后，就要学会退出舞台中心，把舞台给下属。福特公司总裁艾伦·穆拉利（Alan Mulally）曾说:“领导力的重点并不是领导自己而是团体。”对尤利娅来说，这意味着员工在会上分享自己的想法时，她能够安静聆听，不插嘴、不纠正、不代劳。总是帮忙解决问题会慢慢扼杀员工的能动性和独立解决问题的能力，领导本心上肯定不希望如此。还有一点，随意修改员工的工作报告会让员工觉得这些想法不是自己原创的了，所以也应把握好修改程度。

迈克尔·邦吉·斯塔尼尔（Michael Bungay Stanier）在《所谓会带人，就是会提问》（*The Coaching Habit*）中引述了一位主管的话：“我在做主管时学到了一个重要教训。我发现自己的很多建议到最后都成了命令。”尤利娅也是这样。作为领导，她无意中占据了员工的成长空间。据我所知，很多领导发现这个问题后也想改变工作习惯，但他们常常发现主动授权并不容易。但如果领导者想不断前进，就必须这么做。

训练：委派授权、猴子管理等方法，帮助你创造领导力的空间

第三空间

人际关系的第三空间模型可以有效地帮助你分析自己与他人或

团体的关系特质。花几分钟时间画一画自己的人际第三空间，比如你的朋友、同事、下属、上司、伴侣、家人、孩子……看看你能发现什么？

问问自己：谁是人际第三空间的主导者？这种方式合理吗？我认为自己的某个人际第三空间应该是什么样子？对方的感受是什么？我是否应该再强势一点或再弱势一点？

本书目前为止讨论的九种能力空间都是成为杰出领导者的能力基石，也是职场成功的必要条件。

问问自己：即使自己不是领导，你是否在为这些可以帮助你成功的能力特质创造空间？

Morov，Lessov，Tossin 和 Ridov（**俄罗斯三兄弟和他们的侄子**）

“我的工作包括……但不包括……”这个简单的公式就能够帮助你找到在任务委派时自己要改进的地方。首先，你需要问自己：“我现在的任务中哪些不是我的职责？”把那些你认为目前正在进行的自己擅长的，但是并非自己职责的任务写下来。如果你不清楚，可以回忆一下上个月自己收到的三条反馈。如果上个月你没有得到任何反馈，可以问问别人，也可以问问同事或咨询师的建议。总之，你要理清的问题是：要停止做什么？继续做什么？开始做什么？这样做有助于提高你的自我管理或团队领导能力。我服务过的一家奢侈品公司的主管就有一个非常有趣的方法“俄罗斯三兄弟和他们的侄子”：要多做什么（Morov）？要少做什么（Lessov）？不做什么（Ridov）？想做但没做的事有什么/怎样把这些事加入自己的日程里（Tossin）？[1]

问问自己：哪些不是我的职责？哪些是我的职责？我需要停止做哪些工作？我需要开始做哪些工作？

学会委派授权

咨询后尤利娅渐渐体会到了委派授权的价值。团队领导者和个人贡献者之间的一个主要区别在于个人贡献者需要向领导者直接报告和反馈，领导者可以利用这些意见更好地决策，提高团队业绩。领导力大师约翰·马克斯韦尔（John C. Maxwell）曾说：“要做好小事，一个人就可以。如果想成就一番事业，就要学会委派授权。”

委派任务前领导者需要考虑很多因素。首先要考虑的是：要委派什么任务？委派给谁？也许你不想增加员工的工作量，但其实给员工委派具有一定挑战性的任务是帮助员工成长的好机会，不仅能帮助员工走出舒适区，不断前进，还能让你有更多时间和空间去完善和部

1　Morov 音似 more of，意为多一些；Lessov 音似 less of，意为少一些；Tossin 音似 toss in，意为加进去；Ridov 音似 rid of，意为去掉。——译者注

署团队的前进战略，有更多精力去引导和培训员工。另外，向下属委派适当任务相当于给予员工信任，这种信任能够激发员工的工作热情。事事都由领导完成很容易导致员工懒散或不满。领导者应该学会给予下属信任，相信他们能够很好地完成任务并不断进步。

无论是为新经理培训还是为经验丰富的经理人咨询，我都会为他们推荐一个简单的四步清单法，帮助他们提高工作中委派授权的能力。其中第四步才是正式的委派行动，你可以根据个人情况针对性地操作其中的步骤。

第一步：决定是否委派任务以及委派什么任务

- ❍ 这项任务可以给下属完成吗？还是非常重要，必须由自己完成？
- ❍ 这个任务（类似的任务）之后还会出现吗？
- ❍ 这个任务能否帮下属成长？
- ❍ 我是否有足够的时间和精力去有效地委派这项任务？因为其中可能涉及培训、答疑、时时跟进，甚至返工。
- ❍ 这项任务什么时候截止？
- ❍ 不能按时完成的后果是什么？

第二步：确认目标，预估结果

- ❍ 这项任务的最低标准和理想结果分别是什么？
- ❍ 结果足够好就可以，还是必须近乎完美？
- ❍ 对失败的容忍程度是多少？任务对未来发展的影响有多大？（是否需要我亲自完成？）

第三步：选择任务委派对象

- 谁有相关的经验、知识和技能？
- 他们的工作安排是否能承担这些任务量？
- 委派后，他们已有的优先任务是否需要推迟或再委派？
- 谁与这项任务最相关，最了解任务的细节？
- 需要在培训中投入多少时间和资源？培训是仅仅对这次任务有帮助，还是能给员工带来长久启发？
- 候选者的态度和信心有无问题？能否在心理上胜任这项任务？
- 员工的工作方式是什么？能够独立完成任务吗？
- 员工的长期发展目标是什么？这项任务是否对他们实现目标有帮助？

第四步：委派任务

委派任务时，首先要讲清任务的期望结果是什么。之后让员工根据自己的理解，重复描述任务的期望结果，因此领导者也要提前理清任务目标。

然后和员工讲清可以得到多少自主权、需要承担什么责任、需要给出什么承诺，同时领导者也要讲明自己的责任是什么。在委派任务的最初阶段尤其要讲清这几点。另外，领导者还需要讲清一些细节，比如审核和行动的要求；是否需要定期报告；什么时候可以自行决定，什么时候必须请示。

任务开展前就和员工充分沟通好所有问题，比如建议、任务完成标准、截止日期等。领导和员工的信息可能并不对等，所以对于看似清楚已知的要点更要提前耐心讲清，不要想当然地认为他人知悉所有信息。

关注结果而非方法，关注成果而非过程。每个人的工作方法各不相同，领导的方法可能也不是最好的。克制住干涉的冲动，如果不信任自己的委派人，要么是选错了人，要么是还没有充分地给他证明的机会。学会克制，正如戴维·奥格尔维所说："聘用比你优秀的人，然后绝对不要干涉他们的工作。"乔治·巴顿（George S. Patton）将军也说："不要告诉人们怎么做事，只需要告诉他们要做成什么事，让他们用结果给你惊喜。"

如果员工需要支持和建议，也不要直接给出答案和解决方法。还是遵循引导的原则，通过提问帮助员工自己找到答案，虽然这可能需要一些时间。当员工陷入困境时，有的上司要么会觉得不耐烦，要么会觉得内疚，之后可能会收回任务自己完成。这么做是不对的。根据之前的分析，如果这项任务是可以被委派的，那么现在依然如此。如果员工需要支持，可以以适当的方法给予他们支持，而不是直接剥夺他们挑战成长的机会。《哈佛商业评论》下载量最多的一篇文章认为，领导者很可能成为"收回猴子"的牺牲品。领导者的任务是把猴子（难题）全权交给员工处理，而不是让猴子又重新回到自己背上。

任务完成后记得及时给予员工反馈和评价，并鼓励员工提供反馈。对委派的任务进行复盘反思可以在未来帮助领导者节省很多精力和时间。当然，不要忘记对员工表示感谢或给予嘉奖。

问问自己：充分对下属授权、委派任务了吗？是否委派给了正确的员工？委派的方式合理吗？双方从这次委派中学到什么？

创造领导力的空间

无论你是主管、个体贡献者，还是初入职场的毕业生，创造空间都会对你的职业成长带来巨大的帮助。创造空间模型囊括了全球顶尖领导力咨询公司和大型国际公司所使用的领导力评估框架要素。我曾研究过 50 余种领导力评估框架。相关机构包括富时 100 榜内的公司、福布斯 500 榜内的公司、英国行政机构和美国陆军机构等多家大型机构，企业间的标准非常相似。下表右侧为从领导力评估框架中提取的关键要素，这些要素均被囊括在了创造空间的模型中。

从表格中我们可以看出，创造空间对个人领导力的发展十分重要。职业人士们都希望具备表格右侧所述的各种能力和素养。据统计，企业每年在人才培养上的支出达到近 500 亿美元。缺失表格左侧所述的四类空间，个人能力的发展就会大大受阻。因此，创造空间是个人成长的第一步，在这之后你才能开始“解锁”其他“技能”。

创造空间	覆盖的领导力要素
思考的空间	决策、解决问题、战略性思维、创新、创造
人际交往的空间	协作、启发、鼓励、发展、影响力、情感联系、自我认知、自我肯定、情商、团队合作
行动的空间	执行、能动性、高绩效、应对变化、自我转变、获得成果
自我存在的空间	生活与工作的平衡、个人意义和目标、可持续发展、灵活调整

问问自己：通过创造空间，可以培养哪方面领导力？具体要怎么做？可以利用什么资源？可以找谁帮忙？

刚刚走向领导管理岗位的你可能需要做出一些改变。领导的任务不再仅仅是为自己的成长创造空间，更需要为下属的成长创造空间。这就是我对领导力的理解。

本部分结语

第三部分讨论了行动的三个重要方面：计划、获得成果、领导力。我希望本部分能鼓励你发现自己的重要目标并帮助你有效做事、达成目标。

本章有三方面内容：第一，明确任务目标，设置合理的任务完成预期，不要过度承诺。第二，制订严密、灵活的行动计划，创建自己的个人操作系统（pOS），不断完善工作方法，提高工作效率。思考如何在工作中建立最适合自己的环境、精神和情感空间以获得最佳的工作效果。有时我们自认为合理的方式也许只是个人的习惯，可能还有更好的方法，多多尝试新的方法。第三，领导者需要学会带领员工共创业绩，而不是事必躬亲。因此领导者需要掌握委派授权的技巧，为领导力的发展创造空间。另外，优秀的领导者应该学会制定双重战略——符合工作需求的职业发展战略以及符合人生或生活目标的个人发展战略。

本书目前已经讨论了帮助你走向成功的三类空间：思考的空间、人际交往的空间和行动的空间。接下来我们会讨论一个更本质也更深刻的问题——如何创造自我存在的空间。自我存在包括三个方面：我是谁、我需要什么、我想要什么，即梦想和目标感；平衡、持续发展的动力及灵活性；不断成长的愿望。

第四部分

创造自我存在的空间

除了创造思考、人际交往、行动的空间之外，我们还需要创造一个更基本、更深刻的空间——自我存在的空间。生活在如此繁忙的社会里，每时每刻都有人忙碌着。人们总希望能够一直前进下去，不要浪费时间，但可能忘记了一个事实：我们是人，不是做事的机器，不可能每时每刻都干劲十足、保持最佳状态。

如果你总是想等工作节奏慢下来再思考自己的生活，那么你可能需要等很久。在努力前进的同时，我们应该学会关注自己的内心。思考几个基本问题：我是谁？我想要什么？我需要什么？如果你从来没有思考过这些问题，那么你很容易就会陷入生存的奔忙中而忘记了生活本身的意义。你可能会因此迷失、疲惫不堪，陷入心理分析学家所称的“莫名的恐惧”（nameless dread）之中。如果你想避免或改善这种心理状态，拥有充实、快乐、健康的生活，你可以尝试创造这三种空间：

第一，梦想的空间。人们很容易陷入对某件事的执着中不能自拔，或在习惯和现实压力的驱动下盲目前进。很多人总是急着获得更多东西，丢失了安静思考自我的空间。失去自我空间，人们就会离自己真正的追求越来越远。在奥斯卡的故事中你会发现，梦想是抵制颓废的最佳武器，它会释放人生的无限可能性。

第二，平衡的空间。我们是完整的人，需要的不仅仅是成功和金钱。健康的身体、内在满足感和充实的精神生活也是十分重要的。但在繁忙中，人们很容易忽视这些真正宝贵的事物。本章中的雷弗恩最终醒悟，发现自己原来忽视了生活中最宝贵的东西。希望他的故事也能给你一些启发。

第三，成长的空间。无论在工作还是生活中，我们都有机会遇到自我实现的契机。在人生的不同阶段，个人的追求也会发生改变。勇敢地尝试和冒险，你一定能找到自己生活的意义。在奥曼塔斯的故事中，我们可以看到走出舒适区、勇敢选择将帮助你描绘全新的人生图景。

这三个故事告诉我们，只要你愿意敞开内心、拥抱自己，就可以改变一成不变的生活状态。如果你能够勇敢地梦想，关爱自己，尽力把控自己的生活方向，你一定能体会到生活的意义和精彩。

第十章

创造梦想的空间

——奥斯卡对土地的热爱

本章观点：只有深入内心，你才能发现自己的真实愿望，然后就勇敢去追吧！

奥斯卡是一家大型银行的首席信息官。之前的他对工作充满热情，在工作中展现了极强的战略规划能力。但他最近迷茫了。银行新的首席执行官希望推动银行的创新数字化变革，他觉得奥斯卡似乎无法适应新挑战，对他很失望，所以请我为奥斯卡咨询。

在谈话中，我发现奥斯卡的情绪低到了极点。他看上去心烦意乱、无精打采、百无聊赖。一开始我觉得他可能陷入了人生的低谷期，但之后我发现奥斯卡的这种情绪只是和工作有关，当谈到他的家庭和爱好时，他马上就高兴了，开始滔滔不绝起来。

奥斯卡在萨默塞特的一个农场里长大。他非常喜欢户外运动、动物，喜欢干农活，离开家乡读大学后，他依然日思夜想家乡的农场。在他大学的最后一年，父亲突然得了重病，农场也倒闭了，全家的生活一下子就变了。这次经历给奥斯卡留下了很深的创伤。他很快就讲完了自己的故事，之后他讲到了在大学里取得的好成绩和自己的第一份工作。我发现在谈到职业生涯早期和在部门内部升迁的这些经历时，他的情绪仍然很高涨，然而讲到最近时，他就开始泄气了。

应该有什么不一样了。是什么呢？我们开始讨论他的个人目标。职业目标意味着一个人希望在职业生涯中达到的高度，而不仅仅满足于做好工作。目标给人方向感和动力，能够一直鼓舞人不断向前。目标不是实际的工作内容，而是一个人“努力的理由”或“存在的目的”。清晰的自我认知、拥有目标感和驱动力对一个人非常重要，对于领导者来说也是如此。

举一个我认识的狱警的例子。坦白地讲，我认为这不是一个好工作：工资不高、环境一般，而且总要面对暴力威胁。但这位狱警说这就是他心中的理想工作，他热爱这份工作，这份工作中他有充分的个人发挥空间，这让他感觉很满足。不仅如此，他还能从中收获尊重和认可。他说这份工作可以拯救很多年轻人，帮助他们远离犯罪，回归正常的生活。他一直觉得自己需要做的事情还有很多。

在接下来的几周里，我和奥斯卡共同完成了几件事。首先，我鼓励他把多年来压抑在心底的情绪发泄出来。农场被卖掉时奥斯卡告诉自己一定要为了家人坚强，把痛苦咽下去，但内心的创伤至今还没有完全愈合。在那半个小时里，奥斯卡讲述着农场的点滴回忆，痛快地哭了一场。

我们还一起完成了一项用来评估个人目标感的名为“双重生活”（dual life）的训练。你也可以试一试，看看自己是否具有目标感。

双重生活

这个方法虽然简单，但极具启发性。具体如下：想象一下，如果你没有任何束缚——家庭亲友、地域环境、金钱物质，你想做什么？梦想中的工作或者一场冒险都可以，请你大胆地思考。之后用三个关键词描述理想中的事业，把它（们）写下来，我把这三个关键词称为“生命催化剂”。接下来请思考这三个关键词在你目前的生活和工作中所占的比例是多少？我想这个问题会帮助你重新审视自己的生活轨迹和动机（奥斯卡就是如此）。或者仅仅针对工作，如何在工作中提高这三件事所占的比例？

*

之后我通过自己开发的“TELOS 720”调研系统收集了奥斯卡家人和朋友们的意见。受调者仅需要回答一些简单的问题即可，比如“咨询对象什么时候最开心、最有创造力”。受调者还需要描述可以代表咨询者的图片。这一系列图片可以反映出咨询者的真实面貌。奥斯卡的代表图片是乡村、树木、动物、天空、广阔的田野和森林、美好的色彩、工具盒。他的家人说这些是最能让奥斯卡感觉幸福的东西。看一看现在的奥斯卡，他正坐在玻璃摩天大楼 34 层单调风格的办公室里，面对着几十台电脑，现在的他离他的“幸福”实在太远了。

看到这些图像，奥斯卡马上就知道自己的问题出在哪了。奥斯卡内心深处一直向往着小时候那样的农场生活，但失去亲人的痛苦和农场的困境深深地打击了他，这个愿望被雪藏了起来，只有在真正放松的时候才敢对人说一说。奥斯卡的核心致病认知是他没有按照自己的意愿生活。为了家庭，他必须在不喜欢的环境里做不喜欢的工作，过去，家庭是一直支撑他努力工作的动力和目标。而近几年，奥斯卡已经实现了家庭的物质保障，获得了生活的安全感，所以他就渐渐失去了继续打拼的动力了，这也是他工作热情下降的原因，只是他自己还没有认识到这一点。

现在奥斯卡终于明白了内心的渴求。他马上采取行动，在咨询后的六个月内辞掉了工作，搬回了萨默塞特，找到了一份农场的工作。他过去的努力能够维持家人舒适的生活，而且他还有一些投资，足以补贴家用。他的妻子经营着自己的生意，为了奥斯卡改变了自己的工作方式。有趣的是，他的妻子总说等到孩子们上了大学，她就离开乡下搬到城里住。

奥斯卡终于明白自己真正想要的是什么了。他没有等太久就迅速实现了这个愿望，过上了自己理想中的生活。现在的他每一天都好像活在梦里。

奥斯卡的工作怎么办？总裁听到他辞职的想法后曾开玩笑向奥斯卡要损失费。虽然如此，作为咨询师，我还是需要帮助奥斯卡发现自己心里真实的愿望。虽然奥斯卡的辞职让公司始料未及，也让公司的部分工作陷入一段混乱，但我认为他的选择是对的。现在奥斯卡的副手已经顺利接班，把问题都解决了。

创造梦想的空间，热情地拥抱生活

> 虽身处寒冬，我却知我心一直在盛夏。
>
> ——阿尔贝·加缪《抒情与批评散文集》
>
> （Albert Camus, *Lyrical and Critical Essays*）

历经艰难，奥斯卡最终实现了自己的梦想，他的生活也因此发生了翻天覆地的变化。但这个过程可谓纠结不断、困难重重，也不怪他以前从来没有深想过。现代人不喜欢痛苦，很多人总是想方设法逃避痛苦，但奇怪的是，人们似乎又对痛苦很着迷（比如很多人都喜欢看犯罪节目或恐怖电影）。奥斯卡的故事却说明，痛苦有时蕴含着改变生活的重要信息，逃避是无用的，每个人最终都必须直面它。

奥斯卡最后勇敢面对了童年的痛苦经历，这真的很不容易。我认为他是幸运的，因为他在比较年轻的时候就面对了真实的自我，顺利解决了个人存在的危机——存在主义危机是心理治疗师和哲学家一直关注和探讨的问题。

存在主义危机也被称为“灵魂的黑夜”，大部分人都经历过。人们必须思考一个让人沮丧的事实：生活无常，人最终会走向衰落和死亡。有的人可能觉得这么想太悲观了，但这就是生命的真相。

现代人痴迷年轻文化。社会上有很多老年人，但是有时人们好像对老人视而不见。不过并非所有社会都是如此。在美国萨凡纳河上生活着一个古老族群。他们依然保留着古老的生活方式，领袖一直都由村里的年长者担任，老者都备受尊敬。相比之下，一些文明社会里老人在很多情况下都会被主流隔绝出去。

理解死亡才能理解生命的可贵。史蒂夫·乔布斯 2005 年（在他第一次被诊断出癌症的两年后）在斯坦福大学毕业演讲上就探讨了生命的意义，让人听之动容：

> 请记住一句话：“人总有一死。”这句话会帮助你做好人生中最重要的选择。所有的希望、失败在死亡时都会消失，最终剩下的才是生命中最重要的……死亡是人类共同的终点，没有人

> 能逃避。但这是再合理、自然不过的了。对生命来说，死亡可能是大自然最好的发明。它让生命不断演化，清除旧的，让新生命萌芽。

丹·豪厄尔（Dan Howell）的美丽诗句“拥抱虚空，勇敢生活”正说明勇气是帮助人类追求生活意义的真正力量。勇气让我们面对生命中虚无的真相，但同时又让我们能够诚挚地追求生命的精彩和充实。直面焦虑、拥抱未知才能赋予所追求事物以真实的意义。抗击生命中的痛苦与挣扎不是要求你必须忽视或逃避痛苦，因为痛苦反而能让人找到生活的真正意义。痛苦其实是生活伪装起来的礼物，给人以蜕变的宝贵契机。

奥斯卡在咨询中强迫自己重新思考人生的意义。人们经常能读到很多关于生命的美好话语，但当生命的挑战真实发生时，这种体验是完全不同的。追求梦想让奥斯卡面对的不仅有现实生活的焦虑，还有未曾疏解的过去经历的痛苦。可以想象这个过程是多么艰难。心怀梦想是人的天性，而因为现实原因不得不放弃心中的梦想会让人感到非常痛苦，只有有意识地给自己时间、空间和情感支持，主动疏导这种痛苦，人们才能继续前进。在治疗学和表现遗传学领域有很多证据表明，未能成功疏导的内心创伤会在家庭中一代一代传递下去，而且很可能会随着每一代不断恶化。很多问题家庭的家族史中会反复出现一些重大问题，比如经济危机、死亡、吸毒等。这些导致整个家族失去了梦想的问题如果没有及时、良好地解决，那么这些问题在后代身上很有可能会不断重演。直到人们能够直面这些痛苦和失去，尊重它，学习它，才能摆脱它的影响。面对痛苦，不要一味地逃避和否定。直面现实，痛苦的无形影响就会减少。就像奥斯卡一样，在直面内心的痛苦后，奥斯卡勇敢地做了一件他之前想都不敢想的事，这个重要决定让他重新找回了因为父亲病故、农场破产而放弃的梦想。

梦想可能和痛苦相生相伴。乔达摩·悉达多（Siddhartha Gautama）如果一直藏身于宫殿不问世间痛苦，就永远不会开悟。他放弃优渥的生活，遍阅人间疾苦，最终成佛。世界上很多商业、项目和慈善组织都是为了解决人类疾苦而诞生的。正如 J. K. 罗琳在哈佛大学毕业典礼上说的："正是在人生的低谷之上，我才能够重建生活。"

其实除了痛苦之外，还有一种情绪可以帮助我们找回梦想——愤怒。当一件事情让我们感到愤怒、惊骇、厌恶时，这件事情必然与我们的价值观息息相关。愤怒和激情很相似——它是一种强烈的情绪，会在一段时间内占据人高度的专注力。如果你为儿童剥削、动物福利、气候变化、性别歧视感到愤怒，你就可以为此做一些有意义的事情。我认识一位叫路易丝的女士，20 年来她一直经营着一家儿童疗养院，专门收留照顾有暴力倾向的儿童和遭受性剥削的女孩。路易丝小时候从来没想过自己会做这件事，但当她看到了他人身上的不幸后，她觉得自己必须尽一份力。当然，你不需要像路易丝一样去做慈善，无论你的职业是什么，这个社会一直需要正直又充满热情的各行各业的人才。

作家兼政治活动家玛丽安娜·威廉森（Marianne Williamson）认为，无论一个人的身份或职业是什么，每个人都是平等的，应当获得尊重、善意和理解。找到生活的目标不一定就是完全改变原来的生活，可能只是对生活有了新的理解和认识。奥斯卡并不喜欢伦敦金融区的工作，但仍然有很多人喜欢在这里工作，他们在这里也能找到生活的意义。

不过需要提醒你的是，你的目标可能不止一个。如果你觉得自己的目标只有一个，那么你很可能就把自己束缚起来了。奥斯卡很幸运，因为他清楚地知道自己想要什么样的生活，因此他在做选择和改变的时候会相对容易一些。你可能有很多种才华，在不同的领域都有潜力和热情。伊丽莎白·吉尔伯特（Elizabeth Gilbert）认为，想要追寻梦想，你只需要做到一件事——跟随自己的好奇心。

不要觉得梦想和目标是捉摸不定的东西。只要去不断探索和尝试，你一定会有所发现。但与其忙碌地寻找目标，不如给每一天都设定一个小目标。积极地生活，不断积累一个个小成就，让每一天都过得充实、有意义。有目标感的生活会让人感觉满足、投入、有趣，无论多累的工作都会觉得毫不费力。没有目标感的生活会让人感觉空虚、失落，甚至痛苦。每个人都有情绪低落的时候，但如果是长期的情感和心理上的痛苦，这可能就是一种暗示，说明你的生活可能缺乏目标感。

在人生的某个阶段你可能过得非常充实，有着强烈的目标感，但进入了另一个阶段后，你可能感觉好像失去了目标，进入了人生的低谷期。请你放宽心，低谷并不代表失败。人生就像四季一样，本来就是不断进化、成长、变化的。西奥多·罗斯福（Theodore Roosevelt）在著名的就职演讲《在竞技场上拼搏的人》中说要“敢于伟大”。我们需要和奥斯卡一样，直面过去的经历，解决遗留在内心的难题，敢于梦想，继续前行。

有人认为梦想是一个空虚、没有意义的词。它是特权阶级的一种消遣，对于普通人来说，平时的工作已经分身乏术了，哪有时间去梦想呢？然而我不这么认为。这个世界需要梦想家。没有梦想，这个世界将变得十分糟糕。一些美好的事物或奇迹，只有相信它，才更可能实现。没有梦想的人生就好像被压在墙里的一块砖，陷入茫然的奔忙和竞争中，无力抵抗外界强大的影响和控制。真正的梦想家都是有远见和毅力的。这两种特质对实现梦想是必需的，它们也是优秀领导者的特质。

我曾经有幸拜访《星球大战》的导演乔治·卢卡斯（George Lucas）。很难想象他在拍摄《星球大战》第一部时所付出的努力和坚持。当时几乎所有人都不看好这部电影，预算被严重削减，他甚至不得不从其他电影中搜罗到老道具。制作完成之后，电影只获得了极小的曝光率。人们都觉得这部电影很快就会死掉。但 40 年后的今天，星球大战早已成为历史上最成功的电影系列，相关收入高达 3,000 多亿美元，而且热度一直不减。卢卡斯曾说："记住，你的梦想决定了现实。"虽然这句话并非完全正确，但十分有道理。

生命有限，每一天都是独特的。乔布斯在演讲中曾说："想起死亡，你就不会再患得患失。人生来就是一无所有的。为什么不跟从自己的心呢？"在人生的旅途中，你也可能有过与卢卡斯导演相似的经历，自己的梦想被人嘲笑、批评、冷眼旁观。种种疑虑和未知让你困惑迷茫。但你终会发现，只要不断地挑战自己，为梦想创造空间，大胆地追求梦想，这本身就非常了不起。玛丽·奥利弗（Mary Oliver）那首优美的诗《夏日》（*Summer*）以这样一句结尾："告诉我，在这只有一次的狂野而珍贵的生命中，你想做什么？"在读到这里时，再联想诗中的其他饱含情感的意象，你可能会感到一阵心酸。热爱大自然的奥利弗在诗中形容了一只落在手里的蚂蚱，吃了一点手里的糖之后飞走了。在诗的倒数第二行奥利弗这样问道："生命不都是在无知无觉中快速消逝，最终走向死亡吗？"这句话再次提醒人们生命的无常与短暂，美好与珍贵。这短暂的生命只有一次，因此奥利弗鼓励人们用心生活，大胆梦想，这正说明我们在生活中需要目标感。无论梦想的源头是希望、是恐惧（为了自己或为他人），还是逃离世俗的渴望，梦想都是人类独有的精神愿望。珍惜宝贵的每一天，尝试勇敢地追求梦想。生命只有一次，你愿意用心追求生命的意义吗？

训练：问问为什么、思考死亡，帮助你创造梦想的空间

创造梦想的空间的方法有很多。在寻找的过程中反复尝试和实践，相信自己，听从己心。以下是我推荐的四种方法。

问问为什么

我经常建议客户观看西蒙·西内克（Simon Sinek）的 TED 演讲《伟大的领导者如何激励行动》（“How Great Leaders Inspire Actions”）。它还有另一个名字《从原因开始》（“Start with Why”）。西蒙还以同样的标题写了一本书。第五章的故事告诉我们，每家企业、每个行动、每次冒险都应该先明确原因和动机。问问自己，为什么一定要做这些事？这些选择的背后你有意识和无意识的动机是什么？这种提问会帮你更好地了解自己。另外，希望你能找到几个信任的人，敞开内心与他们分享、讨论自己的人生目标。他人不仅能够帮助你发现核心致病认知，还能给你很多好建议。例如我的一个客户浪费了多年时间，花费了数万美元学习法律，之后进了法律行业却发现自己并不喜欢。我问他为什么选择这个行业，他说他认为这么做是明智的——一个“明智”的决定也许并不是你真正想要的东西。这位客户其实从一开始就知道自己想要什么。他向往有人情味儿、有创造力、单纯、有一定冒险和挑战性的生活，但他却一直违背自己的心意生活。一种选择后面会衍生更多选择。人最终会在自己种种选择的驱使下被推着向前走。希望我们都不会为自己的选择后悔。

问问自己：我有清晰的职业发展目标吗？我的原因和动机是什么？尝试双重生活这项练习，我会发现什么？

思考死亡

思考死亡虽然并不有趣，但非常有意义。虽然我们不能体会死亡的感受，但是我们可以想象那个时刻的场景。想象当自己即将进入荣格所说的这个“生命的第二大奥秘”时，你希望谁陪在你身边？如果你希望能够无怨无悔地离去，那么在离去前的六个月里你会做些什么？这个练习有时并不轻松，尤其当你和奥斯卡一样被困在一个安全、舒适、一切可知的生活的笼子里时就更有难度；但我想它足够催人深思，让你反思生活、追回被遗忘的宝贵的事，认识到生命的无常。

前文已经讲过，布罗妮·韦尔的临终研究发现，大部分临终者最遗憾的事情莫过于希望自己没有那么拼命工作。以下是韦尔总结的人生的几大憾事：

> 希望有勇气活出真实的自己，而不是活在别人的期望中。
>
> 希望自己没有那么拼命工作。
>
> 希望有勇气表达真实的想法和感受。
>
> 希望能和朋友多相处一些。
>
> 希望自己更快乐。

问问自己：如果得知自己的生命仅剩下六个月，你会做什么？你会放弃一些什么？你会坚持做什么事？分享什么？尝试什么？想成为一个怎样的人？

我的感受是什么？

丹妮尔·拉波特（Danielle LaPorte）在《欲望地图》（*The Desire Map*）中提出了一个深刻的观点：不要总纠结自己做过什么、得到了什么、是什么样的人，而是问问对于这些事情你的感受是什么？这个简单的问题可以帮助你后退一步，检视自己的各种选择。也许你会发现你现在所做的事情不是你真正想要的，因为它给你的感受是消极的。你可以用几个问题质询自己：如果你喜欢安静平和，为什么还要把自己的工作安排得满满当当，让自己压力巨大呢？如果你喜欢与他人交往，感受与人相处的乐趣，为什么你在和别人吃饭的时候总一直讲电话呢？如果你想充实自己，为什么不去报个兴趣班呢？如果你想让自己更专心一点，为什么在上午九点的时候还要刷手机呢？

理清内心的真实感受还可以把我们从消费主义的泥淖中解放出来。每天我们都会受到各种广告的狂轰滥炸。那些看上去如此闪烁、美好的事物暗示着人们必须要买什么、拥有什么、得到什么才算获得真正的快乐、成功和自我价值，让人陷入没有终点的、对物质欲望的追求中。之前我曾提到过，人类的基础感情仅有那么几种，因此理清自己内心的真实感受并不难。真实感受会帮助我们找到让自己快乐的、自己真正想要的东西，重拾掌控感和创造力，开始追求我们内心真正渴望的东西。

问问自己：生活、身体、家庭、事业、财务情况、人际关系、自由闲暇的时间……关于生活和工作的方方面面，我希望能够持续体会到什么样的感受？

找回梦想

你还记得年轻时的梦想吗？什么事让你如此热爱，以至于花上几个小时都乐此不疲？是跳舞吗？在树林里建木屋？扮演老师？拆装东西？这些爱好之后都怎么样了？是否有人影响了你的选择？他们的话是否成了你的核心致病认知？有没有人总说（或者你自己也这么想）虽然你很喜欢数学，但是它太难了；虽然你热爱艺术，但是它不赚钱等类似的话？别人不能帮助你实现自己的梦想，但他们也不能把它夺走。这个时代充满各种可能性，很多人都在一些“偏冷”的职业里获得了成功。梦想虽然并不能想一想就实现，但如果你不放弃、不断地尝试，你的人生就一定会因此而不同。朗达·伯恩（Rhonda Byrne）在她的畅销书《秘密》（*The Secret*）中讲到了吸引力法则：只要你对某件事情心心念念，它就一定会发生。这个观点听上去可能有一些玄妙，但我认为，如果你真的特别渴望某件事情，它在你的脑海中就会反复出现。当你为了实现它而计划和行动时，这些“意念”就真的会对最终的结果产生影响。

关于梦想，你可以质询自己的问题还有很多。简言之，你需要做的就是针对一个问题不断深入地思考和挖掘，多多尝试，而不是认为只存在一个标准答案。你可以尝试下面这些问题：

问问自己：我认为好生活是怎样的？它与梦想有什么关系？我想要什么？我特别渴望什么？我告诉自己一定不要变成什么样子？按照我自己的价值观生活，我的生活会是什么样的？什么是真正的成功？我现在在做什么？在我的世界里，我必须要解决哪些让我痛苦的问题？在下一步我可以尽全力做什么？我现在的状态或进展如何？我现在正在忍受的事情是什么？在接下来的日子里（比如在未来的 30 天或 90 天内），如果我勇敢地追求生活，我的生活会变得怎样？什么是完美的一天？我心中美好的事物有哪些？

第十一章

创造平衡的空间

——雷弗恩严重的健康危机

本章观点：工作和生活其实并不冲突。如果你能很好地平衡工作和生活，那么你的工作和生活都会非常充实又精彩。

雷弗恩是一家大型保险公司的主管。他是一个很有个人魅力但同时也很强势的人，对自己和下属逼得很紧。几个月前，他出现在了财经新闻里，引起了整个伦敦金融区的关注。报纸上说由于压力，他已经请了三个月的假。在他接受治疗期间，董事会希望他能请一位咨询教练帮助他在康复后重返工作。

我原以为雷弗恩会拒绝我的咨询，但恰好相反，他对自己的病也感到很吃惊，而且很愿意寻求帮助。一番交谈后，我突然产生了一些担忧。这种感觉在我们接触几周后变得越来越强烈。雷弗恩只希望通过这次咨询让自己恢复得快一些，他的目的是希望尽快回去工作，他其实并不想改变什么。

首先我需要找到雷弗恩压力背后隐藏的问题。让我没想到的是，原来他这种极度疲惫的状态已经持续很久了，他经常出现一些恐慌症状，还有轻度抑郁。在妻子的坚持下，他终于放弃坚持，同意休养一段时间，好好治疗一下。

其实雷弗恩的问题在现代社会中已经非常普遍了。面对高压过度疲劳的客户，我会使用“生活轮盘”来完整地描述客户当下的状态。这个方法很简单，希望你也试一试。

生活轮盘

画一个圈，然后模仿饼状图在上面划分出你生活的四个方面：工作，自我，家庭与社交，精神世界。每一个部分都会占据一定的空间。以月为单位，思考你某个月的状态。

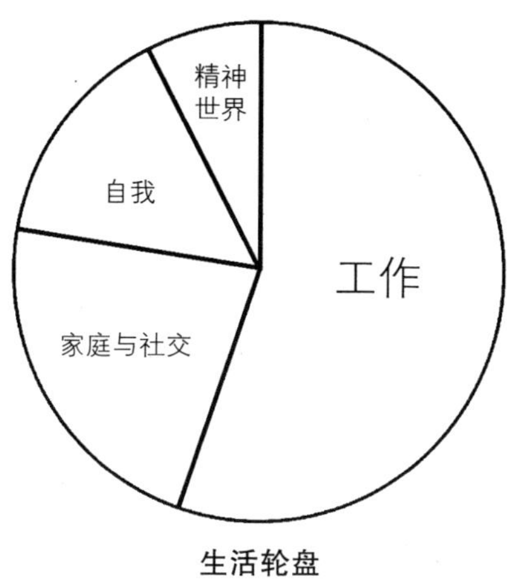

生活轮盘

我想对大部分人来说，工作所占空间最大。家庭和社交一般会被放在第二位，自我和精神世界则排在了第三位。实际上，一些看到自己生活轮盘的客户早已习惯了这样的生活状态，对此不以为意。

*

雷弗恩就是这样。他的工作占了 80%，家庭仅为 15%，除了偶尔打一打高尔夫球，他几乎不见任何朋友（这个地方对于雷弗恩来说可以放在自我这一部分里）。另外，他的生活几乎没有精神层面的内容。

我有时会要求客户进行一次全面体检，结果无一不是医生告诫他们改变现在的生活方式。吉姆·勒尔（Jim Loehr）和托尼·施瓦茨在文章《企业运动员的塑造》（"The Making of the Corporate Athlete"）中深入讨论了这个问题。他们认为，体育运动员与企业管理者有很多相似之处。人们都希望这两类人在竞赛中能保持巅峰状态，但却忽视了企业管理者的实际身体状况。两位作者在书中强调了健康的重要性，只有身体健康，人们才能发挥出自己的最大潜力。

雷弗恩被自己的生活轮盘吓到了。我让他画出自己想要的生活轮盘：他的工作下降到了 60%，家庭上升到 20%，朋友的部分增加到 10%，剩下的 10% 留给自己的精神世界。他 20 多岁的时候喜欢爬山，他说现在又想爬山了。而且他也想多去教堂，他信奉天主教。令我惊讶的是，他说自己之前还考虑过当牧师。

这次讨论过了一周，再次见面时，雷弗恩显得有些闷闷不乐。他说："上周我一直在想，我希望把工作从 80% 减到 60%，但到底要怎么做呢？现在公司有新的重要任务，市场行业压力也越来越大。"听完这些话，我的心突然一沉。雷弗恩很像第九章中的尤利娅，但是比尤利娅更严重。他认为无论如何，所有事情都得由他自己完成，虽然他手下有数千员工，有的人甚至拿着百万年薪。

弗洛伊德在《日常生活的精神病理学》（*The Psychopathology of Everyday Life*）中写道，一句玩笑话很可能暗示着一个人潜意识里真实的想法或感受。我对雷弗恩说出这些想法后，他沉默了一会儿。我觉得他一直被什么束缚着。之后我渐渐找到了他的问题所在。我让雷弗恩先尝试思考一种新的领导和管理方式，比如委派授权。雷弗恩听完后低声嘀咕道："这样好像我都进入半退休状态了。这样工作也太轻松了吧？"我想让他再深入思考一下，但他完全不以为然。我用了另一种方式让他假想并画出自己重新回到原来工作状态的样子。他走到白板前，先画了一个旧工厂，然后画了一个脚踏车，之后是一场暴风雨，天空中密布着乌云和闪电。

我心里有一个清晰的直觉，所以我直接问他："你享受现在的工作吗？"

他看向我咕哝了一声："我觉得这不是个好问题。"

我坚持问道："你的答案是什么？"

他使劲扣上笔帽坐了下来："说实话，我从来没有认真想过。"

"那你现在正好可以想想了。"

之后我们继续聊了一个小时。雷弗恩终于松口说，自己从来没有真正喜欢过这份工作。我了解了他以往的职业经历，让他画出自己的生命线，其中包括两个部分：事业成功和个人成就感。雷弗恩的生命线中事业成功这条线一直保持在很高的水平，但个人成就感的这条线却相当低。

我终于找到了雷弗恩的核心致病认知。他的内心独白是：工作本身十分无趣，让人厌恶。虽然我还不清楚雷弗恩是在什么时候、因为什么经历形成了这样的想法，但这种观念一直持续到现在，影响着他的工作状态。雷弗恩对这个结果感到不可思议，他终于说自己愿意改变。

雷弗恩强硬的工作状态（大多数管理者都如此）和他目前的健康状况（既然已经把健康浪费在了工作上，那为什么它不和工作一样糟呢？）与他的核心致病认知不无关系。奥普拉·温弗里（Oprah Winfrey）说过的一句话给我留下了深刻的印象。当人们抱怨自己的伴侣时，奥普拉总会安慰：“爱不应该感觉糟糕呀。”工作也是如此。一份真正让人享受的好工作可能会遇到一段艰难时期，但并不会一直都让人感觉糟糕，大部分时间都会给人一种愉悦感。雷弗恩也终于认识到了这一点，他开始认真地反思自己。

像上一章的奥斯卡一样，我们一起分析了雷弗恩工作中的目标感，我们还一起回忆了那些在烦闷工作中让他感到快乐的事和瞬间。然后我们头脑风暴如何强化和扩大他在工作中的愉悦感，如何让他在工作中可以得到更多鼓励（来自他人和他自己）以及增加一些愉悦的小活动。

之后的一年里，雷弗恩的工作方式和工作态度都在缓慢地转变着。在培训结束的几个月后，我在一场晚宴上偶尔遇到了他。他向我小跑过来，看上去比几个月前健康多了。我们聊了一会儿，之后他叹了口气说必须回到自己那边。说着，他向一群穿西服的、大腹便便的中年男士们示了下意。最后他小声开玩笑地跟我说：“工作中的某些部分也确实挺让人烦的是吧？”说罢，他就迅速回到自己桌子那里，开始和其他人热情地交谈。

创造平衡的空间，给工作带来乐趣

> 学会平衡，平衡是关键。
>
> ——宫城先生，《龙威小子》（Mr. Miyagi, *The Karate Kid*）

雷弗恩认为，工作就应该是辛苦、漫长、烦人的。我想有不少人都这么想，在一些地方它甚至成了一种文化。这种态度是会传染的，身处这样的氛围中，渐渐我们也会受到这种想法的影响，然后不知道从什么时候起也对工作产生了抵触情绪。我的一位亲戚给周一到周五的手机闹钟设置的背景文字就是："唉，又要工作了。"这句话是他每天起床看到的第一句话。

很多人把疲惫当作荣誉，为忙碌感到自豪。人们依靠咖啡因和速效药抵抗身体的疲惫和疼痛，常常把自己逼到极限。工作中的疲惫挥之不去，企业领导和管理者也是如此：下属忙，领导也应该忙。大家都茫然无绪地忙碌着，展现出努力的样子，互相影响着彼此的工作习惯和工作状态。

间歇性恐慌发作、身体透支和轻度抑郁——雷弗恩在忙碌中终于被严重的健康问题击倒了。身心健康问题在现代社会中很常见。现在工作和生活节奏越来越快，有时甚至超过了正常的生理和心理承受能力。人们在工作中不断透支着健康（据估计，英国人每年在工作过劳身体透支等健康问题上的花费达到 2,550 亿英镑）。学会平衡工作和生活、改变不良的工作方式已经成为现代职场人必须学习的重要一课。我们每个人应该，也有能力去掌控和规划自己的工作和生活（比如利用生活轮盘这类工具帮你重新认识并改进自己的工作方式）。雷弗恩是典型的 A 型人格，生活节奏快，需要通过持续的自我成就感受自我价值。我向雷弗恩介绍了企业运动员这个概念，我想很多 A 型人格的人都会对这个概念感兴趣。就像优秀的体育运动员一样，"企业运动员"只有拥有并感受到完整的自我时才能达到巅峰的工作状态。只是一个劲拼命往前冲反而可能扼制个人优势和潜力的发展与发挥。

勒尔和施瓦茨认为，只有在"能量输出"和"能量恢复"之间平衡，人们才能达到最理想的个人状态（IPS – Ideal Performance State），但现代人常常忽视平衡的重要性。运动员在疲惫中很难发挥出最佳水平，职场人在高压下能量迟早会枯竭。但压力本身并不是问题所在——压力其实可以让人的身心更强健，重要的是我们应对压力的方式。如果我们不控制压力，过度耗费精神和生理能量，压力会渐渐消耗我们的生命力，最终带来恶劣的后果。

以下是勒尔和施瓦茨对培养企业家运动员心态的解释：

> 企业管理者需要日复一日、年复一年地保持良好的工作状态和工作产出。这种强度让专业运动员都相形见绌。以普通职业运动员为例，他们大部分时间都花在训练上，只有一小部分时间（某天中的几个小时）才会用来竞技。相比之下，企业管理者接受培训的时间几乎没有，但每天都需要绷紧精神，连续工作 10 至 14 个小时或更长时间。职业运动员每年有几个月的休养调整期，但大多数企业管理者一年能有 3 到 4 个星期的假期就已经很幸运了。职业运动员的职业生涯一般会持续 7 年，而企业管理者的工作年限可长达 40 至 50 年。

看到上面这些数字，不知道你是否认识到，在激烈的竞争环境中创造个人空间、规划平衡生活是多么重要。大约 10 年前，我参与了一个名为霍夫曼过程（Hoffman Process）的集体心理治疗讨论会，讨论会让我收获颇丰，我觉得在这个讨论会里培训一周相当于接受一年高质量的心理治疗。我有时会向有完善自我认知需求的客户推荐这个活动。讨论会大量引用专业的知识、方法和工具，它提倡的一个核心概念是四联性（quadrinities，霍夫曼四联疗法）：人们由四个部分组成——智力、情感、生理、精神，或头脑、心灵、身体、灵性源泉。本书的第一部分和第二部分讨论了四联性中的前两个方面，智力（思考的空间）和情感（人际交往的空间）。

本章创造平衡的空间则探讨了四联性的第三个方面——身体。办公室工作者常常会忽视自己的身体。这也多和企业文化或工作氛围有关。在久坐类型的工作中，人们大部分时间都需要坐在办公桌前，偶尔煮一杯咖啡、喝喝水，几乎不会起身走动。大部分的工作只会用到脑、眼、嘴和手，而身体的其他部分则被忽略了。虽然现在很多企业都认识到了身体的重要性，在公司里会开办健身房，鼓励员工多多进行体育运动，但英国近几年的肥胖率却一直迅速上升，甚至超过了美国。而且有研究表明，在英国，有一半的成年人每天步行不到一公里。很明显，大部分人都没有重视自己的身体健康。

现代人需要重视的另一个健康问题就是休息和睡眠。现在有很多人鼓吹成功者都睡得更少（这样的人甚至被称为“不眠精英”），还给出了很多知名例子。事实上有更多数据显示，睡眠不足的人的能量水平和思考质量都会深受影响。在咨询中，我也常常让客户检查自己是否有睡眠问题。

神经学家、《我们为什么睡觉》（*Why We Sleep*）一书的作者马修·沃克（Matthew Walker）发现，少睡、不睡的“睡眠英雄主义”正在悄悄流行。人们被困在繁忙中，打破了自然平衡的生活——平衡的生活不会被手机、电脑、各种任务所占满。很多人把忙碌和个人价值等同起来，不断牺牲自己的睡眠时间。沃克在一次采访中说：“现在人们普遍对睡眠有误解。很多人认为睡眠等同于懒惰。这是一种非常不正确又顽固的误解。”八小时的睡眠时间有必要吗？沃克说：“在发达国家，每一种重大疾病在某种程度上都与睡眠不足有关。”实际研究发现，每晚睡眠不足六小时的人罹患癌症的风险会增加 40%。

睡眠质量还与阿尔茨海默病有关。研究表明，成年人治疗睡眠障碍可以延缓阿尔茨海默病的发生。睡眠不良还与肥胖糖尿病、体重增长有关。一项研究把健康成年受试者的睡眠时间限制在每晚四个小时。这样仅持续了一周，受试者的血糖水平就达到了糖尿病前期的水平。还有一项对 50 万人的研究发现，睡眠不足会让人罹患心脏病的风险增加 45%。有的人可能为了身体健康参加健身训练营或连续一周只喝果汁清洁身体，但他们却从来都没有关注自己的睡眠问题。睡眠其实才是最日常，也最能影响我们身体状况的生活方式。

最后，四联性的第四个方面——精神。这个方面常常被人忽视甚至抗拒。每个人对个体精神性都有自己的理解，这里我想分享一下我的个人经验。我在 30 岁左右的时候经历了一次精神觉醒。我尝试过瑜伽、灵修和佛教，最终在英国国教圣公会找到了我的精神家园。加入圣公会后，我参加了很多祝祷和仪式，体会到了生命的自由与神秘。

精神修行或宗教修行并不能适合所有人。勒尔和施瓦茨认为，精神力量是“通过挖掘自身最深层次的价值观和生命目标而释放出的能量”。有的人认为自己的精神力量来自于与他人的相处、善行以及与自然的联系，而对那些遵守戒酒无名会“十二准则”、希望摆脱酒精控制的人来说，精神力量可能是作用于“万事万物”的上帝的力量。

有人认为精神力量这个词本身指的是一种超越一切的、神秘的，甚至是超自然的力量。著名的康复治疗师皮亚·梅洛迪（Pia Mellody）对精神力量的定义是这样的：“精神力量能将你与更强大的外部力量连接起来，引导你，安慰你，让你接纳自我，获得平静。”

我个人认为，这里的外部力量指的就是上帝的力量，能够引导你进入神秘、浩瀚的精神空间。当然，你也有自己的理解或感受。在与数百名客户的合作中我发现，那些具有某种精神信仰并且愿意实践自己信仰的人活得更真实，在生活和工作中更容易找到平衡。

测试一下你自己的四联性，看看你在智力、情感、身体和精神四个方面的状态，这么做可以帮助你获得并保持平衡的生活状态。也许你觉得这四个方面中的某些方面与你现在的工作和生活关系不大，但即使你修炼某个看似“用处不大”的方面，它们也不会影响你正常的工作和生活。相反，正如雷弗恩一样，它们将在未来帮助你获得更丰富、持久的、真正意义上的成功。

训练：一天吃五种蔬菜水果、每日六个小目标、三个水桶，帮助你创造平衡的空间

英国 2016 年的一项健康调查发现，在办公室工作的中年人十人中至少有八人都处于严重的亚健康状态。问问自己，最近的身体状态好吗？每天能保证喝两升水吗？一天会吃五种蔬菜和水果吗？会每隔一两个小时就起身活动一下吗？多久进行一次有氧运动？我非常清楚，早上喝一杯咖啡，吃个牛角面包就能一直扛到午饭。午休时吃一块蛋糕，晚上订份外卖、吃超市的速食比萨或者到外面吃顿快餐就把晚饭解决了；一天中至少花八个小时盯着屏幕；平时很少喝水，却大量喝咖啡或酒精类饮料。希望我们都能积极计划，坚持自律，努力改变不健康的生活习惯，养成健康的生活方式。很多研究表明，养成新的生活方式只要 30 天，坚持下去，你的生活将焕然一新，就像一个广告所说的那样：“这么做，太值了！”

为了创造平衡的生活空间，除了身体健康之外，这里还有三点

心理健康方面的建议：

每日六个小目标

寻找平衡并不是追求完美的过程。它是一种持续渐进的过程，需要我们不断改进、协调生活和工作中的不同方面，且与个人情况有关。汉娜·马萨雷拉（Hannah Massarella）是专注于弹性规划与设计建筑咨询公司 Bird 的创始人。她自制了一份非常简单易行的养生计划表。她的笔记后面写着“每日六个小目标”——一份列出了六个简单而重要的健康习惯清单。她会根据自己的实际情况和短期关注重点不断调整清单中的内容。我上一次看到清单里写的是：蔬菜奶昔；感恩；冥想；瑜伽；戒酒。有趣的是，她的目标并不是在一天中把所有目标都完成。她说：“虽然没有都完成，但是对已经完成的任务我依然很满意。为完成了的四件事感到开心比做了五件事但是错过一件事而自责好得多。有了这种放松的心态，有时我还会完成清单之外的活动，比如散步、午睡、大笑。”坚持做一些小事，这些小事就会帮你养成持久的好习惯，成为你日常生活的一部分。

问问自己：我的每日六个小目标是什么？其中哪几项已经成为我的生活习惯？哪几项是我近期需要多多关注的重点？

三个水桶

平衡生活空间的方法除了生活轮盘外，你还可以尝试一下“三个水桶”（the Three Buckets）。这个方法是企业家、作家、自媒体人乔纳森·菲尔茨（Jonathan Fields）创造的。这个方法很简单。三个水桶分别代表活力、人际交往和奉献。

如果有一个水桶是满的，水桶代表的某个方面就会感觉很美好。但如果有一个桶是空的或近乎是空的，水桶代表的某个方面就会让人感到痛苦和纠结。如果有两个桶中的水都不多，还不到一半，那么你就要注意了。名字为活力的这个桶代表了你的内心和生理状态，具体包括专注力、睡眠、运动、饮食、感恩之心、适应力、亲近自然、平和、真实以及成长型心态。

名为人际交往的这个水桶，菲尔茨建议先找到自己的社会属性（内向者、外向者、中向性格者），然后寻找“自己人”，即和你有相似价值观和共同语言的人。志同道合的人之间可以建立深厚的友情，同时彼此又能建立合适的界限。在这种人际关系中，你能充分感受到爱和与人交往的快乐，你的生活会因此充满活力。就算没有各种电子产品和虚拟娱乐，你也能在愉快的人际交往中感受到生活的乐趣。另外，你也可以试试本书第二部分中的一些方法。

奉献这个水桶不仅包含你对这个世界的贡献，还包括你的价值观和能力。这个水桶中的水可以来自工作，也可以来自其他方面，比如志愿者服务，找到自己的优势、特长和价值观，帮助和指导他人，少说空话多做实事，多行善事等。

三个水桶中的水越满，生活就越充实和精彩。我们自己就是打水人，负责向生活的桶里加水、修补水桶，并在心中怀抱着一个朴实的想法：追求平衡的生活。

问问自己：我的生活轮盘中的四个方面足够平衡吗？我想在哪方面改进？我的三个水桶中的水是否足够充足？怎样往里加水？

保证睡眠充足

最后，我还想聊聊睡眠问题。我发现工作中的各种问题其实都和睡眠有关。创造空间的前提是你拥有充足的精力和良好的精神状态，在疲惫的状态下，勉强前进往往会事倍功半，最后的结果很可能会不尽如人意。

菲利希是我服务过的一位很拼的经理。他之前一直认为影响自己晋升的原因是有些人每天比他更早到办公室，更容易引起别人的注意，完成的任务也更多。之后他也尝试更早到办公室，但只坚持了几个星期就感觉身体崩溃了，所以又恢复了原来的工作习惯。

我跟菲利希详细解释了睡眠的规律和重要性。大部分人每天需要八个小时的睡眠，有的人多一点，有的人少一点。只有一小部分的人可以睡得很少。比如英国前首相玛格丽特·撒切尔夫人。据说她每天虽然只睡四个小时，但丝毫不影响工作的专注力和精力。但撒切尔夫人只是个特例。对于大部分人来说，如果不能获得自己身体所需要的充足睡眠，长此以往身体会吃不消的。控制睡眠时长的不是个人自控力、技巧和毅力，而是身体的自然需要。

菲利希说他每天最晚会 7 点半起床，晚上 11 点左右上床睡觉，我让他详细记录自己的睡眠日记，还让他在周末睡懒觉，睡到自然醒（他的妻子不太认可这个方法，但还是愿意配合进行这次研究）。

菲利希的睡眠日记：

夜晚	睡眠时间	醒来时间	睡前活动
周一	23:45	7:30（闹钟）	看电视，刷手机
周二	00:10	7:30（闹钟）	看电视，和朋友打电话
周三	23:55	7:30（闹钟）	查邮件，刷手机

（续表）

夜晚	睡眠时间	醒来时间	睡前活动
周四	00:15	7:30（闹钟）	看电影
周五	1:00	9:30（无）	出门散步很晚才回来，然后看电视
周六	00:00	8:45（无）	看电视
周日	23:35	7:30（闹钟）	查工作邮件，看电视

菲利希总体觉得自己的睡眠还不错。每到周五他会有点累，在周末就能恢复精神。我让他在接下来的三周里继续记睡眠日记，得到的结果基本相同。

通过菲利希的日记，我发现他每天所需要的正常睡眠时长应该是 8 个半小时。这是他每周末不上闹钟睡到自然醒的时长。如果把他在工作日里的所有睡眠时间加起来与他正常所需的睡眠时长相比，每周他至少要少睡 15% 的时间。一些专家认为，睡眠和呼吸一样重要，对新陈代谢非常有帮助。想象一下，如果你得到的氧气比你正常所需要的少 15%，比如爬一座很高的山，那么你很快就会发生不适反应，出现与流感、一氧化碳中毒相同或类似宿醉的症状。

我们聊了聊他睡前的活动安排，菲利希发现自己睡前做的一些事情不是必要的，也不是他喜欢和想做的，而是他已经习惯做这些事了。所以可以看出，他晚上的日常活动并不是有意识的选择，只是一种习惯。

日记帮助菲利希梳理了自己的日常生活习惯，帮助他重新规划了自己的日常时间。菲利希开始实践一种全新的生活方式。首先他找到了自己想改进的目标：他决定早点起床，这样就可以延长自己的工作时长了，但他还希望能够保持每晚 8 个半小时的睡眠时间。这两个目标看上去有点矛盾，但其实不然。改变方式后，菲利希在上床后就不碰手机了，这样就能保证 11 点上床睡觉。所以在他的孩子 9 点上床睡觉后，他仍然有两个小时来收拾东西、刷刷社交软件、看电视电影。菲利希很坚持和自律，他花了大概一个月的时间习惯了这种新的生活方式，最终达成了目标。

还有一个方法：养成规律的睡眠时间。尝试每天在同一个时间上床睡觉和起床。有条件的话，睡觉前可适当地把房间里的温度调低几度（理想温度是 20℃）。咖啡因会干扰深度睡眠。很多人说在下午 3 点以后喝咖啡就会扰乱他们晚上的睡眠，所以记得控制对咖啡因的摄入，以有助睡眠的饮品（如牛奶）替代。为了不让大脑在晚上依然过度兴奋，在睡前一个小时关掉所有屏幕，这可以帮助你的大脑放松下来，快速进入睡眠状态。如果躺在床上一直玩手机，屏幕上的蓝光也会影响人的睡眠，因为它会阻碍大脑中睡眠激素的释放。如果你不得不在晚上长时间看屏幕，你可以安装调节色温、保护视力的应用程序，比如 f.lux。

改变作息方式的几个月后，菲利希说自己最近已经养成了新的作息习惯，每天工作中都会感觉精力十足。有时他需要加班到很晚，第二天仍然按时起床也不会感觉太累，他为自己的生活创造了更多空间。只要找到适合自己的健康的生活方式和习惯，并做出一点点小的改变，你也可以做到。

问问自己：昨晚睡得好吗？诚实地回答自己：我现在是否感觉疲惫？我目前的作息方式健康吗？为什么？我的作息计划是什么？我可以怎样改进？

第十二章

创造成长的空间

——奥曼塔斯的勇敢选择

本章观点：成长往往需要付出机会成本。找到成长所需要的“代价”，欣然接受这个代价，提前为它做好充分准备。

我曾与一家富时前50的快消企业的总经理泰莎合作。她是欧洲、中东和非洲地区的市场总监，负责的业务利润占企业全球总利润的1/3以上。泰莎要处理的工作非常复杂。她负责区域下的40多个国家市场情况都不同，有各自特殊的业务要求。一些较小的市场会合并在一起管理，所以现在泰沙手下有19个经理人，负责的业务规模各不相同。我参加了泰莎和她整个团队的季度会议，与她手下的每位市场经理都交流过。这次咨询可以说是一个非常大的合作项目，不过我有信心做好。

19位经理中的奥曼塔斯给我留下了深刻的印象。奥曼塔斯负责波罗的海地区的业务。在咨询中，他坦诚地分享了自己的烦恼。他觉得自己理应得到晋升，掌管更大的西欧市场，但他觉得自己没有受到重视，觉得公司对他有地域偏见，总是对他另眼相看。

所以在过去的三年里奥曼塔斯拼命工作，希望消除他人的偏见。他鼓足干劲带领团队向前，超额达成了一个又一个目标。但通过沟通我越来越发现，奥曼塔斯现在真正担心的并不是他人的评价，而是他是否真的能适应本土以外的市场。

我建议奥曼塔斯在接下来的一年里完成三件事。首先他需要提高自己的英语能力，增强自己在英语交流中的自信。为此他特地报了一个为期三个月的集训班，每周上三次晚课。其次，他要尽快了解目标市场的文化。为此他找了一个来自于目标国家的文化指导老师。这位导师很热心，同意他们在社交网站上交流，和奥曼塔斯分享文化社会知识，培养他的文化意识。他们相处得非常愉快，最后导师邀请奥曼塔斯一家人到这个国家住在导师的家里，亲自体验一下当地的文化和生活。最后，他需要有效展现自己的努力成果。最终泰莎被他的用心打动了，同意他到这个国家进行为期三个月的借调。这次临时调任对他的家庭也是一个大事件，但奥曼塔斯愿意勇敢一搏。

这次临时调任非常成功。奥曼塔斯终于获得了自己梦寐以求的职位。之后他们一家离开了家乡，来到了一个陌生的国家，开启了人生的新篇章。这对他来说无疑是一次巨大的改变，所有的一切都需要重新开始，他的儿子要学习新的语言，进入新学校，结交新朋友。最不容易的是奥曼塔斯的妻子，她需要学一门新语言，适应不同的文化和环境。

虽然实现了自己晋升的目标，但奥曼塔斯同时也付出了代价：在之前的三年里，他一直拼命工作，超水平发挥。现在他刚刚升职，业绩为零。之前的他为了晋升总是超预期完成任务，如今已经升职成功，业绩只要达标就可以了。但是奥曼塔斯之后需要思考一个问题：下降的业绩是否会引起公司的质疑？他之前给同事们留下的好印象是否会因此大打折扣？之前他的工作业绩每年都在迅速提升，他也因此受到了很多嘉奖。之后他能继续获得嘉奖吗？

这就是奥曼塔斯为了晋升不得不付出的机会成本。在临时调任前，泰莎其实就已经预料到了这种情况，和他说过这个问题。最后两人达成一致，如果奥曼塔斯能顺利度过借调期，那么就说明他有能力胜任这次晋升。泰莎希望他在晋升之后的新职位上能像之前一样超预期完成任务，但她也给了奥曼塔斯一年的调整过渡期，允许他在这一年中业绩有所下滑。奥曼塔斯接受了这次试炼，向着目标坚定地前进，最终他得到了奖赏。公司承认了他的能力。在这之后，他又开始超预期发挥了。

创造成长空间的机会成本

待季节到来、时机成熟，含苞的花朵终会绽放，难以遏制。

——阿内丝·尼恩（Anais Nin）

上一章的雷弗恩因为身体健康问题而不得不改变，第十章中的奥斯卡也为了追求梦想勇敢地做出了改变，相比之下奥曼塔斯的故事似乎很普通，表面上看这不过是一个经理通过不懈努力终于得到晋升的故事，不是什么大挑战、大难题，但就是这样普通的事情，也同样会给生活带来巨大的影响。奥曼塔斯经过多年的不懈努力，终于获得调任，最后改变了他们一家人的生活轨迹。

奥曼塔斯的故事中有一个关键词——机会成本。奥曼塔斯利用自己过去超额完成任务的声誉来换取晋升的机会。我们在工作中有时也可能会像奥曼塔斯一样常常不得不放弃一些东西去换取另一些东西、以一种利益交换另一种利益、为了一种可能而放弃其他好机会。这就是机会成本。面对机会成本，人们必须学会权衡和选择。第六章曾讨论过一个权衡取舍的例子：委派任务给下属。虽然领导放弃了一定的主导权，但同时却获得了更多的个人空间。生活中也有很多需要权衡选择的情况：为了省钱和瘦身，你决定少吃外卖，但你需要自己花时间购买食材和做饭；如果你想坚持去健身房，那么你可能得少玩玩游戏，少看看视频，把这块的时间省下来，去换一个更健康的身体。机会成本几乎无处不在，在工作中尤其如此。比如，是继续现在的工作还是追求新工作？能否休一个长假期？是专攻这个领域还是那个领域？——接纳或追求一件事情很可能是以拒绝或牺牲另一件事情为代价的。

成长也是如此，有时人们需要放弃旧认知才能获得新认知。只有在变化中，人们才更容易剥离旧有的自己，放弃旧有的观念，重新认识自我。这个过程虽然有些艰难，但却给了人们重新掌控自己生活的机会。你可以选择停留在舒适区里故步自封，也可以选择努力争取，感受人生波澜起伏的图景。

本书的最终目的是希望帮助你创造自我成长的空间。这就意味着你必须面对凡事总想走捷径、图轻松、不想成长的那个自己。但成长也并不等同于艰辛，放松也可以变成一种积极的力量。很多人把自己逼得太紧了，一味向前冲，却失去了自己的空间。所以我们也要学着放松，这样才能创造属于自己的成长空间。

成长是一个起起伏伏、递进式的过程。一家企业会制定年度利润目标、制定线性成长路线，一个国家也期望国内生产总值能够逐年稳定增长，但如果花一点时间观察一下大自然，你就会发现万物的生长都是周期性的。冬季是这个周期中必不可少且无法避免的阶段。个体的自然成长和发展也不是线性和持续的。正如阿内丝·尼恩在她的日记（*The Diary of Anais Nin*）第四卷所说："人并不是绝对地跟随时间成长的。有时人们会在某一个方面有所进益，而在另一个方面停滞不前；自我的某一部分可能会先成长、成熟起来，但这是相对的成长，而非整体的改变。人的过去、现在、未来交织在一起，不断地把人向前向后来回拉扯着，最终构成了一个人的当下。"

诗人戴维·怀特（David Whyte）曾说，人类是地球上唯一有能力自己阻止自己绽放的生物。如果你的"绽放"遭遇阻碍，请不要放弃努力和尝试，找到适合自己的方法、创造自己的空间，你的生命之花一定能勃然绽放。

训练：No.1 会议，创造成长的空间

阅读这部分内容前请你先问自己几个问题：你的季度或年度目标符合实际吗？上一次整体回顾反思个人成长是什么时候？你在哪里有所进步？在哪里感到吃力和艰难？面对挑战需要提高哪些能力？如何才能一直走在成长的正轨上呢？

这些问题可能会给你一些新的思考和鼓励，虽然并非一帆风顺，但相信你已经取得了很多进步。从某个角度来说，这本书讨论的其实都是如何创造个人成长的空间。这里我要推荐一个我经常使用的好方法，这个方法可以一直提醒我记得为自己创造成长的空间，并把个人成长作为优先任务对待。

这个方法就是"No.1 会议"。No.1 会议可以为你创造一个绝佳的反思空间，帮助你理清自己目前的所有努力。我十分重视这场会议，从没有把它取消过。有时我也不会特意准备，在坐车或工作休息的间隙我就能完成这场会议。在会议中我必定十分认真专注。一般 No.1

会议半个小时就可以完成。参会者有谁？参会者只有三个人，如灵魂乐队（De La Soul）所唱的："我、我，还是我。"No.1 会议每周进行一次就行，虽然每次只有半个小时，但却能保证你一直向着目标前进。你可以思考下自己的开会方式。我的方式是准备好笔记本和笔。我的一个朋友喜欢在游泳时和自己开会，另一个朋友喜欢在周五晚上长途通勤的路上和自己开会。他会戴上耳机，闭上眼睛，为自己营造出一个安静的内心空间。

那如何安排这场会议的内容呢？你可以根据自己的实际情况提问，比如：

1. 这一周我感觉如何？这周状态好不好？为什么？
2. 这周我的目标进展如何？需要我重新梳理一遍目标吗？
3. 下周的任务是什么？
4. 大目标整体进展如何？

你也可以将一周一次的 No.1 会议拓展到整年的时间里，进行月度、季度和年度的 No.1 会议。我建议你根据自己的情况对如下几个方面进行梳理：

- 成就。比如学到了什么知识和技能、在哪方面有所进步。
- 失败。失败的原因是什么？在失败中学到了什么，收获是什么？哪里需要改进？（像很多优秀企业家一样，你会发现失败的经验教训和成功一样可贵。）
- 机会。你错过或拒绝任何机会了吗？为什么？
- 学习曲线。回顾你的任何一条学习曲线。你有没有培养一种新技能？从中你面对的三个最大的挑战是什么？收获了什么经验？

- "分类"思考。类别可以是工作中的某个项目、某项职责；也可以是本书所说的四类空间：思考、人际关系、行动、自我存在。
- 反馈。你收到过反馈吗？反馈可以帮助监督目标进展情况，让你及时意识到自身不足。

下表是 No.1 会议的一个例子：

周	关注这周和下周进展	半小时
月	关注这个月和下个月进展	90 分钟
季	结合年度计划，分析进展	半天
年	回顾这一年，制订下一年计划	一天

不同周期的 No.1 会议不必同时进行。比如这个月你需要进行一次季度会议，那么就不需要再进行月度会议了。

半天时间似乎有些长，但相信我，如果想进行彻底的梳理反思和计划，这个时间不长。而且其间你可能还需要去见自己的目标导师，和他面对面交流。我一般会花一个小时准备季度会议，然后请我的导师一起午饭，之后我们会用一个小时进行整体梳理。半天时间很快就会过去，每次结束时我都感觉收获颇丰。回顾和梳理让我得以摆脱现实繁杂的工作，重新坚定了自己的目标和前进方向。

我将我的年度 No.1 会议称为"年度休息日"，字面上你就能知道它的内容。每到这一天，我给自己安排一次"商务旅行"，拜访的客户就是我自己。我会乘坐短途火车远离城市，找一个安静舒适的地方，那里没有工作、家人或朋友，只有我一个人。去年我去了邓杰内斯岛的 B'N'B 餐厅。邓杰内斯是位于英国南海岸的一个偏僻又美丽的地方。如果安静聆听，你还能听到附近核电站连绵低沉的轰鸣。一般我会在晚餐前准时到达，吃一顿愉快的晚餐，之后便早早入睡。第二天一早起来，我感觉神清气爽。我会先在外面散步几个小时，边思考边随手记录一些事情。中午吃一顿清淡的午饭后，我又回到无边无际的页岩海滩上散步，进行更为专注的思考和规划，当晚我依然会早早入睡，第二天早起赶最早一趟重返“文明”的火车。坐在火车上时，我的背包里已经有一本沉甸甸的笔记了，里面记录着明确的答案和准确的问题，这些思考将指导我在接下来一年里的行动和方向。

你可能发现我是一个喜欢条理的人。但只要适合你，随性的方式也完全没问题。你可以简化流程和步骤，让整个会议更灵活、轻松，不过你仍然需要一定程度的自律——无论如何，你都应该按照计划准时、专注地完成这项会议。

有客户抱怨：怎么可能有这么多时间进行这种会议？对此，我会反问他们：这么重要且有意义的事情，怎么可能没有时间完成？我会问他们，如果在不影响正常工作的情况下从工作中挤出一点时间用来进行 No.1 会议，这些时间在他们全年的工作时间占比会有多少。如果我说 10% 的工作时间，他们会说太多了。如果我说 5%，大部分人就可以接受了。但实际上，这些会议仅会占据每年 2.5% 的总工作时长，完全在他们的接受范围内（假设每年一共有 2,000 个工作小时，那么这些会议仅用 50 个小时）。

问问自己：如何复盘自己的进展情况？在回顾反思中，我是否能自律、敞开内心、对自己诚实？我是否在按照自己的愿望和目标前进？

本部分结语

在第四部分中，我们讨论了创造自我存在的空间的三个方面：梦想、平衡、成长。它们看似与日常工作关系不大，实则与我们的个人发展息息相关。希望你能够经常问自己这样几个问题：我为什么要做这项工作？为了谁？我期待怎样的生活？最终我希望以一种怎样的状态面对死亡？

再勇敢一点，勇敢地对自己提出艰难的问题、勇于改变、勇于冒险。就像电影《猜火车》（*Trainspotting*）中的伦顿（Renton）说的："去选择生活。"（Choose Life.）

第五部分

创造空间的三扇门

本书最后一部分总结了全书 12 章的内容，希望能够方便你回顾、应用其中的实际方法。我将创造空间的方法整体称为“通往创造空间的三扇门”。起这个名字是因为在创造空间前人们需要提前做好三个步骤，它们就好比通往空间的三扇门。只有先完成这三步，你才能更好地将书中的观点和方法应用到实际中去。在采取行动创造空间前，希望你能先做好这三步，它们是创造空间的基础，否则你所创造的空间很可能是无效的。这三步分别是：制定个人战略规划、提高个人生产力和工作效率、培养空间心态。

通往创造空间的三扇门

这三步为创造空间提供了必要的心理条件和行动条件。首先，你需要确定自己的首要优先目标，根据目标进行战略规划。然后，你需要为自己的行动设置一个效率基线。这将帮助你提高行动效率和行动产出，简化行动过程。最后，你需要培养空间心态，尽量纠正任何致病认知或消极的设想。

第一扇门：制定个人战略规划

问自己几个问题：自己的优先目标是什么？如何实现？为什么要实现？制定你的个人战略规划，坚持执行，除非你有充分的理由，否则不得随意改变规划。制定战略规划的原则之一是确保规划是以目标为绝对导向的。因此制定规划时，你需要摒弃那些与目标无关的东西。这一步主要包括三个方面：

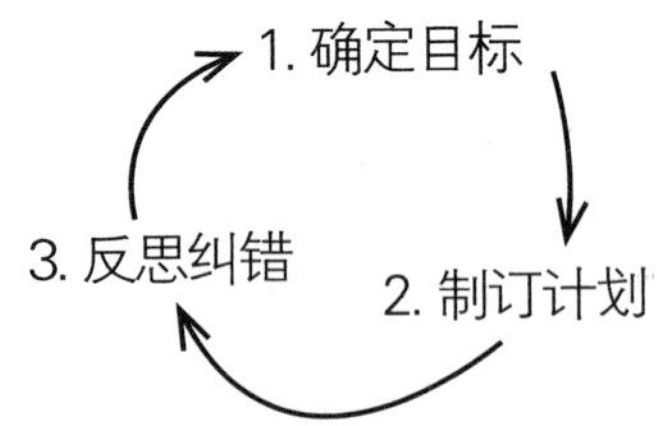

确定目标

这是最基础又特别重要的一步。如果你不知道自己的发展目标，也就不知道该如何行动。不过让我吃惊的是，真正有清晰、具体目标的人并不多。问问自己到底想实现什么目标？计划在什么时候完成？明白这两点后，就迅速采取行动，坚定地执行计划。注意目标要足够清晰明确，但不要同时制定太多目标，也不要总是更改目标，只要做了决定就坚持完成。

制订计划

一旦确定了目标，你需要制订一个可执行的计划。问问自己，需要什么资源？可能的重要阶段或转折点是什么？根据我的经验我发现，即使人们有明确的目标，但是有很多人都会止步于这个阶段，这是因为他们不愿意在过程中付出绝对的努力。

反思纠错

确定个人战略规划的第三个方面是反思纠错。在任务推进的过程中，不要忘记回顾整体进展情况，问问自己的想法和感受。问问自己，事情正在按照我的计划发展吗？我希望一切如何进展？我需要如何调整？需要从根本上重新思考和调整吗？你应该坚定地留出一段时间进行反思和纠错，否则这一步就会被其他杂务取代，你很有可能会离目标越来越远。

第二扇门：提高个人生产力和工作效率

尽量保持最佳的工作状态，保证付出的努力能高效地转化为高质量的工作产出。如果你不能保证工作效率和工作质量，那么创造再多的空间也是没有意义的，因为这些空间最终都会被无用功消耗掉。以下总结了第二扇门的四点要素，这四点要素在书中均已有所探讨：

睡眠

保证每天获得充足的睡眠。充足的睡眠能够帮助你保持良好的精神状态和身体活力，让你奋力前行。

生活节奏

除了睡眠外，我们一天的能量循环也应该遵循身体的自然生理节奏。希望你能合理地调整自己工作和生活的节奏，并根据自身节奏安排工作。希望你能够遵循自己的节奏，尽量避免外界的影响（比如上司或同事）。

一次只做一件事

不要妄图同时完成多项任务。一次只专注做一件事。尽量避免在不同的任务间来回切换。在工作时尽力屏蔽外界各种干扰（比如手机和社交媒体）。

管理时间

为计划设置明确的完成时间。定期回顾、跟踪任务进展。可以的话，尽可能对外委派任务。

如果你能掌握好以上四点方法，你的工作效率和质量都会大大提高，不需要额外努力就可以为优先目标创造出更多时间和空间。

第三扇门：培养空间心态

当确定了大目标，制定了发展战略规划，并决心坚决行动之后，你就可以开始培养自己的空间心态了。空间心态的意义和实现方法在本书前面已经详细讨论过了。本部分将总结创造空间的五个关键心态。

首先我们需要思考一下“心态”的含义。心态又可以被称为“精神空间”或“内心世界”。一个坏心态可能是核心致病认知导致的，本书每章都讨论了一种典型的核心致病认知。

探究你的内心世界

精神分析学家 D. W. 温尼科特在演讲《关于一个健康的人的概

念》(“The Concept of a Healthy Individual”，1967)中说道：

> 心理健康的人既会有积极的情绪也会有消极的情绪，比如恐惧、矛盾、怀疑、挫败感等。最重要的是，心理健康的人能够觉得他们是在过自己的生活，可以自由地选择、行动或拒绝，而且最终都能为自己的行为负责，也能够承受住成功或失败的结果……在生活中，他们能体会到亲密关系的美好。整体来讲，心理健康的人对生活一直是充满期待的。他们能够在生活中体会到真实感和自我存在感。外部的真实世界与他们的内部世界有着积极的联系，会持续滋润、拓展他们的内心。心理健康的人的内部世界与外部现实世界是相联结的，但却不会完全为外部世界所影响。这种健康的内部世界是完全属于个体的，有着自己的生命活力。

温尼科特描述的“内部世界”就存在于我们心里，由思想、信念、观点、记忆和幻想组成。与外部世界相比，内部世界还可以被称为内心世界或内部现实。内部世界中的一部分是清醒、有意识的，而另一部分则是无意识的。唐纳德·梅尔策(Donald Meltzer)在《梦境-生活》(*Dream-Life*，1984)一书中引用了心理分析学家梅拉妮·克莱因的开创性观点，认为个体生活的世界不是只有一个，而是两个，人们还生活在心里的内部世界里，而且这种内部世界的真实性不亚于外部世界。

内部世界不仅仅是个人想法或白日梦，它是一种非常强大的心理结构。个体的内部世界虽然受到外部世界的影响，但同时影响着个体看待外部世界的方式。在拉斯·萨阿拜·克里斯滕森(Lars

Saabye Christensen）2004 年出版的小说《同父异母兄弟》（*The Half Brother*）中反复出现这样一句话：“重点并不是你实际看到了什么，而是你认为自己看到了什么。”我们都知道，不同的人有不同的世界观。有的人认为这个世界就是糟糕的，有的人则认为凡事都会往好的方向发展。这种观念差异的背后代表着不同却完整的心态，影响着人们的内部世界以及他与人相处的方式。面对同样的情景，不同的人会有不同的感受，比如电影中同样的拍摄环境分别换成了恐怖背景和明亮背景，演员在这两种场景里的演绎和情绪都是不一样的。对于普通人来说，我们的内部世界既有阴暗、消极的一面，也有乐观、积极的一面，这是很正常的。

还有一个典型的例子，著名的墨迹测试（或罗夏测试）关注的就是人们的内部世界。当你凝视着这个神秘的图像，说出脑海中浮现的事物时，你其实就是在把自己内部世界的图景投射到这个东西上。

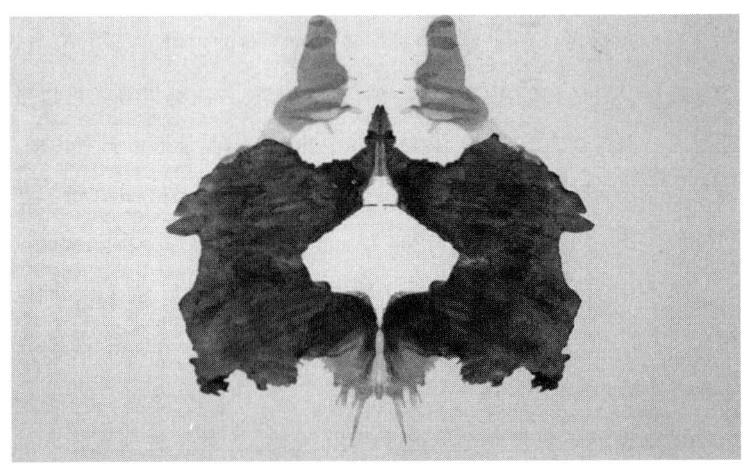

罗夏墨迹测试中的一张图

内部世界会影响人们对事物的感受和认识，影响人们在现实世界中的经历和人际关系。我有两位女性客户分别做了这个测试。其中一位女士看到了可怕的画面：拿着手枪的女巫、喷血的人、死去的动物和怪物。另一位女士则看到了完全不同的图像，她看到了小丑、撒花、蝴蝶和顽皮的孩子。这两位女士都是非常成功的职场精英。后来我和第一位女士一起走在路上的时候，她看见一个纸箱放在人行道上，旁边是一辆空车，车门开着。她脱口便说："看，有人在偷东西。"同样的情景中，第二位女士则说："好像有人在搬东西。"

内部世界其实充满了挣扎和矛盾。精神分析学家认为人们其实并不知道自己内心深处都有哪些挣扎和矛盾，但是这些挣扎和矛盾却会反映到外部世界中，影响人们的行为和生活方式，让人们做出一些看似难以理解的行为（比如自虐、明知故犯等），带来不良后果。如果你对自己的某些言行举止或情绪状态感到十分苦恼，你可以在自己的潜意识里找一找问题的原因。

提高自我认知能够有效地帮助你清除潜意识里的纠结和挣扎。正如很多精神分析学家们所说："人们不仅应该知道自己在想什么，还应该理解为什么会产生这样的想法。"除了尝试心理咨询或心理治疗外，你也可以试一试本书中的方法。

哲学家们和心理学家们对内部世界形成的原因各执己见：有人认为内部世界是由基因决定的；有人则认为内部世界是在母亲与刚出生的孩子最初相处的几个月里形成的；还有人认为，内部世界是人们在历经童年、青少年和成人的漫长成长阶段里形成的。目前最普遍认可的想法是：内部世界是这三种因素复杂互动的结果。

内部世界这个概念让人们认识到，头脑中的思想不仅仅是一种想法，它还是构成更为持久、稳固的内心结构的“成分”，因而人们的内部世界和外部世界一样很难被改变。

温尼科特提出了“潜在空间”这个概念。他认为，潜在空间是一个内部世界和外部现实相结合、相联系的空间。在这个空间里，人们能够以新的思维来探索、观察现实世界和个人价值。这个空间就在想象力的边缘，是伟大的艺术家们散步的地方，也是儿童进行有趣游戏、放松玩耍的地方。这个空间正是创意、突破、灵感的来源。陷入繁忙中的成年人很少让自己主动脱离现实进入到这样的一种精神空间里。所以我们应该有意识地把自己从日常事务中解放出来（至少一段时间），不断尝试寻找那个属于自己的微妙、美好、充满创造力的潜在空间。

以战略性思维和创新性思维为例。如果只关注细节，那么又怎能进行更宏观、深刻、变革性的思考呢？如果个人空间都被挤满了，又怎能获得新的灵感和想法呢？培养战略和创新性思维要求我们能够不断为成长创造空间，并通过诸如阅读、思考、交流等多种方式不断积累和学习新知识。这个积累过程短时间内也许看不到收获，但只要你努力坚持，不断挖掘和利用自己的潜在空间，相信你的突破时刻一定会到来。但如果没完没了地被细节和琐碎的任务牵绊，那么你永远也不能创造空间来实现真正的愿望。

如何挣脱现实生活中种种琐事细节的牵绊，建立个人的潜在空间，释放我们的创造力和潜力呢？我认为你需要先培养五种心态。接下来我会介绍五种有益观念，以及与它们对立的五种有害观念。人们在很多时候可能并没有意识到自己会有某种观念，看一看你是否有下面的某种观念？

空间心态	创造空间 vs 吞噬空间	反例
我会坚定不移地 追求自己的目标	↔	我不得不同时做别的事，有 时也不得不改变自己的目标
这件事做到足够好就可以了	↔	必须完美
这件事情可以先放一放	↔	必须马上完成
犯错很正常，没关系	↔	我不能出任何错
我相信自己	↔	我常常自我怀疑

表格左侧代表良好的空间心态。当然，凡事总有特殊情况。比如有的特殊任务需要尽可能做到完美或尽快完成，但这仅仅是特殊任务的要求。不过需要警惕的是现在一些企业文化、工作环境或个人工作习惯可能会鼓励表格右侧的消极心态。

希望你能学会后退一步，先创造思考的空间。做事前先问问自己：这个任务是优先任务吗？我允许这个任务挤占我的空间吗？为什么？请先找到充分的理由。其实这种需要占据大量个人空间的任务并不多。

空间心态 1：我会坚定不移地追求自己的目标

这是第一种有益的空间心态，也是其他四种心态的基础。第七章讲述了寻找目标和坚持目标的方法。首先要学会拒绝。对外界的需求或要求来者不拒只会消耗你自己的个人空间。学习礼貌、坚定地拒绝。拒绝其实并没有想象中那么难。有时清楚地解释原因就足够了。

空间心态 2：这件事做到“足够好”就可以了

与这种心态相对的是完美主义。完美有时确实是必要的，比如外科手术或者精工类的工作。但一般情况下很多任务做到足够好就可以了。温尼科特形容母亲的自我责任认知时常常提到“足够好”这个词。他认为做一个“足够好”的母亲比做一个“完美”的母亲好得多。做一个完美的母亲不仅会让女性感到焦虑，而且还会影响幼儿的成长。孩子的发育和成长需要一个足够好的母亲就够了。一个足够好的母亲不是完美的，偶尔也会犯错。孩子会在这个过程中渐渐学会容忍理解这些错误，最终学会独立和照顾自己。乔布斯推崇“匠人精神”，但同时也是一位重实效的杰出企业家。过分地纠结细节很难做成完整的产品，因此乔布斯也认为，不要等待完美。在一件产品已经足够优秀的时候，就可以把它推出去了，这之后再让它日臻完美。

空间心态 3：这件事可以先放一放

这种心态和拒绝相似。当你实在无法拒绝某件事时，你可以先推迟这件事，等合适的时候再完成。这种心态和方法对你会非常有帮助。有时我的助理会告诉我，客户电话说需要我现在做某件事情。这时我会说：“请告诉他们，我会在后天把结果给他们。如果实在着急的话，可以直接打电话给我。”十次中有九次客户们都不会打电话过来，因为事情其实并不紧急。

空间心态 4：犯错很正常，没关系

绝对不能出错的这种心态和完美主义相似。每个人都会犯错，但关键是我们能从错误中吸取教训，不断成长。塞缪尔·贝克特（Samuel Beckett）曾在诗中写道：“失败更好。”我合作过的一家公司的企业文化是，与其争取认同，不如沟通理解。我认为在合理的条件下，这是一种非常好的企业文化。根据我的经验，惧怕出错往往会限制人们尝试新事物和挑战自我的可能性，从而失去从成功或失败经验中成长的机会。再引用一个乔布斯的例子。有人还记得苹果的 Lisa

电脑吗？我想很多人可能连这个名字都没听过。乔布斯说自己曾做过很多错误的决定，比如他曾认为消费者不会愿意购买比 iPhone 一代更大的手机："消费者是不会买……自己的手握不全的手机的。"看看之后的 iPhone 产品——犯错并没有让苹果失败，也不会让你失败。

空间心态 5：我相信自己

这个心态同样也是其他空间心态的基础。无论是接受"足够好"还是包容错误，都需要自信。我在做商业咨询的同时也在诊室做心理咨询。这两个客户群体之前有明显的心态差别。到诊室做心理咨询的人的自信和自尊感相对较低。他们来咨询可能是因为最近出现了某个难题，但更多的还是因为他们心中一直有某种与过去经历息息相关的心理顽疾。这些内心的痛苦被投射到了他们当下的现实生活中。在企业咨询中，我遇到的企业人士虽然也有各自的苦恼和难题，也会历经困难、挫败、焦虑，但他们依然能够一直保有自信。如果你觉得自己缺乏自信，你可以先提高自己的自尊感，可以尝试一下心理咨询，或者可以阅读一下马修·麦凯（Matthew McKay）和帕特里克·范宁（Patrick Fanning）所著的《自尊》（*Self-Esteem*）一书。我的网站（www.derekdraper.net）上也有一本反响积极的电子书《把自己从过去中解放出来》（*Break Free from Your Past*）。如果你愿意，相信你一定可以很好地理解和实践本书中的观点和方法，创造个人成长的空间。记住，相信你自己。

以上就是五种重要的空间心态。忙完一天的工作，回到家后安静地坐下来看看上面的空间心态表格。看看自己今天是否拥有表格左侧的空间心态。如果发现自己出现了右侧那些消极的心态，就追根究底分析一下原因，然后积极调适，恢复更为良好的心态。

本书总结

本书是我对自己的实际咨询经验和思考收获的总结。我一直都希望能够帮助咨询者创造更多属于自己的空间，让人们有更多的时间和空间追求对自己真正重要的东西、实现自己的人生目标、过自己想要的生活、成为自己想成为的人。其实很多人都知道什么是真正重要的，只不过欠缺有效行动。我也常常鼓励咨询者静下心来，耐心想一想他们到底想要什么、为什么想要、该如何行动。

咨询工作让我收获了很多快乐、成就感和充实感，对此我常怀感恩之心。我希望这本书可以成为我的“代理咨询师”。虽然不能和你面对面坐下来交谈，但我希望这本书能够帮助你在心中建立起更多积极、乐观的声音。

在本书开篇，我提出了现代人需要学会创造空间的两个重要原因：

> 世世代代以来，人类的发展都伴随着对空间的攫取。在当下这个时代，到了我们这一代人，我们最应该学习的不再是如何占有空间，而是如何创造空间。

如果你想追求卓越或者成为一名优秀的领导者，你首先需要创造属于自己的空间。创造空间够帮助你发掘潜力、不断成长，应该被视为每个人的优先任务。

本书讨论了如何创造四类个人空间，相信它们将会对你的工作和生活产生积极影响。这四类空间分别是：

1. **思考的空间**。人类发展至今已做出了很多创举：各种科技发明、摩天大楼、深邃的图书、各种新兴行业、艺术……这些无一不源自于人类的思想智慧，而每一种新思想无一不源自一片尚未被探索的新空间。
2. **人际交往的空间**。人类本质上是社会性的群居动物。与他人分享欢乐或烦恼，真诚、愉快地与人交往，你一定能体会到人际交往的价值和意义。
3. **行动的空间**。关于行动有很多相关表述，比如执行计划、取得成果、领导他人等。行动占据了人生的很大一部分（比如工作）。在喧嚣、忙碌的时代里，为有效行动创造空间一定会让你与众不同。
4. **自我存在的空间**。记住我们是人而非机器。给自己一点空间找回自我存在感，你将感受到生活的美好和意义。

本书依次讨论了创造空间下的 12 个主题。12 个主题对应着 12 个故事。这些故事都来自于我真实的咨询经历。你会在每个故事中看到一个充满好奇、勇于探索的真实的人。

1. 在乐子的故事中你会看到，为决策和行动创造反思的空间、思考行为方式和背后原因可以帮助你释放出自己的最大能力。
2. 在雷切尔的故事中你会看到，在这个快速变化的时代，我们必须保持谦逊好奇，敞开内心不断学习。
3. 在汉斯的故事中你会看到，一名优秀的领导者需要具备创新、远见以及战略思考的能力。具体来讲，需要你保持头脑清晰、能够自信地表达、大胆决策、果断行动。
4. 在尼克的故事中你会发现，认识和理解个人情绪是多么重要。认识和理解情绪可以帮助你摆脱过去的经历投射进当下现实的影响，让你能够更好地面对现在，充实地活在当下。
5. 在贝娅塔的故事中你会看到，在职场中尝试分享自己的真实想法能够帮助同事之间建立起更为真实、深厚的人际关系。企业管理者更应该重视这一点。
6. 在埃米尔的故事中你会看到，想要在职场中取得成功，个人能力固然重要，人际交往能力也很重要。良好的人际关系是让人不断前行的推进力。
7. 在汤姆和达伦的故事中你会看到，清晰的目标（你想获得什么？）和清晰的计划（你想怎么做？）是有效行动的前提。
8. 在塔姆辛的故事中你会看到，忙碌不一定让人成功，甚至还可能会阻碍个人的发展。请不要忘记努力的目的是获得成果。
9. 在尤利娅的故事中你会看到，信任员工、学会委派授权可以帮助领导者更好地带领团队前进，对个人和团队的发展都十分有益。
10. 在奥斯卡的故事中你会看到，如果你对某个目标或愿望心心念念，或者发现某件事对你来说意义非凡，那么就去勇敢地追求。

11. 在雷弗恩的故事中你会看到，工作和生活其实并不是对立的。平衡工作和生活，你才能体会到真正的成就感和长久的快乐。
12 在奥曼塔斯的故事中你会看到，成长有时是需要付出一定“代价”的，这就是成长的机会成本。找到成长的机会成本，做好准备，勇敢选择。

本书还探讨了多种核心致病认知。长久缺失某种空间，我们的工作和生活就很容易出现问题。这些问题表象之下一定有更深层次的原因。过度忙碌、压力焦虑、拒绝与人交往等，这些都是核心致病认知的外在表现。在每个故事中，我们讨论了核心致病认知产生的原因以及它们对工作和生活的影响。每章都详细讲述了纠正一个核心致病认知的实践方法，希望能够帮助你将认知偏误转变为一种更加健康、有益的思维观念。摆脱核心致病认知的影响后，我们就可以开始创造自己想要的空间了，相信你的生活和工作会因此发生积极、重要的改变。

本书还分享了很多实际的方法和技巧，帮助你在 12 项能力领域里创造更多空间。你不需要一次把书中所有内容都消化。我建议你可以花一个月专门改进一个问题，创造一种空间，有时一个月可能不够，需要你把训练计划拉长。

本书已临近尾声，希望你在读完这本书后不会马上把它收起来，而是把它当作一本指导手册，继续深入理解，尝试里面的观点和方法。希望这本书能够一直给你鼓励和支持。问问自己：我希望在之后 12 个月里做出什么改变、达成什么目标？不要太多，两到三个就已足够，一次只针对一个目标进行突破，不断向前推进。记得随手翻翻相关章节呀。

*

本书的大部分内容与工作有关，但其实创造空间与我们的生活也息息相关。在人际交往方面，如何处理亲密关系，比如父母、家人、朋友等等，这些都可以使用创造空间的方法。特别是本书第二部分中的《创造主动与人交往的空间》和第四部分中的《创造平衡的空间》，这两章探讨了很多个人与家庭、生活与工作关系的问题。家人和朋友是人生中无比宝贵的财富，需要我们用心去呵护。

本书对亲爱的读者们提了很多问题，有几个关键问题我需要最后再啰唆一次：你想做什么？该怎么做？你想成为什么样的人？想过什么样的生活？

衷心地祝福你拥有美好、精彩的人生。感谢你为这本书创造了阅读的空间。希望你能从中有所启发，有所收获。期待你的反馈：derek@cdp.consulting。

引申阅读

以下列明了本书所引用的全部参考文献，包括时事新闻的出处来源。文献包括四大部分——图书、文章、研究、网上资源。其中“文章”部分的全部内容几乎都可以在网上进行查阅。

前言

著作与文章

Thomas Ogden, “The Analytic Third: Working with Intersubjective Clinical Facts”. *International Journal of Psycho-Analysis*, vol. 75, 1994, pp. 3-19.

Henri Lefebvre, *The Production of Space*, Oxford, Blackwell, 1992.

Gurnek Bains, *Cultural DNA: The Psychology of Globalization*, Hoboken, Wiley, 2015.

Robert Kegan and Lisa Laskow Lahey, *An Everyone Culture: Becoming A Deliberately Developmental Organization*, Boston, Harvard Business Review Press, 2016.

研究与网上资源

Alison Coleman, "Over half of UK workers have experienced burnout in their job", Virgin.com, 15 April 2015.

virgin.com/disruptors/over-half-of-uk-workers-have-experienced-burnout-in-their-job

Alex Matthews-King, "GPs left to burn", *Pulse*, 4 June 2015.

pulsetoday.co.uk/your-practice/battling-burnout/gps-left-to-burn/20010166.article

"Research into UK workers stress levels", Skillsoft, 2015.

nypolfed.org.uk/assets/uploads/PDFs/100331.pdf

第一部分　创造思考的空间

第一章　创造反思的空间

著作

Stephen Grosz, *The Examined Life: How We Lose and Find Ourselves*, London, Vintage, 2014.

Ian Leslie, *Curious: The Desire to Know and Why Your Future Depends on It*, New York, Basic Books, 2014.

Nancy Kline, *Time to Think: Listening to Ignite the Human Mind*, London, Cassell, 2002.

Jeremy Holmes, *Exploring in Security: Towards an Attachment-Informed Psychoanalytic Psychotherapy*, Hove, Routledge, 2010.

Daniel Kahneman, *Thinking, Fast and Slow*, London, Penguin, 2012.

David A. Kolb, *Experiential Learning: Experience as the Source of Learning and Development*, Englewood Cliffs, New Jersey, Prentice Hall, 1983.

文章

Giada Di Stefano, Gary P. Pisano, Francesca Gino & Bradley R. Staats, "Making Experience Count: The Role of Reflection in Individual Learning", *Harvard Business School Working Paper* 14-093, 2014.

Jon M. Jachimowicz, Bradley R. Staats, Francesca Gino, Julia J. Lee & Jochen I. Menges, "Commuting as Role Transitions: How Trait Self-Control and Work-related Prospection Offset Negative Effects of Lengthy Commutes", *Harvard Business School Working Paper* 16-077, 2016.

Oriana Bandiera, Luigi Guiso, Andrea Prat & Raffaella Sadun, "What Do CEOs Do?", *Harvard Business School Working Paper* 11-081, 2011.

Linda Lawrence-Wilkes and Lyn Ashmore, "Art of Reflection Quiz" in *The Reflective Practitioner in Professional Education*, London, Palgrave Macmillan, 2014.

Also available at businessballs.com/freepdfmaterials/reflective-practice-self-assessment.pdf

Selma Fraiberg, Edna Adelson & Vivian Shapiro, "Ghosts in the Nursery: A Psychoanalytic Approach to the Problems of Impaired Infant-Mother Relationships", *Journal of the American Academy of Child Psychiatry*, vol. 14 (3), 1975, pp. 387-421.

研究与网上资源

"Talking Partners: The first circle of safety", Next Jump, 22 September 2016.

nextjump.com/longpost/talking-partners/

Martin Reeves, Roselinde Torres & Fabien Hassan, "How to Regain the Lost Art of Reflection", *Harvard Business Review*, 25 September 2017.

hbr.org/2017/09/how-to-regain-the-lost-art-of-reflection

U.S. Workplace Survey Key Findings, Gensler, 2013.

gensler.com/uploads/documents/2013_US_Workplace_Survey_07_15_2013.pdf

第二章 创造学习的空间

著作与文章

Martin Covington, "Self-Worth Theory: Retrospection and Prospects", in Kathryn R. Wentzel and David B. Miele (eds), *Handbook of Motivation at School*, New York, Routledge, 2016.

Carol S. Dweck, *Mindset: Changing the Way You Think to Fulfil Your Potential*, London, Little Brown, 2012.

Gurnek Bains, *Meaning Inc: The Blueprint for Business Success in the 21st Century*, London, Profile, 2007.

Shelley J. Correll, "Constraints into Preferences: Gender, Status, and Emerging Career Aspirations", *American Sociological Review*, vol. 69, 2004, pp. 93-113.

研究与网上资源

"Research Reveals Fear of Failure Has Us All Shaking in Our Boots This Halloween: 1 in 3 Admit They Are Terrified of Failure", Marketwired report of Linkagoal study, 14 October 2015.

marketwired.com/press-release/research-reveals-fear-of-failure-has-us-all-shaking-in-our-boots-this-halloween-2063788.htm

Donna J. Kelley, Benjamin S. Baumer, Candida Brush, Patrica G. Greene, Mahnaz Mahdavi, Mahdi Majbouri Marcia Cole, Monica Dean & René Heavlow, *Global Entrepreneurship Monitor 2016/2017 Report on Women's Entrepreneurship*, Babson College, Smith College and the Global Entrepreneurship Research Association (GERA), 2017.

University of Toronto, "Old Brains Can Learn New Tricks: Study Shows Older People Use Different Areas of the Brain to Perform Same 'Thinking Task' as Young" , *Science Daily*, 25 October 1999.

Lee Mwiti, "Back to School with Africa's Oldest Learners", *The Guardian*, 5 February 2015.

theguardian.com/world/2015/feb/05/back-to-school-with-africas-oldest-learners

Jeanine Prime & Elizabeth Salib, "The Best Leaders Are Humble Leaders", *Harvard Business Review*, 12 May 2014.

hbr.org/2014/05/the-best-leaders-are-humble-leaders

Dr Brené Brown, *The Power of Vulnerability*, Houston, TED Talk, 2010.

ted.com/talks/brene_brown_on_vulnerability

第三章 创造决策的空间

著作与文章

Michael Maccoby, *Strategic Intelligence: Conceptual Tools for Leading Change*, Oxford, OUP, 2017.

Malcolm Gladwell, *Blink: The Power of Thinking without Thinking*, London, Penguin, 2006.

Peter Senge, *The Fifth Discipline: The Art and Practice of the Learning Organization*, London, Random House, 2006.

研究与网上资源

Susan S. Lang, "'Mindless autopilot' drives people to dramatically underestimate how many daily food decisions they make, Cornell study finds", *Cornell Chronicle*, 22 December 2006.

news.cornell.edu/stories/2006/12/mindless-autopilot-drives-people-underestimate-food-decisions

Archy O. de Berker, Robb B. Rutledge, Christoph Mathys, Louise Marshall, Gemma F. Cross, Raymond J. Dolan & Sven Bestmann, "Computations of uncertainty mediate acute stress responses in humans", *Nature Communications*, 29 March 2016.

nature.com/articles/ncomms10996

Kathleen D. Vohs, Roy F. Baumeister, Jean M. Twenge, Brandon J. Schmeichel & Dianee M. Tice, "Decision Fatigue Exhausts Self-Regulatory Resources", *Psychology Today*, 2006.

psychologytoday.com/files/attachments/584/decision20060215vohs.pdf

Shai Danziger, Jonathan Levav & Liora Avnaim-Pesso, "Extraneous factors in judicial decisions", *National Academy of Sciences*, 2011.

pnas.org/content/108/17/6889.full.pdf

Charlie Munger, "The Psychology of Human Misjudgement", lecture at Harvard Law School, 1995.

youtube.com/watch?time_continue=15&v=pqzcCfUglws

第二部分　创造人际交往的空间

第四章　创造检视内心的空间

著作

Paul Brown, Joan Kingsley and Sue Paterson, *The Fear-Free Organization: Vital Insights from Neuroscience to Transform Your Business Culture*, London, Kogan, 2015.

Daniel Goleman, *Emotional Intelligence: Why It Can Matter More Than IQ*, London, Bloomsbury, 1996.

Melanie Klein, *Love, Guilt and Reparation and Other Works 1921-1945*, New York, Free Press, 1975.

Tara Mohr, *Playing Big: Find Your Voice, Your Mission and Make Things Happen*, London, Arrow Books, 2014.

研究与网上资源

John Cooper, "How EI can improve your bottom line – dealing with the cost of defensive behaviours", JCA Global, 12 June 2017.

jcaglobal.com/blog/ei-and-your-bottom-line/

Dr Kristin Neff, Self-Compassion Test, 2017.

self-compassion.org/test-how-self-compassionate-you-are/

第五章　创造真诚交流的空间

著作与文章

Bruce Tuckman, "Developmental sequence in small groups", *Psychological Bulletin*, vol. 63 (6), 1965, pp. 384-399.

William Halton, "Some Unconscious Aspects of Organizational Life: Contributions from Psychoanalysis", in Anton Obholzer & Vega Zagier Roberts (eds), *The Unconscious at Work: Individual and Organizational Stress in the Human Services*, Hove, Routledge, 1994.

Patrick Lencioni, *The Five Dysfunctions of a Team: A Leadership Fable*, San Francisco, Jossey-Bass, 2002.

Simon Sinek, *Start with Why: How Great Leaders Inspire Everyone to Take Action*, London, Penguin, 2011.

Simon Sinek, *Leaders Eat Last: Why Some Teams Pull Together and Others Don't*, London, Penguin, 2017.

Amy Edmonson, "Psychological Safety and Learning Behavior in Work Teams", *Administrative Science Quarterly*, vol. 44 (2), 1999, pp. 350-383.

研究与网上资源

Charles Duhigg, "What Google Learned from Its Quest to Build the Perfect Team", *New York Times*, 25 February 2016.

nytimes.com/2016/02/28/magazine/what-google-learned-from-its-quest-to-build-the-perfect-team.html

Rob Cross, Reb Rebele and Adam Grant, "Collaborative Overload", *Harvard Business Review*, Jan/Feb 2016.

hbr.org/2016/01/collaborative-overload.

第六章 创造主动与人交往的空间

著作

Duane and Catherine O'Kane, *Real: The Power of Authentic Relationships*, Clearmind Publishing, 2016.

Bronnie Ware, *The Top Five Regrets of the Dying: A Life Transformed by the Dearly Departing*, London, Hay House UK, 2012.

研究与网上资源

Mental Health Foundation's mental health statistics.

mentalhealth.org.uk/statistics

Ray Dalio, *How to Build a Company Where the Best Ideas Win*, Vancouver, TED Talk, 2017.

ted.com/talks/ray_dalio_how_to_build_a_company_where_the_best_ideas_win

Gallup, State of the Global Workplace report, 2017.

gallup.com/services/178517/state-global-workplace.aspx

第三部分 创造行动的空间

第七章 创造计划的空间

著作与文章

Verne Harnish, *Mastering the Rockefeller Habits: What You Must*

Do to Increase the Value of Your Growing Firm, London, Select Books, 2002.

Jim Collins and Jerry Porras, *Built to Last: Successful Habits of Visionary Companies*, London, Random House, 2005.

Michael Porter, *The Competitive Strategy: Techniques for Analyzing Industries and Competitors*, New York, Free Press, 2004.

George A. Miller, "The magical number seven, plus or minus two: Some limits on our capacity for processing information", *The Psychological Review*, vol. 63, 1956, pp. 81-97.

研究与网上资源

Michael Mankins & Richard Steele, "Stop Making Plans; Start Making Decisions", *Harvard Business Review*, January 2006.

https://hbr.org/2006/01/stop-making-plans-start-making-decisions

E. J. Masicampo & Roy F. Baumeister, "Consider It Done! Plan Making Can Eliminate the Cognitive Effects of Unfulfilled Goals", *Journal of Personality and Social Psychology*, Online First Publication, June 20, 2011.

users.wfu.edu/masicaej/MasicampoBaumeister2011JPSP.pdf

第八章　创造收获成果的空间

著作与文章

Larry Bossidy & Ram Charan, *Execution: The Discipline of Getting Things Done*, London, Random House, 2002.

Roberta M. Gilbert, *Extraordinary Relationships: A New Way of*

Thinking about Human Interactions, New York, Wiley, 1992.

Steven Kotler, *The Rise of Superman: Decoding the Science of Ultimate Human Performance*, London, Quercus, 2014.

Brené Brown, *The Gifts of Imperfection: Let Go of Who You Think You're Supposed to Be and Embrace Who You Are*, Minnesota, Hazleden, 2010.

Greg McKeown, *Essentialism: The Disciplined Pursuit of Less*, Virgin Books, 2014.

Mihály Csíkszentmihályi, *Flow: The Psychology of Happiness: The Classic Work on How to Achieve Happiness*, London, Rider, 2002.

Brigid Schulte, *Overwhelmed: Work, Love and Play When No One Has the Time*, London, Bloomsbury, 2014.

Simon Parkin, *Death by Video Game: Tales of Obsession from the Virtual Frontline*, London, Profile Books, 2015.

Dan W. Kennedy, *No B.S. Time Management for Entrepreneurs*, Entrepreneur Media, 2004.

Erik M. Altmann, J. Gregory and David Z. Hambrick, "Momentary Interruptions Can Derail the Train of Thought", *Journal of Experimental Psychology*, vol. 143 (1), 2013, pp. 215-226.

研究与网上资源

David J. Linden, "The Neuroscience of Pleasure", *Huffington Post*, 6 September 2011.

huffingtonpost.com/david-j-linden/compass-pleasure_b_890342.html

Daniel J. Levitin, "Why the modern world is bad for your brain", *The Guardian*, 18 January 2015.

theguardian.com/science/2015/jan/18/modern-world-bad-for-brain-daniel-j-levitin-organized-mind-information-overload

Ian Barker, "Millennials prefer to deal with companies by text", *Beta News*, 2017.

betanews.com/2016/09/15/millennials-companies-text

Susan Weinschenk, "Why We're All Addicted to Texts, Twitter and Google", *Psychology Today*, 11 September 2012.

psychologytoday.com/blog/brain-wise/201209/why-were-all-addicted-texts-twitter-and-google

Martha C. White, "Your Cell Phone Is Killing Your Productivity, but Not for the Reason You Think", *Time*, 20 July 2015.

time.com/money/3956968/cell-phone-alert-productivity

Daniel McGinn, "Being More Productive", *Harvard Business Review*, May 2011.

hbr.org/2011/05/being-more-productive

第九章　创造领导力的空间

著作与文章

Thomas Ogden, *Psyche Matters*, Northern California Society for Psychoanalytic Psychology, 1999.

Marshall Goldsmith, *What Got You Here Won't Get You There: How Successful People Become Even More Successful*, London, Profile Books, 2008.

Ram Charan, Stephen Drotter & James Noel, *The Leadership Pipeline: How to Build the Leadership Powered Company* (2nd ed.), San Francisco, Jossey-Bass, 2011.

Michael Bungay Stanier, *The Coaching Habit: Say Less, Ask More, and Change the Way You Lead Forever*, Toronto, Box of Crayons Press, 2016.

William Oncken Jr & Donald L. Wass, "Management Time: Who's Got the Monkey?", *Harvard Business Review*, December 1999.

第四部分　创造自我存在的空间

第十章　创造梦想的空间

著作与文章

Viktor Frankl, *Man's Search for Meaning: The Classic Tribute to Hope from the Holocaust*, Reading, Ebury Publishing, 2004.

Bronnie Ware, *The Top Five Regrets of the Dying*, ibid.

Simon Sinek, *Start With Why*, ibid.

Danielle LaPorte, *The Desire Map: A Guide to Creating Goals with Soul*, Colorado, Sounds True, 2014.

Natan P. F. Kellerman, "Epigenetic transmission of Holocaust trauma: can nightmares be inherited?", *The Israel Journal of Psychiatry and Related Sciences,* vol. 50 (1), 2013, pp. 33-39.

研究与网上资源

BBC Radio 4's Loneliness and Solitude archives.

bbc.co.uk/programmes/p020xzbx

Campaign to End Loneliness.

campaigntoendloneliness.org/threat-to-health/

第十一章　创造平衡的空间

著作

Tim Laurence, *The Hoffman Process: The World-Famous Technique That Empowers You to Forgive Your Past, Heal Your Present, and Transform Your Future*, Bantam Books, 2004.

Matthew Walker, *Why We Sleep: The New Science of Sleep and Dreams*, London, Penguin, 2017.

Jonathan Fields, *How to Live a Good Life*, London, Hay House, 2016.

Julia Cameron, *The Artist's Way: A Course in Discovering and Recovering Your Creative Self*, London, Pan Books, 1994.

Pia Mellody & Lawrence S. Freundlich, *The Intimacy Factor: The Ground Rules for Overcoming the Obstacles to Truth, Respect, and Lasting Love*, San Francisco, Harper San Francisco, 2004.

Brené Brown, *Braving the Wilderness*, London, Vermilion, 2017.

The Mountaineers. *Mountaineering: The Freedom of the Hills*, Shrewsbury, Swan Hill Press, 2003.

研究与网上资源

Jim Loehr & Tony Schwartz, "The Making of a Corporate Athlete", *Harvard Business Review*, January 2001.

hbr.org/2001/01/the-making-of-a-corporate-athlete

Rachel Judith Bretland & Einar Baldvin Thorsteinsson, "Reducing workplace burnout: the relative benefits of cardiovascular and resistance exercise", *Peer J*, vol. 3, 2015.

ncbi.nlm.nih.gov/pmc/articles/PMC4393815

Lizzie Dearden, "UK named most overweight nation in Western Europe as obesity rate rises faster than US", *The Independent*, 11 November 2017.

independent.co.uk/news/health/uk-obesity-rate-rising-overweight-worst-country-western-europe-world-us-ranking-oecd-research-a8049451.html

Sarah Marsh, "Unhealthy Britain: half of adults walk less than a mile a day – survey", *The Guardian*, 26 May 2017.

theguardian.com/society/2017/may/26/unhealthy-britain-half-of-adults-walk-less-than-a-mile-a-day-survey

第五部分　创造空间的三扇门

著作与文章

Matthew McKay & Patrick Fanning, *Self Esteem: A Proven Program of Cognitive Techniques for Assessing, Improving and Maintaining Your Self-Esteem* (3rd ed.), Oakland, New Harbinger Publications, 2000.

网上资源

Derek Draper & Cecilia d'Felice, *Break Free from Your Past*, 2017.

derekdraper.net

图书在版编目（CIP）数据

创造你的成长空间 / (英) 德里克·德雷珀著；杜真译. — 北京：中国友谊出版公司, 2021.4

书名原文: CREATE SPACE

ISBN 978-7-5057-5181-1

Ⅰ. ①创… Ⅱ. ①德… ②杜… Ⅲ. ①企业管理—通俗读物 Ⅳ. ①F272-49

中国版本图书馆CIP数据核字(2021)第043699号

著作权合同登记号　图字：01-2021-1114

书名　**创造你的成长空间**

作者　[英] 德里克·德雷珀

译者　杜　真

出版　中国友谊出版公司

发行　中国友谊出版公司

经销　新华书店

印刷　北京汇林印务有限公司

规格　889 × 1194毫米　32开

9.75印张　234千字

版次　2021年4月第1版

印次　2021年4月第1次印刷

书号　ISBN 978-7-5057-5181-1

定价　42.00元

地址　北京市朝阳区西坝河南里17号楼

邮编　100028

电话　（010）64678009